떡 제조기능사
필기·실기문제

저자 약력

임점희
(현) 한국호텔관광실용전문학교 호텔외식조리계열 교수
　　　세종대학교 조리외식경영학과 조리학 박사
　　　대한민국 떡 제조 명인
　　　국가공인 조리기능장
　　　국가기술자격 실기시험 감독위원
　　　떡제조기능사 자격증 외 다수

박진희
(현) 서울특별시 기술교육원 동부캠퍼스 디저트브런치과 교수
　　　세종대학교 조리외식경영학과 조리학 박사
　　　국가공인 조리기능장
　　　우송대학교 글로벌한식조리학과 초빙교수
　　　세종대학교 조리외식경영학과 외래교수
　　　국가기술자격 실기시험 감독위원
　　　떡제조기능사 자격증 외 다수

이 책을 펴내면서

　명절이나 집안의 경조사가 있을 때마다 우리는 떡을 하여 가족, 친지, 이웃과 함께 마음의 정을 나누었습니다. 바쁜 현대에서는 이러한 모습이 많이 줄었지만 건강을 중시하는 요즘 떡의 기능성과 영양성, 간편성 등으로 다시 주목을 받고 있어 떡에 대한 기대감이 커지고 있습니다.

　앞으로 소비자의 기호에 맞는 떡 제품을 만들 수 있는 떡 제조 전문인력이 산업현장에서 많이 요구될 것으로 전망됩니다.

　2019년부터 국가기술자격시험 '떡제조기능사'가 실시되었습니다. 평소 떡에 관심이 있고 배우고 싶은 분들에게 떡의 무한한 가능성을 열어주는 좋은 계기가 될 것이라 생각됩니다. 이 교재는 수험생 여러분들에게 떡제조기능사 자격시험 합격의 지름길을 제공하기 위해 다음과 같이 구성하였습니다.

1. 필기시험 출제 기준에 맞추어 쉽게 이해할 수 있도록 **핵심이론을 단원별로 요약 정리**하였습니다.
2. 최신 기출문제의 유형을 파악할 수 있도록 **이론편**에 기출문제 출제부분을 **표기**하였습니다.
3. 핵심 내용을 중심으로 **단원별 출제예상문제와 상세한 해설**을 수록하였습니다.
4. 실전을 대비한 **6회분 모의고사와 최신 기출복원문제를** 실었으며 정답과 해설은 별도로 수록하여 마무리 학습에도 모자람이 없도록 하였습니다.
5. 최신 실기과제인 **콩설기떡 · 부꾸미 / 송편 · 쇠머리떡 / 무지개떡(삼색) · 경단 / 백편 · 인절미 / 흑임자시루떡 · 개피떡(바람떡) / 흰팥시루떡 · 대추단자를** 요구사항에 맞는 제조 공정과 **과정별 사진**을 함께 실었습니다. 또한 수험자들의 이해를 돕기 위해 추가로 10품목의 사진과 레시피를 부록에 수록하였습니다.

　이 교재를 선택한 수험생 여러분들에게 합격의 기쁨을 드릴 수 있도록 앞으로도 최선의 노력을 다하겠습니다.

　끝으로 이 책이 나오기까지 도움을 주신 크라운출판사 회장님과 편집부 여러분께 깊은 감사의 마음을 전합니다.

저자 일동

시험 안내

✪ 자격종목
떡제조기능사

✪ 수행직무
곡류와 다양한 식재료를 이용하여 찌기, 치기, 삶기, 지지기 등의 과정을 거쳐 소비자의 기호에 맞는 떡 제품을 만드는 일이다.

✪ 실시기관
한국산업인력공단

✪ 응시료
- 필기시험 : 14,500원
- 실기시험 : 37,300원

✪ 응시자격
제한 없음

✪ 취득방법

구분	과목명	검정방법		검정시간
필기	떡 제조 및 위생관리	객관식	60문항	1시간
실기	떡 제조 실무	작업형		2시간

※ 실기의 경우 지급된 재료를 이용하여 2가지의 떡을 만드는 작업이다.

✪ 합격기준
100점 만점에 60점 이상 취득(필기/실기 공통)

✪ 떡제조기능사 정기 시험일정
※ 원서접수시간은 원서접수 첫날 10:00부터 마지막 날 18:00까지 임.

※ 시험 일정은 아래 기재된 큐넷 홈페이지에서 상시 확인해 주시길 부탁드립니다.

✪ 시험응시접수
큐넷 홈페이지(http://q-net.or.kr)

출제기준 (필기)

직무분야	식품가공	중직무분야	제과·제빵	자격종목	떡제조기능사	적용기간	2022.1.1 ~ 2026.12.31
직무내용	곡류, 두류, 과채류 등과 같은 재료를 이용하여 식품위생과 개인안전관리에 유의하여 빻기, 찌기, 발효, 지지기, 치기, 삶기 등의 공정을 거쳐 각종 떡류를 만드는 직무이다.							
필기검정방법	객관식			문제수	60	시험시간	1시간

필기 과목명	출제 문제수	주요항목	세부항목	세세항목
떡 제조 및 위생관리	60	1. 떡 제조 기초이론	1. 떡류 재료의 이해	1. 주재료(곡류)의 특성 2. 주재료(곡류)의 성분 3. 주재료(곡류)의 조리원리 4. 부재료의 종류 및 특성 5. 과채류의 종류 및 특성 6. 견과류·종실류의 종류 및 특성 7. 두류의 종류 및 특성 8. 떡류 재료의 영양학적 특성
			2. 떡의 분류 및 제조도구	1. 떡의 종류 2. 제조기기(롤밀, 제병기, 펀칭기 등)의 종류 및 용도 3. 전통도구의 종류 및 용도
		2. 떡류 만들기	1. 재료준비	1. 재료관리 2. 재료의 전처리
			2. 고물 만들기	1. 찌는 고물 제조과정 2. 삶는 고물 제조과정 3. 볶는 고물 제조과정
			3. 떡류 만들기	1. 찌는 떡류(설기떡, 켜떡 등)제조과정 2. 치는 떡류(인절미, 절편, 가래떡 등)제조과정 3. 빚는 떡류(찌는 떡, 삶는 떡)제조과정 4. 지지는 떡류 제조과정 5. 기타 떡류(약밥, 증편 등)의 제조과정
			4. 떡류 포장 및 보관	1. 떡류 포장 및 보관 시 주의사항 2. 떡류 포장 재료의 특성
		3. 위생·안전관리	1. 개인 위생관리	1. 개인 위생관리 방법 2. 오염 및 변질의 원인 3. 감염병 및 식중독의 원인과 예방대책
			2. 작업 환경 위생 관리	1. 공정별 위해요소 관리 및 예방(HACCP)
			3. 안전관리	1. 개인 안전 점검 2. 도구 및 장비류의 안전 점검
			4. 식품위생법 관련 법규 및 규정	1. 기구와 용기·포장 2. 식품등의 공전(公典) 3. 영업·벌칙 등 떡제조 관련 법령 및 식품의약품안전처 개별 고시
		4. 우리나라 떡의 역사 및 문화	1. 떡의 역사	1. 시대별 떡의 역사
			2. 시, 절식으로서의 떡	1. 시식으로서의 떡 2. 절식으로서의 떡
			3. 통과의례와 떡	1. 출생, 백일, 첫돌 떡의 종류 및 의미 2. 책례, 관례, 혼례 떡의 종류 및 의미 3. 회갑, 회혼례 떡의 종류 및 의미 4. 상례, 제례 떡의 종류 및 의미
			4. 향토 떡	1. 전통 향토 떡의 특징 2. 향토 떡의 유래

출제기준 (실기)

직무분야	식품가공	중직무 분야	제과 · 제빵	자격종목	떡제조기능사	적용기간	2022.1.1 ~ 2026.12.31
직무내용	곡류, 두류, 과채류 등과 같은 재료를 이용하여 식품위생과 개인안전관리에 유의하여 빻기, 찌기, 발효, 지지기, 치기, 삶기 등의 공정을 거쳐 각종 떡류를 만드는 직무이다.							
수행준거	1. 재료를 계량하여 전처리한 후 빻기 과정을 거쳐 준비할 수 있다. 2. 떡의 모양과 맛을 향상시키기 위하여 첨가하는 부재료를 찌기, 볶기, 삶기 등의 각각의 과정을 거쳐 고물을 만들 수 있다. 3. 준비된 재료를 찌기, 치기, 삶기, 지지기, 빚기 과정을 거쳐 떡을 만들 수 있다. 4. 식품가공의 작업장, 가공기계 · 설비 및 작업자의 개인위생을 유지하고 관리할 수 있다. 5. 식품가공에서 개인 안전, 화재 예방, 도구 및 장비안전 준수를 할 수 있다. 6. 고객의 건강한 간식 및 식사대용의 제품을 생산하기 위하여 재료의 준비와 제조과정을 거쳐 상품을 만들 수 있다.							
실기검정방법	작업형				시험시간	3시간 정도		

실기과목명	주요항목	세부항목	세세항목
떡제조 실무	1. 설기떡류 만들기	1. 설기떡류 재료 준비하기	1. 설기떡류 제조에 적합하도록 작업기준서에 따라 필요한 재료를 준비할 수 있다. 2. 생산량에 따라 배합표를 작성할 수 있다. 3. 설기떡류 작업기준서에 따라 부재료의 특성을 고려하여 전처리할 수 있다. 4. 떡의 특성에 따라 물에 불리는 시간을 조정하고 소금을 첨가할 수 있다.
		2. 설기떡류 재료 계량하기	1. 배합표에 따라 설기떡류 제품별로 필요한 각 재료를 계량할 수 있다. 2. 배합표에 따라 부재료 첨가에 따른 물의 양을 조절할 수 있다. 3. 배합표에 따라 생산량을 고려하여 소금 · 설탕의 양을 조절할 수 있다.
		3. 설기떡류 빻기	1. 배합표에 따라 생산량을 고려하여 빻을 양을 계산하고 소금과 물을 첨가하여 빻을 수 있다. 2. 설기떡류 작업기준서에 따라 제품의 특성에 맞춰 빻는 횟수를 조절할 수 있다. 3. 재료의 특성에 따라 체질의 횟수를 조절하고 체눈의 크기를 선택하여 사용할 수 있다.
		4. 설기떡류 찌기	1. 설기떡류 작업기준서에 따라 준비된 재료를 찜기에 넣고 골고루 펴서 안칠 수 있다. 2. 설기떡류 작업기준서에 따라 최종 포장단위를 고려하여 찜기에 안쳐진 설기떡류을 찌기 전에 얇은 칼을 이용하여 분할 할 수 있다. 3. 설기떡류 작업기준서에 따라 제품특성을 고려하여 찌는 시간과 온도를 조절 할 수 있다. 4. 설기떡류 작업기준서에 따라 제품특성을 고려하여 면보자기나 찜기의 뚜껑을 덮어 제품의 수분을 조절 할 수 있다.
		5. 설기떡류 마무리하기	1. 설기떡류 작업기준서에 따라 제품 이동시에도 모양이 흐트러지지 않도록 포장할 수 있다. 2. 설기떡류 작업기준서에 따라 제품 특징에 맞는 포장지를 선택하여 포장할 수 있다. 3. 설기떡류 작업기준서에 따라 제품의 품질 유지를 위해 표기사항을 표시하여 포장할 수 있다.

	2. 켜떡류 만들기	1. 켜떡류 재료 준비하기	1. 켜떡류 제조에 적합하도록 작업기준서에 따라 필요한 재료를 준비할 수 있다. 2. 생산량에 따라 배합표를 작성할 수 있다. 3. 켜떡류 작업기준서에 따라 부재료의 특성을 고려하여 전처리할 수 있다. 4. 켜떡류의 종류와 특성에 따라 물에 불리는 시간을 조정하고 소금을 첨가할 수 있다.
		2. 켜떡류 재료 계량하기	1. 배합표에 따라 제품별로 필요한 각 재료를 계량할 수 있다. 2. 배합표에 따라 부재료 첨가에 따른 물의 양을 조절할 수 있다. 3. 배합표에 따라 생산량을 고려하여 소금·설탕의 양을 조절할 수 있다.
		3. 켜떡류 빻기	1. 배합표에 따라 생산량을 고려하여 빻을 양을 계산하고 소금과 물을 첨가하여 빻을 수 있다. 2. 켜떡류 작업기준서에 따라 제품의 특성에 맞춰 빻는 횟수를 조절할 수 있다. 3. 재료의 특성에 따라 체질의 횟수를 조절하고 체눈의 크기를 선택하여 사용할 수 있다.
		4. 켜떡류 고물 준비하기	1. 켜떡류 작업기준서에 따라 사용될 고물 재료를 준비할 수 있다.
		5. 켜떡류 켜 안치기	1. 켜떡류 작업기준서에 따라 빻은 재료와 고물을 안칠 켜의 수만큼 분할 할 수 있다. 2. 켜떡류 작업기준서에 따라 찜기 밑에 시루포를 깔고 고물을 뿌릴 수 있다. 3. 켜떡류 작업기준서에 따라 뿌린 고물 위에 준비된 주재료를 뿌릴 수 있다. 4. 켜떡류 작업기준서에 따라 켜만큼 번갈아 가며 찜기에 켜켜이 채울 수 있다. 5. 켜떡류 작업기준서에 따라 찜기에 안칠 수 있다.
		6. 켜떡류 찌기	1. 준비된 재료를 켜떡류 작업기준서에 따라 찜기에 넣고 골고루 펴서 안칠 수 있다. 2. 켜떡류 작업기준서에 따라 최종 포장단위를 고려하여 찜기에 안쳐진 멥쌀 켜떡류는 찌기 전에 얇은 칼을 이용하여 분할하고, 찹쌀이 들어가면 찐 후 분할할 수 있다. 3. 켜떡류 작업기준서에 따라 제품특성을 고려하여 찌는 시간과 온도를 조절 할 수 있다. 4. 켜떡류 작업기준서에 따라 제품특성을 고려하여 면보자기를 덮어 제품의 수분을 조절 할 수 있다.
		7. 켜떡류 마무리하기	1. 켜떡류 작업기준서에 따라 제품 이동시에도 모양이 흐트러지지 않도록 포장할 수 있다. 2. 켜떡류 작업기준서에 따라 제품 특징에 맞는 포장지를 선택하여 포장할 수 있다. 3. 켜떡류 작업기준서에 따라 제품의 품질 유지를 위해 표기사항을 표시하여 포장할 수 있다.
	3. 빚어 찌는 떡류 만들기	1. 빚어 찌는 떡류 재료 준비하기	1. 빚어 찌는 떡류 제조에 적합하도록 작업기준서에 따라 필요한 재료를 준비할 수 있다. 2. 생산량에 따라 배합표를 작성할 수 있다. 3. 빚어 찌는 떡류 작업기준서에 따라 부재료의 특성을 고려하여 전처리할 수 있다. 4. 빚어 찌는 떡의 종류와 특성에 따라 물에 불리는 시간을 조정하고 소금을 첨가할 수 있다.
		2. 빚어 찌는 떡류 재료 계량하기	1. 배합표에 따라 제품별로 필요한 각 재료를 계량할 수 있다. 2. 배합표에 따라 겉피와 속고물의 수분 평형을 고려하여 첨가되는 물의 양을 조절할 수 있다. 3. 배합표에 따라 생산량을 고려하여 소금·설탕의 양을 조절할 수 있다.

	3. 빚어 찌는 떡류 빻기	1. 배합표에 따라 생산량을 고려하여 빻을 양을 계산하고 소금과 물을 첨가하여 빻을 수 있다. 2. 빚어 찌는 떡류 작업기준서에 따라 제품의 특성에 맞춰 빻는 횟수를 조절할 수 있다. 3. 배합표에 따라 겉피에 첨가되는 부재료의 특성을 고려하여 전처리한 재료를 사용할 수 있다.
	4. 빚어 찌는 떡류 반죽하기	1. 빚어 찌는 떡류 작업기준서에 따라 익반죽 또는 생반죽 할 수 있다. 2. 배합표에 따라 물의 양을 조절하여 반죽할 수 있다. 3. 배합표에 따라 속고물과 겉피의 수분비율을 조절하여 반죽할 수 있다.
	5. 빚어 찌는 떡류 빚기	1. 빚어 찌는 떡류 작업기준서에 따라 빚어 찌는 떡류의 크기와 모양을 조절하여 빚을 수 있다. 2. 빚어 찌는 떡류 작업기준서에 따라 겉편과 속편의 양을 조절하여 빚을 수 있다. 3. 빚어 찌는 떡류 작업기준서에 따라 부재료의 특성을 살려 색을 조화롭게 빚어낼 수 있다.
	6. 빚어 찌는 떡류 찌기	1. 빚어 찌는 떡류 작업기준서에 따라 제품특성을 고려하여 찌는 시간과 온도를 조절할 수 있다. 2. 빚어 찌는 떡류 작업기준서에 따라 제품특성을 고려하여 면보자기를 덮어 제품의 수분을 조절 할 수 있다. 3. 빚어 찌는 떡류 작업기준서에 따라 풍미를 높이기 위해 부재료를 첨가할 수 있다. 4. 빚어 찌는 떡류 작업기준서에 따라 제품이 서로 붙지 않게 간격을 조절하여 찔 수 있다.
	7. 빚어 찌는 떡류 마무리하기	1. 빚어 찌는 떡류 작업기준서에 따라 찐 후 냉수에 빨리 식힌다. 2. 빚어 찌는 떡류 작업기준서에 따라 물기가 제거되면 참기름을 바를 수 있다. 3. 빚어 찌는 떡류 작업기준서에 따라 제품의 품질 유지를 위해 표기사항을 표시하여 포장할 수 있다.
4. 빚어 삶는 떡	1. 빚어 삶는 떡류 재료 준비하기	1. 빚어 삶는 떡류 제조에 적합하도록 작업기준서에 따라 필요한 재료를 준비할 수 있다. 2. 생산량에 따라 배합표를 작성할 수 있다. 3. 빚어 삶는 떡류 작업기준서에 따라 부재료의 특성을 고려하여 전처리할 수 있다. 4. 빚어 삶는 떡의 종류와 특성에 따라 물에 불리는 시간을 조정하고 소금을 첨가할 수 있다.
	2. 빚어 삶는 떡류 재료 계량하기	1. 배합표에 따라 제품별로 필요한 각 재료를 계량할 수 있다. 2. 배합표에 따라 떡류의 수분 평형을 고려하여 첨가되는 물의 양을 조절할 수 있다. 3. 배합표에 따라 생산량을 고려하여 소금의 양을 조절 할 수 있다.
	3. 빚어 삶는 떡류 빻기	1. 배합표에 따라 생산량을 고려하여 빻을 양을 계산하고 소금과 물을 첨가하여 빻을 수 있다. 2. 빚어 삶는 떡류 작업기준서에 따라 제품의 특성에 맞춰 빻는 횟수를 조절할 수 있다. 3. 배합표에 따라 빚어 삶는 떡류에 첨가되는 부재료의 특성을 고려하여 전처리한 재료를 사용할 수 있다.
	4. 빚어 삶는 떡류 반죽하기	1. 빚어 삶는 떡류 작업기준서에 따라 익반죽 또는 생반죽 할 수 있다. 2. 배합표에 따라 물의 양을 조절하여 반죽할 수 있다. 3. 배합표에 따라 빚어 삶는 떡류의 수분비율을 조절하여 반죽할 수 있다.

		5. 빚어 삶는 떡류 빚기	1. 빚어 삶는 떡류 작업기준서에 따라 빚어 삶는 떡류의 크기와 모양을 조절하여 빚을 수 있다. 2. 빚어 삶는 떡류 작업기준서에 따라 부재료의 특성을 살려 빚어낼 수 있다.
		6. 빚어 삶는 떡류 삶기	1. 빚어 삶는 떡류 작업기준서에 따라 제품특성을 고려하여 삶는 시간과 온도를 조절할 수 있다. 2. 빚어 삶는 떡류 작업기준서에 따라 풍미를 높이기 위해 부재료를 첨가할 수 있다. 3. 빚어 삶는 떡류 작업기준서에 따라 제품이 서로 붙지 않게 저어가며 삶을 수 있다.
		7. 빚어 삶는 떡류 마무리하기	1. 작업기준서에 따라 빚은 떡을 삶은 후 냉수에 빨리 식힐 수 있다. 2. 빚어 삶는 떡류 작업기준서에 따라 물기가 제거하여 고물을 묻힐 수 있다. 3. 빚어 삶는 떡류 작업기준서에 따라 제품의 품질 유지를 위해 표기사항을 표시하여 포장할 수 있다.
	5. 약밥 만들기	1. 약밥 재료 준비하기	1. 약밥 만들기 제조에 적합하도록 작업기준서에 따라 필요한 재료를 준비할 수 있다. 2. 생산량에 따라 배합표를 작성할 수 있다. 3. 배합표에 따라 부재료를 필요한 양만큼 준비할 수 있다. 4. 약밥 만들기 작업기준서에 따라 부재료의 특성을 고려하여 전처리할 수 있다. 5. 약밥 만들기 작업기준서에 따라 찹쌀을 물에 불린 후 건져 물기를 빼고 소금을 첨가하여 찜기에 쪄서 준비할 수 있다. 6. 배합표에 따라 황설탕, 계피가루, 진간장, 대추 삶은 물(대추고), 캐러멜 소스, 꿀, 참기름을 준비할 수 있다.
		2. 약밥 재료 계량하기	1. 배합표에 따라 쪄서 준비한 재료를 계량할 수 있다. 2. 배합표에 따라 전처리된 부재료를 계량할 수 있다. 3. 배합표에 따라 황설탕, 계피가루, 진간장, 대추 삶은 물(대추고), 캐러멜 소스, 꿀, 참기름을 계량할 수 있다.
		3. 약밥 혼합하기	1. 약밥 만들기 작업기준서에 따라 찹쌀을 찔 수 있다. 2. 약밥 만들기 작업기준서에 따라 계량된 황설탕, 계피가루, 진간장, 대추 삶은 물(대추고), 캐러멜 소스, 꿀, 참기름을 넣어 혼합할 수 있다. 3. 약밥 만들기 작업기준서에 따라 혼합한 재료를 맛과 색이 잘 스며들도록 관리할 수 있다.
		4. 약밥 찌기	1. 약밥 만들기 작업기준서에 따라 혼합된 재료를 찜기에 넣고 골고루 펴서 안칠 수 있다. 2. 약밥 만들기 작업기준서에 따라 제품특성을 고려하여 찌는 시간과 온도를 조절할 수 있다. 3. 약밥 만들기 작업기준서에 따라 제품특성을 고려하여 면보자기를 덮어 제품의 수분을 조절할 수 있다.
		5. 약밥 마무리하기	1. 약밥 만들기 작업기준서에 따라 완성된 약밥의 크기와 모양을 조절하여 포장할 수 있다. 2. 약밥 만들기 작업기준서에 따라 제품 특징에 맞는 포장지를 선택하여 포장할 수 있다. 3. 약밥 만들기 작업기준서에 따라 제품의 품질 유지를 위해 표기사항을 표시하여 포장할 수 있다.

6. 인절미 만들기	1. 인절미 재료 준비하기	1. 인절미 제조에 적합하도록 작업기준서에 따라 필요한 찹쌀과 고물을 준비할 수 있다. 2. 생산량에 따라 배합표를 작성할 수 있다. 3. 인절미 작업기준서에 따라 부재료의 특성을 고려하여 전처리할 수 있다. 4. 인절미의 특성에 따라 물에 불리는 시간을 조정하고 소금을 가할 수 있다.
	2. 인절미 재료 계량하기	1. 배합표에 따라 제품별로 필요한 각 재료를 계량할 수 있다. 2. 배합표에 따라 부재료 첨가에 따른 물의 양을 조절할 수 있다. 3. 배합표에 따라 생산량을 고려하여 소금의 양을 조절할 수 있다. 4. 배합표에 따라 인절미에 첨가되는 전처리된 부재료를 계량하여 사용할 수 있다.
	3. 인절미 빻기	1. 배합표에 따라 생산량을 고려하여 빻을 재료의 양을 계산하고 소금과 물을 첨가하여 빻을 수 있다. 2. 인절미 작업기준서에 따라 제품의 특성에 맞춰 빻는 횟수를 조절할 수 있다. 3. 제품의 특성에 따라 1, 2차 빻기 작업 수행 시 분쇄기의 롤 간격을 조절할 수 있다. 4. 인절미 작업기준서에 따라 불린 쌀 대신 전처리 제조된 재료를 사용할 경우 불리는 공정과 빻기의 공정을 생략한다.
	4. 인절미 찌기	1. 인절미류 작업기준서에 따라 찹쌀가루를 뭉쳐서 안칠 수 있다. 2. 인절미류 작업기준서에 따라 제품특성을 고려하여 찌는 온도와 시간을 조절하여 찔 수 있다.
	5. 인절미 성형하기	1. 인절미류 작업기준서에 따라 익힌 떡 반죽을 쳐서 물성을 조절할 수 있다. 2. 인절미류 작업기준서에 따라 제품을 식힐 수 있다. 3. 인절미류 작업기준서에 따라 제품 특성에 따라 절단할 수 있다.
	6. 인절미 마무리하기	1. 인절미류 작업기준서에 따라 고물을 묻힐 수 있다. 2. 인절미류 작업기준서에 따라 포장할 수 있다. 3. 인절미류 작업기준서에 따라 표기사항을 표시할 수 있다.
7. 고물류 만들기	1. 찌는 고물류 만들기	1. 작업기준서와 생산량에 따라 배합표를 작성할 수 있다. 2. 작업기준서에 따라 필요한 재료를 준비할 수 있다. 3. 재료의 특성을 고려하여 전처리할 수 있다. 4. 전처리된 재료를 찜기에 넣어 찔 수 있다. 5. 작업기준서에 따라 제품특성을 고려하여 찌는 시간과 온도를 조절할 수 있다. 6. 찐 고물을 식혀 빻은 후 고물을 소분하여 냉장이나 냉동에 보관할 수 있다.
	2. 삶는 고물류 만들기	1. 작업기준서와 생산량에 따라 배합표를 작성할 수 있다. 2. 작업기준서에 따라 필요한 재료를 준비할 수 있다. 3. 재료의 특성을 고려하여 전처리할 수 있다. 4. 전처리된 재료를 삶는 솥에 넣어 삶을 수 있다. 5. 작업기준서에 따라 제품특성을 고려하여 삶는 시간과 온도를 조절할 수 있다. 6. 삶은 고물을 식혀 빻은 후 고물을 소분하여 냉장이나 냉동에 보관할 수 있다.
	3. 볶는 고물류 만들기	1. 작업기준서와 생산량에 따라 배합표를 작성할 수 있다. 2. 작업기준서에 따라 필요한 재료를 준비할 수 있다. 3. 재료의 특성을 고려하여 전처리할 수 있다. 4. 전처리하다 재료를 볶음 솥에 넣어 볶을 수 있다. 5. 작업기준서에 따라 제품특성을 고려하여 볶는 시간과 온도를 조절할 수 있다. 6. 볶은 고물을 식혀 빻은 후 고물을 소분하여 냉장이나 냉동에 보관할 수 있다.

8. 가래떡류 만들기	1. 가래떡류 재료 준비하기		1. 작업기준서와 생산량을 고려하여 배합표를 작성할 수 있다. 2. 배합표 따라 원·부재료를 준비할 수 있다. 3. 작업기준서에 따라 부재료를 전처리할 수 있다. 4. 가래떡류의 특성에 따라 물에 불리는 시간을 조정할 수 있다.
	2. 가래떡류 재료 계량하기		1. 배합표에 따라 제품별로 재료를 계량할 수 있다. 2. 배합표에 따라 부재료 첨가에 따른 물의 양을 조절할 수 있다. 3. 배합표에 따라 멥쌀에 소금을 첨가할 수 있다.
	3. 가래떡류 빻기		1. 작업기준서에 따라 원·부재료의 빻는 횟수를 조절할 수 있다. 2. 제품의 특성에 따라 1, 2차 빻기 작업 수행 시 분쇄기 롤 간격을 조절할 수 있다. 3. 빻은 멥쌀가루의 입도, 색상, 냄새를 확인하여 분쇄작업을 완료할 수 있다. 4. 빻은 작업이 완료된 원재료에 부재료를 혼합할 수 있다.
	4. 가래떡류 찌기		1. 작업기준서에 따라 준비된 재료를 찜기에 넣고 골고루 펴서 안칠 수 있다. 2. 작업기준서에 따라 찌는 시간과 온도를 조절할 수 있다. 3. 작업기준서에 따라 찜기 뚜껑을 덮어 제품의 수분을 조절할 수 있다.
	5. 가래떡류 성형하기		1. 작업기준서에 따라 성형노즐을 선택할 수 있다. 2. 작업기준서에 따라 쪄진 떡을 제병기에 넣어 성형할 수 있다. 3. 작업기준서에 따라 제병기에서 나온 가래떡을 냉각시킬 수 있다. 4. 작업기준서에 따라 냉각된 가래떡을 용도별로 절단할 수 있다.
	6. 가래떡류 마무리 하기		1. 작업기준서에 따라 제품 특징에 맞는 포장지를 선택할 수 있다. 2. 작업기준서에 따라 절단한 가래떡을 용도별로 저온 건조 또는 냉동할 수 있다. 3. 작업기준서에 따라 제품별로 길이, 크기를 조절할 수 있다. 4. 작업기준서에 따라 제품별로 알코올 처리를 할 수 있다. 5. 작업기준서에 따라 제품별로 건조 수분을 조절할 수 있다. 6. 작업기준서에 따라 포장 표시면에 표기사항을 표시할 수 있다.
9. 찌는 찰떡류 만들기	1. 찌는 찰떡류 재료 준비하기		1. 작업기준서와 생산량을 고려하여 배합표를 작성할 수 있다. 2. 배합표에 따라 원·부재료를 준비할 수 있다. 3. 부재료의 특성을 고려하여 전처리할 수 있다. 4. 찌는 찰떡류의 특성에 따라 물에 불리는 시간을 조정할 수 있다.
	2. 찌는 찰떡류 재료 계량하기		1. 배합표에 따라 원·부재료를 계량할 수 있다. 2. 배합표에 따라 물의 양을 조절할 수 있다. 3. 배합표에 따라 찹쌀에 소금을 첨가할 수 있다.
	3. 찌는 찰떡류 빻기		1. 작업기준서에 따라 원·부재료의 빻는 횟수를 조절할 수 있다. 2. 1, 2차 빻기 작업 수행 시 분쇄기의 롤 간격을 조절할 수 있다. 3. 빻기된 찹쌀가루의 입도, 색상, 냄새를 확인하여 빻는 작업을 완료할 수 있다. 4. 빻는 작업이 완료된 원재료에 부재료를 혼합할 수 있다.
	4. 찌는 찰떡류 찌기		1. 작업기준서에 따라 스팀이 잘 통과 될 수 있도록 혼합된 원부재료를 시루에 담을 수 있다. 2. 작업기준서에 따라 찌는 시간과 온도를 조절할 수 있다. 3. 작업기준서에 따라 시루 뚜껑을 덮어 제품의 수분을 조절할 수 있다.
	5. 찌는 찰떡류 성형하기		1. 찐 재료에 대하여 물성이 적합한지 확인할 수 있다. 2. 작업기준서에 따라 찐 재료를 식힐 수 있다. 3. 작업기준서에 따라 제품의 종류별로 절단할 수 있다.

		6. 찌는 찰떡류 마무리하기	1. 노화 방지를 위하여 제품의 특성에 적합한 포장지를 선택할 수 있다. 2. 작업기준서에 따라 제품을 포장할 수 있다. 3. 작업기준서에 따라 포장 표시면에 표기사항을 표시할 수 있다. 4. 제품의 보관 온도에 따라 제품 보관 방법을 적용할 수 있다.
	10. 지지는 떡	1. 지지는 떡류 재료 준비하기	1. 지지는 떡류 작업기준서에 따라 재료를 준비할 수 있다. 2. 지지는 떡류 작업기준서에 따라 재료를 계량할 수 있다 3. 지지는 떡류 작업기준서에 따라 찹쌀을 불릴 수 있다. 4. 지지는 떡류 작업기준서에 따라 부재료의 특성을 고려하여 전 처리할 수 있다.
		2. 지지는 떡류 빻기	1. 지지는 떡류 작업기준서에 따라 반죽에 첨가되는 부재료의 특성에 따라 전처리한 재료를 사용할 수 있다. 2. 지지는 떡류 작업기준서에 따라 제품의 특성에 맞게 빻는 횟수를 조절하여 빻을 수 있다. 3. 재료의 특성에 따라 체눈의 크기와 체질의 횟수를 조절할 수 있다.
		3. 지지는 떡류 지지기	1. 지지는 떡류 작업기준서에 따라 익반죽 할 수 있다. 2. 지지는 떡류 작업기준서에 따라 크기와 모양에 맞게 성형할 수 있다. 3. 지지는 떡류 제품 특성에 따라 지진 후 속고물을 넣을 수 있다. 4. 지지는 떡류 제품 특성에 따라 고명으로 장식하고 즙청할 수 있다.
		4. 지지는 떡류 마무리하기	1. 지지는 떡류 작업기준서에 따라 포장할 수 있다. 2. 지지는 떡류 작업기준서에 따라 표기사항을 표시할 수 있다.
	11. 위생관리	1. 개인위생 관리하기	1. 위생관리 지침에 따라 두발, 손톱 등 신체 청결을 유지할 수 있다. 2. 위생관리 지침에 따라 손을 자주 씻고 건조하게 하여 미생물의 오염을 예방할 수 있다. 3. 위생관리 지침에 따라 위생복, 위생모, 작업화 등 개인위생을 관리할 수 있다. 4. 위생관리 지침에 따라 질병 등 스스로의 건강상태를 관리하고, 보고할 수 있다. 5. 위생관리 지침에 따라 근무 중의 흡연, 음주, 취식 등에 대한 작업장 근무수칙을 준수할 수 있다.
		2. 가공기계·설비위생 관리하기	1. 위생관리 지침에 따라 가공기계·설비위생 관리 업무를 준비, 수행할 수 있다. 2. 위생관리 지침에 따라 작업장 내에서 사용하는 도구의 청결을 유지할 수 있다. 3. 위생관리 지침에 따라 작업장 기계·설비들의 위생을 점검하고, 관리할 수 있다. 4. 위생관리 지침에 따라 세제, 소독제 등의 사용 시, 약품의 잔류 가능성을 예방할 수 있다. 5. 위생관리 지침에 따라 필요시 가공기계·설비 위생에 관한 사항을 책임자와 협의할 수 있다.
		3. 작업장 위생 관리하기	1. 위생관리 지침에 따라 작업장 위생 관리 업무를 준비, 수행할 수 있다. 2. 위생관리 지침에 따라 작업장 청소 및 소독 매뉴얼을 작성할 수 있다. 3. 위생관리 지침에 따라 HACCP관리 매뉴얼을 운영할 수 있다. 4. 위생관리 지침에 따라 세제, 소독제 등의 사용 시, 약품의 잔류 가능성을 예방할 수 있다. 5. 위생관리 지침에 따라 소독, 방충, 방서 활동을 준비, 수행할 수 있다. 6. 위생관리 지침에 따라 필요시 작업장 위생에 관한 사항을 책임자와 협의할 수 있다.

12. 안전 관리	1. 개인 안전 준수하기	1. 안전사고 예방지침에 따라 도구 및 장비 등의 정리 · 정돈을 수시로 할 수 있다. 2. 안전사고 예방지침에 따라 위험 · 위해 요소 및 상황을 전파할 수 있다. 3. 안전사고 예방지침에 따라 지정된 안전 장구류를 착용하여 부상을 예방할 수 있다. 4. 안전사고 예방지침에 따라 중량물 취급, 반복 작업에 따른 부상 및 질환을 예방할 수 있다. 5. 안전사고 예방지침에 따라 부상이 발생하였을 경우 응급처치(지혈, 소독 등)를 수행할 수 있다. 6. 안전사고 예방지침에 따라 부상 발생 시 책임자에게 즉각 보고하고 지시를 준수할 수 있다.
	2. 화재 예방하기	1. 화재예방지침에 따라 LPG, LNG등 연료용 가스를 안전하게 취급할 수 있다. 2. 화재예방지침에 따라 전열 기구 및 전선 배치를 안전하게 취급할 수 있다. 3. 화재예방지침에 따라 화재 발생 시 소화기 등을 사용하여 초기에 대응할 수 있다. 4. 화재예방지침에 따라 식품가공용 유지류의 취급 부주의에 따른 화상, 화재를 예방할 수 있다. 5. 화재예방지침에 따라 퇴근 시에는 전기 · 가스 시설의 차단 및 점검을 의무화 할 수 있다.
	3. 도구 · 장비 안전 준수하기	1. 도구 및 장비 안전지침에 따라 절단 및 협착 위험 장비류 취급시 주의사항을 준수할 수 있다. 2. 도구 및 장비 안전지침에 따라 화상 위험 장비류 취급시 주의사항을 준수할 수 있다. 3. 도구 및 장비 안전지침에 따라 적정한 수준의 조명과 환기를 유지할 수 있다. 4. 도구 및 장비 안전지침에 따라 작업장 내의 이물질, 습기를 제거하여, 미끄럼 및 오염을 방지할 수 있다. 5. 도구 및 장비 안전지침에 따라 설비의 고장, 문제점을 책임자와 협의, 조치할 수 있다.

위생상태 및 안전관리

순번	구분	세부기준	채점기준

1	위생복 상의	• 전체 흰색, 팔꿈치가 덮이는 길이 이상의 7부·9부·긴소매
		  – 수험자 필요에 따라 흰색 팔토시 착용 가능
		• 상의 여밈 단추 등은 위생복에 부착된 것이여야 함
		  – 벨크로(일명 찍찍이), 단추 등의 크기, 색상, 모양 재질은 제한하지 않음
		• (금지) 기관 및 성명 등의 표시·마크·무늬 등 일체 표식, 금속성 부착물·뱃지·핀 등 식품 이물 부착, 팔꿈치 길이보다 짧은 소매, 부직포·비닐 등 화재에 취약한 재질
			• (실격) 미착용이거나 평상복인 경우
			  – 흰티셔츠·와이셔츠, 패션모자(흰털모자, 비니, 야구모자 등)는 실격
			  – 위생복 상·하의, 위생모, 마스크 중 1개라도 미착용 시 실격

2	위생복 하의
	(앞치마)
		• 「(색상 무관) 평상복 긴바지 + 흰색 앞치마」 또는 「흰색 긴바지 위생복」
		  – 평상복 긴바지 착용 시 긴바지의 색상·재질은 제한이 없으나, 안전사고 예방을 위해 맨살이 드러나지 않는 길이의 긴바지여야 함
		  – 흰색 앞치마 착용 시 앞치마 길이는 무릎 아래까지 덮이는 길이 일 것, 상하일체형(목끈형) 가능
		• (금지) 기관 및 성명 등의 표시·마크·무늬 등 일체 표식, 금속성 부착물·뱃지·핀 등 식품 이물 부착, 반바지·치마·폭넓은 바지 등 안전과 작업에 방해가 되는 복장, 부직포·비닐 등 화재에 취약한 재질
			• (위생 0점) 금지 사항 및 기준 부적합
			  – 위생복장 색상 미준수, 일부 무늬가 있거나 유색·표식이 가려지지 않는 경우, 기관 및 성명 등 표식
			  – 식품 가공용이 아닌 복장 등 (화재에 취약한 재질 및 실험복 형태의 영양사·실험용 가운은 위생 0점)
			  – 반바지·치마, 폭넓은 바지 등
			  – 위생모가 뚫려있어 머리카락이 보이거나, 수건 등으로 감싸 바느질 마감처리가 되어 있지 않고 풀어지기 쉬워 작업용으로 부적합한 경우 등

3	위생모	• 전체 흰색, 빈틈이 없고 일반 식품 가공 시 사용되는 위생모 – 크기, 길이, 재질(면, 부직포 등 가능) 제한 없음 • (금지) 기관 및 성명 등의 표시·마크·무늬 등 일체 표식, 금속성 부착물·뱃지·핀 등 식품 이물 부착(단, 위생모 고정용 머리핀은 사용 가능), 바느질 마감처리가 되어 있지 않은 흰색 머릿수건(손수건)은 머리카락 및 이물에 의한 오염 방지를 위해 착용 금지	
4	마스크	• 침액 오염 방지용으로, 종류(색상, 크기, 재질 무관) 등은 제한하지 않음 – '투명 위생 플라스틱 입가리개' 허용	
5	위생화 (작업화)	• 위생화, 작업화, 조리화, 운동화 등(색상 무관) – 단, 발가락, 발등, 발뒤꿈치가 모두 덮일 것 • (금지) 기관 및 성명 등의 표시, 미끄러짐 및 화상의 위험이 있는 슬리퍼류, 작업에 방해가 되는 굽이 높은 구두, 속 굽 있는 운동화	• (위생 0점) 금지 사항 및 기준 부적합
6	장신구	• (금지) 장신구(단, 위생모 고정용 머리핀은 사용 가능) – 손목시계, 반지, 귀걸이, 목걸이, 팔찌 등 이물, 교차오염 등의 위험이 있는 장신구 일체 금지	
7	두발	• 단정하고 청결할 것, 머리카락이 길 경우 흘러내리지 않도록 머리망을 착용하거나 묶을 것	
8	손 / 손톱	• 손에 상처가 없어야 하나, 상처가 있을 경우 식품용 장갑 등을 사용하여 상처가 노출되지 않도록 할 것(시험위원 확인 하에 추가 조치 가능), 손톱은 길지 않고 청결해야 함 • (금지) 매니큐어, 인조손톱 등	
9	위생관리	• 작업 과정은 위생적이어야 하며, 도구는 식품 가공용으로 적합해야 함 • 장갑 착용 시 용도에 맞도록 구분하여 사용할 것 (예시) 설거지용과 작품 제조용은 구분하여 사용해야 함 • 위생복 상의, 앞치마, 위생모의 개인 이름·소속 등의 표식 제거는 테이프를 부착하여 가릴 수 있음 • 식품과 직접 닿는 조리도구 부분에 이물질(예: 테이프)을 부착하지 않을 것 • 눈금 표시된 조리기구 사용 허용(단, 눈금표시를 하나씩 재어가며 재료를 써는 등 감독위원이 작업이 미숙하다고 판단할 경우 작업 전반 숙련도 부분 감점될 수 있음에 유의)	
10	안전사고 발생 처리	• 칼 사용(손 빔) 등으로 안전사고 발생 시 응급조치를 하여야 하며, 응급조치에도 지혈이 되지 않을 경우 시험 진행 불가	

※ 위 기준 외 일반적인 개인위생, 식품위생, 작업장 위생, 안전관리를 준수하지 않을 경우 감점 처리될 수 있습니다.
※ 시험장내 모든 개인물품에는 기관 및 성명 등의 표시가 없어야 합니다.

실기 수험자 지참도구 및 유의사항

연번	내 용	규 격	수 량	비 고
1	스크레이퍼	15cm 정도	1개	재질, 크기, 색깔 제한 없음(제과용, 조리용 스크레이퍼, 호떡누르개, 다용도 누르개 등 가능)
2	계량컵	200ml	1개	
3	계량스푼		1세트	
4	기름솔		1개	
5	위생행주		1개	필요량만큼 준비
6	위생복	흰색 상하의 (흰색 하의는 앞치마로 대체 가능)	1벌	- 기관 및 성명 등의 표식이 없을 것 - 흰색 하의는 흰색 앞치마로 대체 가능하나, 화상 등의 안전사고 방지를 위하여 앞치마 안의 하의가 반바지이거나 짧은 치마 등 부적합한 복장일 경우는 감점 처리
7	면장갑		1켤레	
8	비닐장갑		5켤레	일회용 비닐 위생장갑, 니트릴 라텍스 등 조리용 장갑 사용 가능
9	위생모 또는 머리수건	흰색	1개	- 일반 떡 제조 시 사용하는 위생모, 머릿수건이 아닌 경우는 감점 처리 - 위생모가 아닌 흰색 비니모자, 털모자, 야구모자 등은 감점 처리
10	신발	작업화, 조리화, 운동화 등	1켤레	- 미끄러짐 및 화상의 위험이 있는 슬리퍼류, 작업에 방해가 되는 굽이 높은 구두(하이힐), 속굽이 있는 운동화 등 떡 제조 시 사용 가능한 작업화가 아닌 경우 감점 처리
11	칼	조리용	1개	눈금표시 조리칼 사용 금지
12	나무젓가락	40~50cm 정도	1개	
13	나무주걱		1개	
14	뒤집개		1개	
15	소창 또는 면보	30×30cm 정도	1장	
16	가위		1개	조리용
17	키친페이퍼		1개	키친타올
18	체	소	1개	- 경단 건지는 용도 - 직경 20cm 정도의 냄비에 들어갈 수 있는 소형 크기
19	비닐	50×50cm	1개	재료 전처리 또는 떡을 덮는 용도 등 다용도용으로 필요량만큼 준비
20	저울	조리용	1개	g 단위 측정 가능한 것, 재료 계량용
21	체		1개	재질무관(스테인리스체, 나무체 등), 28 × 6.5cm 중간체 또는 어레미, 재료 전처리 등 다용도 활용
22	볼(bowl)	대·중·소	1세트	스테인리스볼/플라스틱재질 가능, 대중소 각 1개씩(크기 및 수량 가감 가능)
23	찜기	대나무 찜기 외경 기준 지름 25cm, 내경 기준 높이 7cm 정도, 오차범위 ± 1cm	2조	- 물솥, 시루망(면보), 실리콘패드) 및 시루 일체 포함 - 찜기를 1개만 지참하고 시험시간 내 세척하여 사용하는 것도 가능 (단, 시험시간의 추가는 없음)
24	냄비	조리용	1개	
25	접시	조리용	2개	수량, 크기, 재질, 색깔 제한 없음
26	절구, 절구공이		1개	- 절구는 흑임자 고물 제조용 절구로 크기, 색상, 재질 무관 - 절구공이는 나무밀대, 방망이로 크기, 재질 무관
27	후라이팬		1개	
28	마스크	일반용	1개	
29	개피떡용 원형틀	직경 5.5cm	1개	

✪ 지참준비물 상세 안내

- 준비물별 수량은 최소 수량을 표시한 것이므로 필요 시 추가 지참 가능
- 종이컵, 호일, 랩, 종이호일, 1회용 행주, 수저 등 일반적인 조리용 소모품은 필요 시 개별 지참 가능
  - 떡 제조 기능 평가에 영향을 미치지 않는 조리용 소모품(종이컵, 호일, 랩, 수저 등)은 지참이 가능하나, "몰드, 틀" 등과 같이 기능 평가에 영향을 미치는 도구는 사용 금지(쟁반이나 그릇 등을 변칙적으로 몰드 용도로 사용하는 경우는 감점)
  - 지참준비물 외 개별 지참한 도구가 있을 경우, 시험 당일 감독위원에게 사용 가능 여부 확인 후 사용, 감독위원에게 확인하지 않고 개별 지참한 도구 사용 시 채점 시 불이익이 있을 수 있음에 유의
- 길이를 측정할 수 있는 눈금표시가 있는 조리도구는 사용 금지(눈금칼, 눈금도마, 자 등)
- 타이머를 포함한 시계 지참은 가능하나, 시험 중 다른 수험자에게 피해가 가지 않도록 주의
  - 개인용 시계, 타이머 지참 시 다른 수험자에게 피해가 가지 않도록 알람소리, 진동 사용을 제한
  - 손목시계를 착용하는 것은 이물 및 교차오염 방지를 위해 착용을 제한(착용 시 감점)

✪ 과제 현황

1) 과제목록 및 시험시간

과제 번호	과제목록	시험시간
1	콩설기떡, 부꾸미	2시간
2	송편, 쇠머리떡	
3	무지개떡(삼색), 경단	
4	백편, 인절미	
5	흑임자시루떡, 개피떡(바람떡)	
6	흰팥시루떡, 대추단자	

※ 과제가 추가될 경우, 큐넷 공개문제 게시 후 6개월 정도의 유예기간을 적용하여 시행함을 알려드리오니 참고하여 주시기 바랍니다.

✪ 특이 사항

1) 수험자지참준비물 중 "뒤집개"

  ○ 둥근 원판은 실기시험에서 사용을 제한함을 알려드리오니, 지참하지 않도록 주의하여 주시기 바랍니다.

> - 쇼핑몰에서 "떡뒤집개, 아크릴 뒤집개판, 원형아크릴판, 떡뒤집개판" 등의 제품명으로 판매하고 있으나, 식품용 기구로 활용되는 정식 명칭은 아님을 참고하시기 바랍니다.

○ 적합하지 않은 도구를 사용하여 식품안전 및 위생상 부적합할 경우 "감점"처리됨을 알려드리오니 참고하여주시기 바랍니다.

> • 「뒤집개」는 요리할 때 음식을 뒤집는 기구로써 뒤집게, 뒤집기, 뒤지개, 스파튤라(spatula), 터너(turner) 등의 명칭으로 통용되고 있으며, 일반적인 조리(주방)도구로써 실리콘, 스테인리스, 나무, 나일론 등 다양한 적합 재질로 제조되어 판매됩니다.

2) 냉장·냉동고를 사용 안내
   ○ 시험장의 냉장·냉동고는 수험자에게 재료를 지급하기 전 시험 본부에서 재료를 보관하기 위한 설비로써, 수험자가 시험시간 중 사용하는 것은 허용되지 않습니다.

3) 지참준비물에 없는 핀셋, 계산기 사용 가능 여부 안내
   ○ 핀셋, 계산기는 실기시험 과정 중 필수적인 도구가 아니며, 일반적으로 사용되는 조리용 도구가 아니므로 사용을 금합니다.

4) 지참준비물 중 "체" 안내('23.12.8 추가)
   ○ 조리용 중간체 또는 어레미 모두 사용 가능함을 참고하여 주시기 바랍니다.

✪ 수험자 유의사항

1) 항목별 배점은 [정리정돈 및 개인위생 14점], [각 과제별 43점씩×2가지 = 총 86점]이며, 요구사항 외의 제조 방법 및 채점기준은 비공개입니다.

2) 시험시간은 재료 전처리 및 계량시간, 정리정돈 등 모든 작업과정이 포함된 시간입니다(시험 시간 종료 시까지 작업대 정리를 완료).

3) 수험자 인적사항은 검은색 필기구만 사용하여야 합니다. 그 외 연필류, 유색 필기구, 지워지는 펜 등은 사용이 금지됩니다.

4) 시험 전과정 위생수칙을 준수하고 안전사고 예방에 유의합니다.

> • 시작 전 간단한 가벼운 몸 풀기(스트레칭) 운동을 실시한 후 시험을 시작하십시오.
> • 위생복장의 상태 및 개인위생(장신구, 두발·손톱의 청결 상태, 손씻기 등)의 불량 및 정리 정돈 미흡 시 실격 또는 위생항목 감점처리 됩니다.

5) 작품채점(외부평가, 내부평가 등)은 작품 제출 후 채점됨을 참고합니다.

6) 수험자는 제조 과정 중 맛을 보지 않습니다(맛을 보는 경우 위생 부분 감점).

7) 요구사항의 수량을 준수합니다(요구사항 무게 전량/과제별 최소 제출 수량 준수).
   - 「지급재료목록 수량」은 「요구사항 정량」에 여유양이 더해진 양입니다.
   - 수험자는 시험 시작 후 저울을 사용하여 요구사항대로 정량을 계량합니다(계량하지 않고 지급재료 전체를 사용하여 크기 및 수량이 초과될 경우는 "재료 준비 및 계량항목"과 "제품평가" 0점 처리).
   - 계량은 하였으나, 제출용 떡 제품에 사용해야 할 떡반죽(쌀가루 포함)이나 부재료를 사용하지 않고 지나치게 많이 남기는 경우, 요구사항의 수량에 미달될 경우는 "제품평가" 0점 처리
   - 단, 찜기의 용량을 초과하여 반죽을 남기는 경우는 제외하며, 용량 초과로 떡반죽(쌀가루 포함) 및 부재료를 남기는 경우는 찜기에 반죽을 넣은 후 손을 들어 남은 떡반죽과 재료에 대해서 감독위원에게 확인을 받아야 함

8) 타이머를 포함한 시계 지참은 가능하나, 아래 사항을 주의합니다.
   - 디지털 타이머, 스톱워치 소지·사용이 가능하나(필수 준비물은 아님) 사용 시 무음·무진동으로 사용하여야 합니다.
   - 시험시간은 시험장에 있는 시계를 기준으로 시행됨을 참고하시기 바랍니다.
   - 떡제조기능사 등 식품 위생 관련 실기시험 시 손목시계 착용은 금지됩니다(착용 시 위생 0점)

9) "몰드, 틀" 등과 같이 기능 평가에 영향을 미치는 도구는 사용을 금합니다(사용 시 감점).
   - 쟁반, 그릇 등을 변칙적으로 몰드 용도로 사용하는 경우는 감점

10) 찜기를 포함한 지참준비물이 부적합할 경우는 수험자의 귀책사유이며, 찜기가 지나치게 커서 시험장 가스레인지 사용이 불가할 경우는 가스 안전상 사용에 제한이 있을 수 있습니다.

11) 의문 사항은 손을 들어 문의하고 그 지시에 따릅니다.

12) 다음 사항은 실격에 해당하여 채점 대상에서 제외됩니다.
   가) 수험자 본인이 수험 도중 시험에 대한 포기 의사를 표현하는 경우
   나) 위생복 상의, 위생복 하의(또는 앞치마), 위생모, 마스크 중 1개라도 착용하지 않은 경우
   다) 시험시간 내에 2가지 작품 모두를 제출대(지정장소)에 제출하지 못한 경우
   라) 모양, 제조방법(찌기를 삶기로 하는 등)을 준수하지 않았을 경우
   마) 상품성이 없을 정도로 타거나 익지 않은 경우(제품 가운데 부분의 쌀가루가 익지 않아 생쌀가루 맛이 나는 경우, 익지 않아 형태가 부서지는 경우)
      ※ 찜기 가장자리에 묻어나오는 쌀가루 상태는 채점대상이 아니며, 콩의 익은 정도는 감점 대상(실격 대상 아님)
   바) 지급된 재료 이외의 재료를 사용한 경우(재료 혼용과 같이 해당 과제 외 다른 과제에 필요한 재료를 사용한 경우도 포함)
      ※ 기름류는 실격처리가 아닌 감점 처리이므로 지급재료목록을 확인하여 기름류 사용에 유의(단, 떡 반죽 재료 또는 떡 기름칠 용도로 직접적으로 사용하지 않고 손에 반죽 묻힘 방지용으로는 사용 가능)
   사) 시험 중 시설·장비의 조작 또는 재료의 취급이 미숙하여 위해를 일으킬 것으로 감독위원 전원이 합의하여 판단한 경우

목차

떡제조기능사 필기

Part 1 떡 제조 기초이론
- Chapter 01 떡류 재료의 이해 ······································ 22
- Chapter 02 떡류 제조 공정 ·· 35
- 출제예상문제 ·· 43

Part 2 떡류 만들기
- Chapter 01 재료 준비 ·· 50
- Chapter 02 떡류 만들기 ·· 55
- Chapter 03 떡류 포장 및 보관 ······································ 64
- 출제예상문제 ·· 66

Part 3 위생·안전관리
- Chapter 01 개인 위생관리 ·· 75
- Chapter 02 작업 환경 위생관리 ···································· 95
- Chapter 03 안전관리 ·· 96
- 출제예상문제 ·· 100

Part 4 우리나라 떡의 역사 및 문화
- Chapter 01 떡의 역사 ·· 108
- Chapter 02 떡의 문화 ·· 110
- 출제예상문제 ·· 117

실전모의고사

- 제1회 실전모의고사 ·· 126
- 제2회 실전모의고사 ·· 132
- 제3회 실전모의고사 ·· 138
- 제4회 실전모의고사 ·· 144
- 제5회 실전모의고사 ·· 150
- 제6회 실전모의고사 ·· 156
- 정답 및 해설 ·· 162

최신 기출복원문제

제 1회 기출복원문제 …………………………………… 182
제 2회 기출복원문제 …………………………………… 190
제 3회 기출복원문제 …………………………………… 196
정답 및 해설 ……………………………………………… 202

떡제조기능사 실기 공개과제

콩설기떡 · 부꾸미 ………………………………… 212 · 214
송편 · 쇠머리떡 …………………………………… 216 · 218
무지개떡(삼색) · 경단 …………………………… 220 · 222
백편 · 인절미 ……………………………………… 224 · 226
흑임자시루떡 · 개피떡(바람떡) ………………… 228 · 230
흰팥시루떡 · 대추단자 …………………………… 232 · 234

부록

고물류 · 붉은팥고물, 거피팥고물, 녹두고물 ………………… 238
설기떡류 · 무지개떡(오색) …………………………………… 240
켜떡류 · 붉은팥시루떡, 단호박편 …………………… 242 · 244
빚어 찌는 떡류 · 쑥갠떡 ……………………………………… 246
치는 떡류 · 가래떡 …………………………………………… 248
찌는 찰떡류 · 약밥, 구름떡, 두텁떡 ……………… 250, 252, 254
지지는 떡류 · 화전, 개성주악 …………………………… 256, 258

참고문헌 ………………………………………………… 260

떡제조기능사 필기

Part 1   떡 제조 기초이론

Part 2   떡류 만들기

Part 3   위생·안전관리

Part 4   우리나라 떡의 역사 및 문화

PART 01 떡 제조 기초이론

Chapter 1 떡류 재료의 이해

1 주재료(곡류)의 특성

(1) 곡류의 분류
① 미곡 : 쌀
② 맥류 : 보리, 밀, 귀리, 호밀
③ 잡곡 : 조, 기장, 수수, 메밀, 옥수수

(2) 곡류의 일반적인 특징
① 대부분 영양소가 탄수화물인 전분으로 구성되어 있다.
② 생명을 유지하는데 필요한 중요한 에너지원으로 이용된다.
③ 소화흡수가 쉬우며 담백한 맛을 내어 주식으로 적합하다.
④ 경제적으로 유용한 식품이지만 필수아미노산이 부족하여 동물성 단백질이나 콩과 함께 섭취하는 것이 영양적으로 좋다.
⑤ 곡류 입자의 구조는 외피(겨), 배아, 배유로 구성된다.
   ※ 외피(겨) : 과피, 종피, 호분층으로 구성되어 있다.
⑥ 외피(겨)는 곡류 입자의 가장 외부에 존재하며 도정과정에서 대부분 제거된다.
⑦ 배아는 단백질, 지질, 무기질 함량이 높으나 도정과정에서 쉽게 떨어져 나간다.
⑧ 배유는 다량의 전분을 포함하고 있으며 주로 식용하는 부분이다.

(3) 곡류의 종류
1) 쌀
   ① 형태에 따른 분류
      ㉠ 일본형(Japonica)
         - 쌀알이 굵고 짧으며 둥근 형태이다.(단립형)
         - 밥의 점성이 강하다.
         - 한국, 일본 등에서 생산한다.
      ㉡ 자바니카형(Javanica)
         - 일본형과 인도형의 중간 형태이다.

ⓒ 인도형(Indica)
- 쌀알이 길고 가늘며 부스러지기 쉽다.(장립형)
- 밥의 점성이 약하다.
- 인도, 동남아시아 등에서 생산한다.

② 쌀의 성분 및 특징
㉠ 쌀의 주성분은 탄수화물이 75% 이상 전분으로 구성되어 있다.
㉡ 전분은 포도당이 다수 결합되어 만들어진 다당류로 아밀로오스와 아밀로펙틴으로 구성되어 있다. 쌀은 전분 구성 성분의 함량에 따라 멥쌀과 찹쌀로 구분한다.
㉢ 쌀 단백질은 오리제닌(oryzenin)으로 필수아미노산 중 리신(lysine)이 부족하여 두류와 섞어서 먹는 것이 영양적으로 우수하다.

구 분	아밀로오스	아밀로펙틴
구조	포도당으로 구성된 직선상 구조	포도당으로 구성된 직선상 구조와 가지 구조
결합	α-1,4결합	α-1,4결합과 α-1,6결합
요오드정색반응	청색	적자색
가열	불투명	투명, 끈기 있음
분포	- 대부분의 전분에 20~25% 함유 - 찰품종에는 거의 없다.	- 대부분의 전분에 75~80% 함유 - 찰품종에 97~100% 함유
호화, 노화	호화와 노화가 쉽다.	호화와 노화가 어렵다.

구 분	멥 쌀	찹 쌀
아밀로오스	20%	0%
아밀로펙틴	80%	100%
점성	약하다	강하다
쌀알의 색	반투명	유백색
호화개시온도	65℃	70℃
전분의 노화	빠르다	느리다
요오드정색반응 ★★★[기출문제]	청자색	적갈색

현미

① 벼의 왕겨만을 벗긴 쌀로 외피(겨), 배아, 배유로 구성된다.
② 백미에 비하여 지방, 단백질, 비타민 B_1, B_2가 풍부하다.
③ 현미는 섬유질이 많고 조직이 견고하여 쌀을 불리는 시간이 백미보다 길다.
④ 현미인절미, 현미가래떡 제조에 이용된다.

● 도정
현미에서 겨층을 제거하여 배유를 얻는 과정으로 백미(10분도미)는 겨층을 100%, 7분도미는 70%, 5분도미는 50%를 제거한 것이다.

> ◉ **도정의 목적**
> ① 수분의 흡수를 용이하게 하여 조리가 쉽다.
> ② 소화성을 좋게 한다.
> ③ 기호성을 향상시켜 식품의 가치를 높인다.
> ◉ **도정과 영양소**
> ① 도정과정에서 겨층과 배아가 제거되어 단백질과 비타민이 손실된다.
> ② 배유 부분만 남게 되어 탄수화물의 함유율이 증가한다.

> **흑미**
> ① 흑미는 도정을 완전히 하지 않은 유색미로 호분층(외피 부분)에 식물성 색소인 안토시아닌 색소를 함유하고 있다.
> ② 쌀을 잘라 보면 바깥 부분은 검은색에 가까운 보라색이며 내부는 흰색이다.
> ③ 흑미의 흑색소는 수용성이므로 여러 번 씻을 경우 흑색소가 빠져나가므로 주의해야 한다.

2) 보리

① 보리의 종류에는 쌀보리와 겉보리가 있다.
② 쌀보리는 껍질이 종실에서 분리되기 쉽고 배유 부분이 많아 밥에 섞어 먹는다.
③ 겉보리는 껍질이 분리되기 어렵고 배유도 적어 볶아서 보리차를 만들거나 발아시켜서 엿기름(맥아)으로 이용한다.
④ 주성분은 탄수화물로 전분이 대부분이며 단백질은 호르데인(hordein)이다.
⑤ 인과 칼륨이 많고 비타민 B_1, B_2가 많이 들어있다.
⑥ 보리 중앙에 세로로 깊은 홈이 파인 부분에는 섬유질이 많이 함유되어 있어 정장작용에 도움을 주고 변비를 예방한다. 그러나 맛과 소화율이 낮고 호화되는데 시간이 많이 걸리는 단점이 있다. 이러한 점을 개선하기 위하여 보리를 분할하여 할맥을 만들거나 호화가 빨리 되고 부드럽게 하기 위하여 보리를 찐 다음 기계로 눌러 압맥을 만들어 이용한다.
⑦ 엿기름은 보리 싹을 틔워 말린 것으로 보리 싹이 날 때 자체 내의 아밀라제(amylase)가 활성을 띠게 되어 전분을 맥아당으로 분해할 수 있다.
⑧ 엿기름은 식혜, 조청, 엿을 만들 때 사용한다.

> ◉ **당화**
> 전분이 산이나 효소에 의해 감미가 있는 단당류, 이당류 또는 올리고당으로 가수분해되는 과정을 말한다. 식혜, 조청, 물엿 등은 전분의 당화를 이용한 식품이다.

3) 밀

① 밀은 쌀입자와 달리 배유부가 연하고 외피가 강하여 입자 형태로 이용하지 않고 제분하여 사용한다.
② 단백질 함량은 7~16%로 많은 편으로 단백질의 75%~85%를 차지하는 글루텐(gluten)은 글루테닌(glutenin)과 글리아딘(gliadin)으로 구성되어 있다.
③ 밀가루 단백질인 글루텐은 물로 반죽하면 점탄성이 강한 반죽이 만들어진다. 이러한 성질을 이용하여 빵, 국수, 과자, 마카로니 등을 제조한다.

종 류	글루텐 함량(%)	용 도
강력분	11 이상	식빵, 퀵브레드
중력분	9~10	소면, 우동 등 면류, 만두피, 크래커
박력분	7~9	케이크, 과자, 튀김옷

4) 귀리
① 고려 시대에 원군의 침입과 함께 말의 먹이로 가져온 것이 재배의 기원이다.
② 곡물 중 단백질과 지질 함량이 가장 많고 칼슘, 인, 철분 등의 무기질과 비타민 B군의 함량도 많아 잡곡밥 짓는데 넣으면 밥의 영양이 높아진다.
③ 증기로 가열한 후 눌러서 오트밀로 가공하여 주로 식용한다.
④ 오트밀은 소화가 잘 되어 유아용, 환자용, 노인용으로 많이 이용된다.
⑤ 주정, 사료, 과자 등으로 이용된다.

5) 조
① 재배된 역사가 오래된 작물로 우리나라에는 벼보다 먼저 도입된 곡류이다.
② 곡류 중에서 알이 가장 작고 저장성이 강하다.
③ 메조와 차조가 있으며 메조는 노란색을 띠며 찰기가 없고 식감이 까칠하여 주로 가공식품에 이용한다. 차조는 약간 녹색을 띠고 찰기가 있어 잡곡밥에 주로 사용한다.

6) 기장
① 생육기간이 짧고 건조한 척박지에서도 잘 견디어 주로 산간지방에서 재배한다.
② 노란색을 띠며, 모양이 조와 비슷하나 알곡은 기장이 더 굵다.
③ 쌀과 섞어 밥을 지어 먹거나 떡, 엿, 소주의 원료로 사용된다.

> 🔴 **서속(黍粟)**은 기장과 조를 말하며, 기장과 조를 가루로 만들어 밤, 대추를 넣고 찐 떡을 서속떡이라고 한다.

7) 수수 ★★★ [기출문제]
① 메수수와 찰수수가 있다.
② 외피가 단단하고 탄닌을 함유하고 있어 다른 곡류에 비하여 소화율이 떨어진다.
③ 탄닌으로 인해 떫은맛이 강하여 불릴 때 자주 물을 갈아주고 세게 문질러 씻어 사용한다.
④ 찰수수는 오곡밥, 수수경단, 수수부꾸미 등에 이용한다.
⑤ 메수수는 가축의 사료나 공업용 원료, 고량주 제조에 이용된다.

8) 메밀

① 생육 기간이 짧고 척박한 땅에서도 잘 자라 구황작물로 이용되어 왔다.
　※ **구황작물** : 가뭄, 홍수 등으로 흉년일 때 주식 대신 먹을 수 있는 농작물
② 쌀이나 밀보다 단백질이 비교적 우수한 편으로 필수아미노산인 트립토판, 트레오닌, 리신과 비타민 B_1, B_2 함량이 많다.
③ 혈관 강화작용이 있는 루틴(rutin) 성분이 배유에 골고루 분포되어 있다. ★★★[기출문제]
④ 외피를 제거하고 제분하여 사용한다.
⑤ 점성이 부족하여 밀가루와 섞어 국수를 만들며 냉면, 메밀묵, 메밀총떡, 메밀전 등에 이용한다.

9) 옥수수

① 곡류 중 저장성이 가장 좋은 것으로 탄수화물은 주로 전분이며 단백질은 제인(zein)이다.
② 필수아미노산인 리신(lysine), 트립토판(tryptophan)이 적어 매우 영양가가 낮다.
③ 비타민 B_3인 나이아신(niacin)이 적어서 주식으로 먹게 되면 펠라그라(pellagra)라고 하는 영양질환이 생긴다.
④ 옥수수전분, 옥수수시럽, 옥수수유 등을 만든다.

> ● **펠라그라**
> 나이아신(비타민 B_3) 결핍증으로 일어나는 병으로 피부염, 시력장애, 경련, 설사, 정신장애 등을 일으킨다. 옥수수를 주식으로 먹는 나라에서 주로 발병한다.

2 부재료의 종류 및 특성

(1) 두류

1) 콩

① 단백질 함량이 20~40%로 매우 높아 쌀에 부족한 단백질과 지방을 공급한다.
② 콩의 주단백질은 수용성인 글리시닌(glycinin)이며 전체 단백질의 84%이다.
③ 콩에는 단백질의 소화를 저해하는 물질인 트립신저해물질(trypsin inhibitor), 동물의 적혈구를 응집시키는 적혈구응집소(hemagglutinin)가 함유되어 있으나 이 물질은 열에 아주 약하여 가열하면 비활성화된다.
④ 콩에 함유되어 있는 사포닌은 기포성이 있어 삶을 때 거품이 일고 장을 자극하여 설사의 원인이 된다.
⑤ 항산화작용, 콜레스테롤 감소효과, 항암효과가 있다.
⑥ 이소플라본은 에스트로겐과 유사한 기능이 있어 유방암 예방, 골다공증 치유에 도움을 준다.
⑦ 콩의 올리고당은 대장의 정장 작용을 하며, 식이섬유소는 포만감을 주고 변비 예방에도 효과가 있다.

2) 동부

① 팥 정도의 크기이며 밥에 넣어 먹거나 떡고물, 떡소, 묵을 만드는데 사용한다.
② 모싯잎 송편의 속 재료로 많이 활용되며 한방에서 약재로도 쓰인다.
③ 비타민 B_1과 B_2가 다량 함유되어 있다.

3) 팥

① 껍질색이 적색인 것이 일반적이나 품종에 따라 황색, 검정색, 회백색 등 여러 가지가 있다.
② 당질이 64% 정도 함유되어 있으며, 당질 중에는 전분이 34% 정도이다. 단백질은 20%로 곡류의 2배 정도 함유되어 있다.
③ 비타민 B_1이 많아 탄수화물 대사에 도움을 주며 각기병 예방에 좋다. ★★★[기출문제]
④ 팥의 표피에는 시아니딘(cyanidin)배당체가 들어 있어 아린 맛이 있다.
⑤ 팥의 껍질 부분에는 사포닌 성분이 있어 장을 자극하여 설사를 유발하므로 팥을 사용할 때는 반드시 처음 삶은 물은 버려 사포닌 성분을 일부 제거한 후 다시 물을 부어 삶아 사용한다. ★★★[기출문제]
⑥ 팥을 삶을 때 소다(중조)를 넣고 삶으면 팥이 빨리 물러지나 비타민 B_1이 파괴된다.
⑦ 팥의 붉은색은 악귀를 쫓는 색이라 하여 백일과 돌 때 만드는 수수경단, 이사나 고사를 지낼 때 만드는 팥고물시루떡의 고물로 사용한다.
⑧ 밥, 떡의 고물, 죽, 과자류, 양갱, 제과용 등 다양하게 이용된다.

4) 녹두

① 녹두는 당질이 62%로 전분 함량이 높고 엽산, 칼륨, 마그네슘도 많이 함유하고 있다.
② 녹두의 껍질을 벗길 때는 불린 물에 손으로 비벼가며 벗겨야 잘 벗겨진다.
③ 떡의 고물, 떡소, 죽에 이용되며 싹을 내서 숙주나물로 이용한다.
④ 녹두전분은 청포묵과 당면제조에 이용한다.

5) 땅콩

① 두류 중 유일하게 열매가 땅 속에 들어 있다.
② 지질이 45% 이상으로 주요지방산은 올레산과 리놀레산이다.
③ 대부분이 불포화지방산으로 구성되어 있으며 필수지방산의 중요한 급원이다. ★★★[기출문제]
④ 지방을 추출하여 식용유(낙화생유), 땅콩버터 등에 이용한다.
⑤ 지방산화를 막기 위해 껍질째 보관하는 것이 좋으며 습한 곳에 두면 곰팡이의 독성(아플라톡신)이 생기므로 주의한다.
⑥ 떡의 고물로는 잘 사용하지 않으나 감자찰떡의 고물로 사용한다.

(2) 서류

식품의 뿌리 또는 뿌리줄기에 많은 양의 전분을 저장한 식품으로 감자, 고구마, 마, 토란 등이 있다.

1) 감자

① 수분이 80% 정도이며 탄수화물은 대부분 전분 형태로 존재한다.
② 칼륨 성분이 많은 알칼리성 식품으로 비타민 C, 비타민 B 복합체를 다량 함유하고 있다.
③ 감자에 함유되어 있는 비타민 C는 전분입자로 둘러싸여 있어 열을 가해도 파괴되지 않아 비타민 C의 공급원 역할을 한다.
④ 수확 후 저장 중에는 전분의 당화효소인 아밀라제에 의해 단맛이 증가한다.
⑤ 감자는 껍질을 제거하면 티로신이 티로시나아제에 의해 산화되어 멜라닌(melanin)이 형성되어 갈색으로 변한다. 이를 방지하기 위해 껍질을 벗겨 물에 담가두어 산소와의 접촉을 막아준다.

⑥ 감자가 햇빛에 노출되어 생긴 껍질의 녹색부분이나 발아 중인 싹에 존재하는 솔라닌(solanine)을 섭취하면 두통, 어지러움 등을 나타내므로 조리 시 반드시 제거해야 한다.
⑦ 감자가 썩기 시작하면 셉신(sepsin)이라는 독성물질이 생겨 심한 중독증상이 일어난다.
⑧ 감자의 모양이 말방울처럼 생겼다하여 '마령서(馬鈴薯)'라고도 하였으며 조선조 순조(1824~1825) 때 청나라를 통해 전해졌다하여 '북서(北薯)'라고도 하였다.

> ● **감자 전분 함량에 따른 구분**
> - 점질감자 : 찌거나 구울 때 부서지지 않아 볶음, 조림 등으로 이용된다.
> - 분질감자 : 쪘을 때 포슬포슬하게 분이 나면서 잘 부서지는 성질이 있어 구운감자, 매쉬드포테이토, 프렌치 프라이 등에 이용된다.
>
> ● **산성 식품**
> 황(S), 인(P), 염소(Cl)와 같은 산성 원소를 많이 함유한 식품
> 예 곡류, 육류, 어류
>
> ● **알칼리성 식품**
> 나트륨(Na), 칼륨(K), 칼슘(Ca), 마그네슘(Mg)과 같은 알칼리성 원소를 많이 함유한 식품
> 예 채소, 과일, 대두, 버섯, 해조류

2) 고구마

① 고구마는 조선조 영조(1763년) 조엄이 일본에 사신으로 갔다 돌아오는 길에 대마도에서 구해 온 것을 제주도와 부산진에 보내어 재배하게 된 것이 시초이다.
② 알칼리성 식품으로 칼륨 성분이 많으며 칼륨은 나트륨을 몸 밖으로 빠져나가게 하여 고혈압을 낮추는 효과가 있다.
③ 고구마에 풍부하게 들어 있는 식물성 섬유가 장의 움직임을 활발하게 하여 변비를 해소하고, 혈청 콜레스테롤을 감소시킨다.
④ 미생물에 의해 장내에서 이상 발효하여 배속에 가스가 차기 쉽다.
⑤ 비타민 B, C가 많이 함유되어 있다.
⑥ 날고구마를 자르면 하얀 진이 나오는데 이것은 수지배당체인 얄라핀(jalapin)이라는 성분으로 장 활동을 촉진시켜준다. 또한 강한 점성을 가지고 있고 물에 녹지 않으며 공기 중에 노출되면 산화되어 흑색으로 변한다.
⑦ 남방감저병 : 쌀가루에 고구마가루를 섞어 시루에 찐 떡으로 감저(甘藷)는 고구마를 뜻하며 고구마가 우리나라에 들어올 때 남방(일본)에서 들어왔다하여 남방감저병이란 이름이 붙었다.
⑧ 조침떡 : 좁쌀가루에 생고구마를 채썰어 섞고 팥고물을 켜켜로 안쳐 시루에 찐 떡으로 제주도 향토떡이다.

3) 토란

① 토란을 우자(芋子), 토련(土蓮), 토지(土芝)라고도 한다.
② 껍질을 벗기면 미끈미끈한 점질물이 있는데, 이것은 수용성 당단백질인 갈락탄(galactan)으로 소화성이 좋지 않으며 가열 조리 시 거품이 일어나 끓어 넘치는 원인이 된다.
③ 토란의 아린 맛은 호모젠티스산((homogentisic acid)이며 토란을 생으로 먹으면 중독 증세를 보일 수 있으므로 주의한다.

④ 토란에는 수산칼슘이 많아 맨손으로 만지면 가려움증이 나타나므로 쌀뜨물 또는 소금물에 담그거나 데쳐서 독성과 점질물을 없앤다.
⑤ 토란병 : 토란을 삶아 으깨서 찹쌀가루에 넣고 치대어 동글납작하게 빚어서 지진 떡이다.

4) 마
① 마는 서여, 산약이라고도 부르며 주성분은 전분이다.
② 소화효소인 디아스타제가 무보다 많이 함유되어 있다.
③ 마를 갈거나 자를 경우에 나오는 끈적끈적한 물질은 뮤신(mucin)이라고 하는 당단백질이다.
④ 뮤신은 위산과다 및 위궤양 치료 등 소화 기관의 보호와 소화운동의 윤활제 역할을 한다.
⑤ 서여향병 : 마를 썰어 쪄내어 꿀에 담갔다가 찹쌀가루를 묻혀 기름에 지져내어 잣가루를 입힌 떡이다.

(3) 채소류

1) 쑥
① '애엽(艾葉)'이라고도 한다.
② 복통, 토사, 출혈의 치료에 쓰이며 살균, 진통, 소염 작용 등의 효과가 있어 약용으로도 쓰인다.
③ 무기질, 비타민 A, 비타민 C가 풍부하여 봄에 나오는 어린 쑥으로 쑥설기, 쑥구리단자, 쑥갠떡, 쑥절편 등 다양한 떡에 이용한다. ★★★[기출문제]
④ 쑥은 소금을 넣고 데쳐 재빨리 찬물에 여러 번 헹궈 쓴맛을 제거하고 녹색을 유지할 수 있게 한다. 쑥을 데칠 때 소다(중조)를 넣으면 비타민 B_1은 파괴되나 금방 무르면서 푸르게 데칠 수 있다.
⑤ 쑥은 4~5월에 나오는 쑥이 맛과 향이 좋으며, 일 년 동안 사용할 양을 모두 전처리하여 냉동 보관하며 사용하는 것이 좋다.

2) 모싯잎
① 모시는 쐐기풀과에 속하는 여러해살이풀이다.
② 모싯잎송편, 모싯잎개떡 등을 만든다.
③ 떡색이 진한 녹색을 띄며 쫄깃한 질감이 특징으로 독특한 향과 맛을 낸다.

3) 호박
① 늙은호박이라고 부르는 청둥호박은 맷돌호박이라고도 한다.
② 과육이 주황색으로 카로티노이드 색소를 지니고 있다.
③ 비타민 A가 풍부하며 호박씨는 단백질과 지방이 풍부하다.
④ 위장이 약한 사람이나 회복기의 환자, 고혈압, 당뇨병, 산후의 부기를 빼는 데 효과가 있다.
⑤ 호박을 얇게 썰거나 길게 오려서 말려 호박고지로 만들어 떡을 할 때 물에 불려서 사용한다.

4) 무
① 무에는 전분을 분해하는 효소인 아밀라아제(디아스타제)가 많다. ★★★[기출문제]
② 멥쌀가루에 채 썬 무를 넣고 찐 무시루떡은 떡의 소화를 도와줘 속을 편안하게 해준다. ★★★[기출문제]
③ 무 특유의 매운맛과 향기성분은 메틸메르캅탄(methyl mercaptan), 머스타드 오일(mustard oil)이다.

(4) 과일류

1) 대추
① 예로부터 열매가 많이 열려 풍요와 다산의 의미가 있다.
② 혼례 때 다남(多男)을 기원하는 상징물로 이용되었다.
③ 껍질이 깨끗하고 윤기가 많이 나는 것이 좋으며 생대추는 저장성이 낮기 때문에 건조하여 사용한다.
④ 대추에는 탄수화물과 비타민 C가 다량 함유되어 있으나 건조대추에는 비타민 C가 거의 없다.
⑤ 과당, 포도당 및 자당 등의 가용성 당류가 다량 함유되어 있어 감미가 강하다.
⑥ 대추는 다양한 떡의 부재료로 이용되며 대추를 이용한 대표적인 떡으로 대추인절미, 대추단자, 대추주악 등이 있다.

2) 감
① 감은 카로티노이드 색소가 많아 비타민 A의 좋은 급원이다.
② 비타민 C가 풍부하다.
③ 미숙한 감은 떫은맛이 나는데 이것은 탄닌의 일종인 수용성 성분의 시부올(shibuol)로 먹을 때 혀에 녹아 떫은맛을 낸다.
④ 감이 익으면 호흡에 의해서 생긴 알데히드(aldehyde)와 시부올이 결합하여 불용성으로 변해 혀에 녹지 않으므로 떫은맛이 감소된다.
⑤ 떫은감의 껍질을 벗겨 말린 곶감은 표면에 하얀 가루가 생기는데 이 성분은 만니톨(mannitol), 솔비톨(sorbitol) 등이다.
⑥ 상주설기, 감고지떡, 감단자, 감떡, 석탄병, 신과병 등 다양한 떡의 부재료로 이용된다.

> ● **석탄병(惜呑餠)**
> '차마 삼키기가 아까운 떡'이라는 뜻으로 「규합총서」에 기록되어 있다. 멥쌀가루에 감가루, 생강가루, 잣가루, 계피가루, 밤, 대추 등을 섞어 녹두고물을 얹어 찐 떡이다.

3) 밤
① 밤은 알이 굵고 도톰하며, 껍질은 윤이 나는 갈색인 것이 좋다.
② 수분이 13% 정도 되도록 말리면 당도가 높아지고 저장성도 길어진다.
③ 말린 밤을 황률이라고 하며 약재로 사용된다.
④ 칼슘, 비타민 A, C 등이 풍부하며 어린이 성장 발육에 좋다.
⑤ 비타민 C가 많이 들어 있어 피부 미용과 피로 회복, 감기 예방에 효능이 있다.
⑥ 떡의 고물, 소의 재료에 사용되며 약식, 신과병, 쇠머리떡, 석탄병 등 여러 종류의 떡에 이용된다.

4) 잣
① 백자(柏子), 송자(松子), 해송자(海松子), 실백(實柏)이라고도 한다.
② 지방함량이 많아 열량이 높고 올레인산, 리놀레산, 리놀렌산 등의 불포화지방산의 함량이 높아 콜레스테롤을 감소시키며 피부를 윤택하게 하고 혈압을 내리는데 도움을 준다.
③ 껍질을 벗긴 잣은 변색된 것이 적고 크기가 고르며 향미가 있으며 윤기가 나는 것이 좋다.
④ 잣은 꼭지 부분에 있는 잣고깔을 반드시 떼어낸 후 그대로 쓰거나 비늘잣이나 잣가루를 만들어 사용한다.

⑤ 비늘잣은 잣을 길이로 반으로 잘라놓은 것을 말하며 생선의 비늘 모양처럼 생겨 지어진 이름이다.
⑥ 잣가루를 낼 때 절구에 넣어 찧거나 칼등으로 으깨면 덩어리지므로 종이를 깔고 칼날로 다져 사용한다.
⑦ 잣은 불포화지방산이 많아 보관 시 산패가 빨리 되고 냄새를 흡수하므로 밀폐를 잘하여 냉동 보관한다.

5) 호두
① 필수지방산 및 불포화지방산이 많아 동맥 경화 예방, 노화 방지, 피부를 윤택하게 하는 효과가 있다.
② 지방 함량이 높아 산패가 빨리 일어나므로 밀폐하여 냉동 보관한다.
③ 호두의 속껍질은 떫은맛이 강하므로 뜨거운 물에 불려 속껍질을 벗겨서 사용하거나 끓는 물에 데쳐 쓴맛을 뺀 후 말려 사용한다.
④ 구름떡, 두텁편 등에 밤, 대추, 잣 등과 함께 쓰인다.

6) 은행
① 딱딱한 껍질을 제거한 후 속껍질을 벗긴 후 사용하는데 속껍질은 끓는 물에 살짝 데쳐 벗기거나 기름을 약간 두른 팬에 은행을 굴려서 익혀 뜨거울 때 속껍질을 벗긴다.
② 은행은 진해와 거담에 효능이 있고 천식, 잦은 소변에 약재로 이용된다.
③ 은행잎에는 뇌혈관과 말초 혈관의 혈액순환을 개선하는 효능이 있어 의약품으로 개발, 판매되고 있다.
④ 은행단자 : 은행을 끓는 물에 살짝 데쳐 속껍질을 벗긴 후 분마기에 갈아 쌀가루와 함께 쪄서 절구에 친 다음 소를 넣고 꿀을 바르고 잣가루를 묻힌다.

(5) 소금
① 짠맛을 내는 조미료로 음식의 간을 맞추는데 사용된다.
② 떡 제조 시 가장 중요한 재료 중의 하나이다.
③ 미생물의 번식과 부패를 방지하며 떡의 색을 선명하게 하는 역할을 한다.
④ 떡 제조 시 소금(천일염) 첨가량은 불린 쌀 무게의 1.2~1.3% 정도 사용한다.
⑤ 떡에 사용하는 소금은 1년 이상 간수가 잘 빠진 소금(천일염)을 사용해야 쓴맛이 덜하여 맛있는 떡을 만들 수 있다.
⑥ 좋은 소금은 손바닥에 쥐었을 때 달라붙지 않는다.
⑦ 흡습성이 커서 눅눅해지지 않도록 습기가 차지 않게 보관해야 한다.

구 분	설 명
호렴	① 천일염, 굵은소금이라고 부른다. ② 정제되지 않은 소금으로 바닷물에서 수분을 건조시켜 만든 것으로 염화나트륨을 80% 정도 함유하고 있다. ③ 불순물이 있어 색이 검고 입자가 굵다. ④ 장류·젓갈을 담글 때, 배추를 절일 때, 오이지 담글 때, 채소와 생선을 절일 때 사용한다.
재제염	① 고운소금, 꽃소금이라고 부른다. ② 호렴을 물에 녹여 불순물을 제거한 후 다시 결정화시킨 것으로 염화나트륨 90% 정도 함유하고 있다. ③ 색이 희고 입자가 작으며 대부분 조리에 사용한다.
정제염	① 순수한 염화나트륨만을 분리·정제한 것으로 염화나트륨 함량이 99% 정도인 소금이다. ② 순도가 매우 높으며, 짠맛이 강하다.

(6) 감미료

1) 설탕
① 사탕수수나 사탕무가 원료이며 포도당과 과당이 결합한 당으로 자당이라고도 한다.
② 백설탕, 황설탕, 흑설탕 등으로 구분되며 신맛, 쓴맛, 짠맛을 부드럽게 해준다.
③ 전분의 노화를 지연시키며 이스트의 작용을 촉진한다.
④ 떡의 단맛을 내주며 설탕에 약간의 물을 첨가하고 170℃ 이상으로 열을 가해 캐러멜소스를 만들어 약식 등에 이용한다.

> ● **당류의 감미도**
> 과당 〉 전화당 〉 설탕 〉 포도당 〉 맥아당 〉 갈락토오스 〉 유당

2) 꿀
① 꿀은 벌집에 저장한 당액에서 꽃가루, 밀랍을 제거하여 정제한 것으로 설탕보다 과당 함량이 높다.
② 대부분의 꿀은 과당 40%, 포도당 35%, 자당 2%와 비타민류, 무기질을 함유하고 있다.
③ 과당 함량이 많은 꿀은 결정이 잘 생성되지 않지만 꿀 종류에 따라 과당 함량이 적은 꿀은 결정이 생길 수도 있다.
④ 설탕보다 향미가 더 강하며 수분 함량이 많다.
⑤ 여러 가지 꿀벌이 채취한 꽃에 따라 풍미, 빛깔, 향이 다르다.
⑥ 떡에 꿀을 넣으면 깊은 감미와 풍미를 가지며 촉촉함이 오래 간다.

3) 조청
① 조청은 곡류를 엿기름으로 당화시켜 오랫동안 고아서 걸쭉하게 만든다.
② 쌀, 조, 수수, 옥수수, 고구마 등으로 만들며, 주로 찹쌀이나 멥쌀을 많이 이용한다.
③ 떡을 찍어 먹을 때 꿀 대용으로 사용한다.

(7) 발색제
① 발색제는 떡에 다양한 색을 나타내어 떡의 기호성을 증진시킨다.
② 천연 발색제는 그 재료 자체의 기능성을 떡에 부여하기도 한다.
③ 각각의 색이 가지고 있는 색소 성분은 항산화 활성, 항염 작용, 항암 작용, 면역 개선 등의 다양한 생리활성기능을 가지고 있어 떡의 기능성을 증진시키기도 한다.
④ 식물성 색소에는 클로로필(초록색), 카로티노이드(황색 또는 주황색), 안토시아닌(붉은색 또는 자색), 안토크산틴(무색 또는 담황색) 등이 있다.
⑤ 생과일을 사용할 경우에는 수분 함량이 많으므로 쌀가루에 첨가하는 물의 양을 감소시키고 분말을 사용할 경우에는 물에 풀어서 사용하는 것이 색이 잘 들며 수분도 보충된다.

구 분	종 류	설 명
분홍색	딸기주스 분말	① 인공색소가 들어있어 열을 가해도 색이 변하지 않는 장점이 있다. ② 설탕이 함유되어 있어 전체 떡의 단맛 정도를 조절해야 한다. ③ 물에 녹여서 사용해야 색이 잘 든다.
	딸기분말, 복분자분말	① 딸기, 복분자를 동결건조시켜 분말로 만든 것이다. ② 습기를 잘 흡수하여 덩어리지므로 밀봉하여 보관한다.
	냉동딸기	① 해동하여 사용 시 수분이 많이 빠져 나오므로 수분량을 조절한다. ② 열을 가하면 어두운 색으로 변한다.
	비트	비트는 갈아서 즙으로 사용하거나 건조시켜 분말로 이용한다.
	지치	① 지초, 자초라고도 한다. ② 한약재의 하나로 식용과 염료로 이용한다. ③ 지치를 기름에 넣고 끓이면 붉은색의 기름이 된다. ④ 곤떡은 화전을 부칠 때 지치기름으로 지진 떡으로 '색과 모양이 곱다'하여 처음에는 고운떡으로 불렀다. ★★★[기출문제]
	오미자	① 단맛, 신맛, 쓴맛, 짠맛, 매운맛의 다섯 가지의 맛을 내는 열매이다. ② 자양강장제, 진해, 거담, 갈증 치료, 땀과 설사를 멈추는데 쓰인다. ③ 오미자는 사용하기 전날 찬물에 담가두면 붉은색이 우러나오는데 면포로 걸러 그 물을 사용한다. ④ 끓이거나 더운물에서 우리면 쓴맛과 떫은맛이 나므로 찬물에서 우려야 한다. ⑤ 각종 떡의 색을 낼 때 사용하며 신맛이 강하여 설탕의 양을 더 늘린다.
초록색	생쑥, 쑥분말 모싯잎, 모시분말 녹차분말 승검초분말 뽕잎분말	① 생쑥, 모싯잎과 같이 섬유질이 많은 채소를 사용할 경우에는 이물질과 질긴 섬유질을 제거하고 깨끗이 씻어 데친 다음 물기를 뺀 후 쌀과 함께 분쇄하여 사용한다. ② 쑥, 녹차, 모시, 승검초와 같이 섬유질이 많은 분말은 물에 잘 풀어지지 않으므로 1차 분쇄한 쌀가루에 넣어 잘 혼합한 후 2차, 3차 분쇄하여 사용한다. 이때 채소 분말은 수분함량이 매우 적으므로 사용하는 채소 분말과 동량의 물을 더 넣어 준다.
노랑색	치자	① 노란빛이 진하고 색이 고와 천연 색소로 이용된다. ② 치자를 씻어 반으로 갈라 따뜻한 물에 담그면 노란색의 물이 나온다. 진한 노란색을 내려면 물을 조금만 넣고 연한 색을 내려면 물의 양을 늘려 사용한다. ③ 한약재로도 사용되며 분말로 된 치자도 있어 물에 타서 사용하면 간편하다.
	단호박, 단호박분말	① 단호박은 찜통에 쪄서 쌀가루에 섞어 사용한다. ② 단호박이 뜨거울 때 쌀가루에 섞으면 수분이 많아져 쌀가루가 질어질 수 있으므로 식힌 후 사용한다. ③ 단호박분말을 사용 할 경우 수분을 더 추가한다.
	송화가루	① 소나무의 꽃가루로 매우 가볍고 소나무의 향이 은은하다. ② 봄철 소나무에 핀 노란 송화를 물에 수비하여 말려 가루를 만든다. ③ 수분 함량이 낮으므로 쌀가루에 넣을 때 수분을 추가한다. ④ 각색편에 쓰인다.
	홍화	① 잇꽃의 꽃으로 처음에는 노랗게 피었다가 차츰 붉은 빛으로 변한다. ② 수용성 노란 색소와 알칼리에서만 추출되는 붉은 색소를 가지고 있다. ③ 잇꽃을 냉수에 담가 노란색을 우려서 사용한다.
	울금	① 카레의 원료로 사용되는 생강과의 식물로 약용, 식용, 염색용으로 이용된다. ② 분말로 만들어 노란색을 내는데 이용한다.

보라색	자색 고구마	① 자색고구마를 쪄서 사용하기도 하며 분말로 이용하기도 한다. ② 분말로 이용할 경우 물에 풀어서 사용하는 것이 좋다.
	백년초	① 손바닥 선인장 열매로 과육의 적색 색소는 베타시아닌이다. ② 100% 천연 백년초 분말일 경우 고온에서 오래 가열하면 색이 변하므로 백년초 분말 사용 시 주의하여야 한다. ③ 절편에 사용할 경우 떡을 찐 다음 백년초를 섞어 치기도 한다.
	흑미	흑미를 물에 충분히 불려 체에 밭쳐 물기를 뺀 후 가루로 만든다.
	복분자 분말	복분자 분말을 사용할 경우 물에 풀어서 사용하는 것이 좋다.
갈색	코코아	코코아 분말은 수분함량이 매우 낮으므로 물에 풀어서 사용하는 것이 좋다.
	커피	커피가루를 물에 녹여 사용하거나 에스프레소커피를 사용한다.
	대추고 ★★★[기출문제]	대추를 물에 푹 삶아 체에 걸러 잼처럼 졸인 것으로 약식, 약편에 쓰인다.
	송기	① 소나무의 속껍질로 나무가 마르지 않고 물기가 있을 때 벗겨 말려 두었다가 가루를 내어 사용하거나 물에 우려 섬유질이 풀어지도록 친 후 사용한다. ② 송편이나 각색편을 만들 때 쓰인다.
	도토리	① 일주일 정도 물에 담가 떫은맛을 우려낸 뒤 말려서 가루를 만든다. ② 도토리 향과 쫄깃한 맛이 특징이다.
	감	생감의 껍질을 벗겨 얇게 저며 썰어 말린 다음 가루로 만들어 석탄병이나 각종 떡에 쓰인다.
	계피	① 후추, 정향과 함께 세계 3대 향신료로 불린다. ② 육계의 껍질로 맵고 강한 단맛과 향을 가지므로 두텁떡, 약밥 등의 떡에 쓰인다. ③ 예전에는 계피를 끓여 그 맛과 향을 우려내어 사용하였지만 요즈음에는 가루로 나온 상품이 많아 쉽게 사용할 수 있다.
검은색	흑미	흑미영양찰떡, 흑미인절미 등에 사용한다.
	흑임자	볶은 검은깨를 가루로 만들어 깨찰편, 경단, 인절미 등의 고물로 사용한다.
	석이버섯	① 석이버섯의 검은색은 다른 재료에서 찾아보기 힘든 색으로 주로 음식의 고명으로 사용한다. ② 깊은 산의 바위 위에 서식하여 재료 채취의 어려움으로 매우 고가이다. ③ 석이버섯은 따뜻한 물에 불려 손으로 비비거나 소금으로 문질러 안쪽의 회색막을 깨끗이 제거한다. ④ 깨끗이 손질한 석이버섯은 잘 건조한 후 분쇄하여 분말의 형태로 사용하거나 채를 썰어 장식용으로 사용한다. ⑤ 석이단자, 석이병 등에 사용한다.

Chapter 2 | 떡류 제조 공정

1 떡의 종류와 제조원리

(1) 떡의 종류

떡은 만드는 방법에 따라 찌는 떡, 치는 떡, 지지는 떡, 삶는 떡으로 분류된다.

1) 찌는 떡 ★★★[기출문제]

떡 중에서 가장 기본이 되는 떡으로 증병(甑餠)이라고도 한다. 멥쌀 또는 찹쌀가루를 시루에 안쳐 수증기로 찐 떡으로 찌는 방법에 따라 설기떡, 켜떡, 빚어 찌는 떡, 부풀려서 찌는 떡으로 세분할 수 있다.

분류	설명	대표적인 떡
설기떡	멥쌀가루에 물을 주고 한 덩어리가 되게 찐 떡으로 무리떡이라고도 한다.	백설기, 색떡, 콩설기, 잡과병
켜떡	멥쌀가루나 찹쌀가루를 시루에 안칠 때 고물을 얹어가며 켜켜로 찌는 떡이다. 붉은팥, 거피팥, 녹두, 동부, 깨 등을 고물로 쓴다.	팥시루떡, 호박떡, 녹두찰편, 상추떡, 느티떡, 신과병
빚어 찌는 떡	쌀가루를 반죽하여 모양을 빚어 찐 떡이다.	송편, 쑥갠떡, 모시잎떡, 햇보리개떡, 부편
부풀려서 찌는 떡	멥쌀가루에 막걸리를 넣고 반죽하여 발효시켜 찐 떡이다.	증편

◉ 신과병
멥쌀가루에 가을의 햇과일을 섞어 녹두고물을 올려 찐 떡이다. ★★★[기출문제]
◉ 증편 = 술떡 = 기정떡 = 기지떡 = 기주떡 = 농병

2) 치는 떡 ★★★[기출문제]

쌀 또는 쌀가루를 시루에 찐 다음 절구나 안반에 놓고 차지게 친 떡으로 도병(搗餠)이라고도 한다.

분류	설명	대표적인 떡
가래떡류	멥쌀가루에 물을 주고 쪄서 안반에 놓고 차지게 쳐서 둥글고 길게 늘려 만든 떡으로 흰떡이라고도 한다.	가래떡, 골무떡
인절미	찹쌀 또는 찹쌀가루를 쪄서 안반에 놓고 친 다음 고물을 입힌 떡이다.	인절미, 팥인절미, 깨인절미, 쑥인절미, 수리취인절미, 대추인절미
절편	멥쌀가루를 쪄서 안반에 놓고 친 떡이다.	절편, 쑥절편, 수리취절편, 꽃절편
개피떡	멥쌀가루를 쪄서 안반에 놓고 친 다음 얇게 밀어 소를 넣고 공기가 들어가게 반으로 접어 반달 모양으로 찍어 낸 떡이다. 일명 바람떡이라고도 한다.	개피떡, 쑥개피떡
단자류	찹쌀가루를 쪄서 꽈리가 일도록 친 다음 떡 반죽을 일부 떼어 소를 넣거나 혹은 넣지 않고 고물을 묻혀 만든 떡이다.	석이단자, 유자단자, 대추단자, 밤단자, 쑥단자, 감단자

3) 지지는 떡

찹쌀가루를 익반죽하여 모양을 빚어 기름에 지진 떡으로 유전병(油煎餅)이라고도 한다. 화전, 부꾸미, 주악류가 있으며 잔치나 명절 등 고임상에 떡을 올릴 때 높이 고인 떡 위에 웃기떡으로 많이 쓰인다. ★★★[기출문제]

분류	설명	대표적인 떡
화전	찹쌀가루를 익반죽하여 둥글납작하게 빚은 다음 위에 꽃을 얹어 기름에 지져낸 떡이다.	화전, 진달래화전, 장미화전, 맨드라미화전
부꾸미	찹쌀가루나 찰수수가루를 익반죽하여 둥글납작하게 빚어 기름에 지진 다음 팥소를 넣고 반으로 접은 떡이다.	찹쌀부꾸미, 수수부꾸미
주악류	찹쌀가루를 익반죽하여 소를 넣고 작은 조약돌 모양으로 빚어 기름에 지진 다음 꿀물에 재웠다가 먹는 떡이다.	주악, 대추주악, 개성주악

◆ **개성주악**
찹쌀가루에 멥쌀가루 또는 밀가루를 일부 섞고 막걸리를 넣어 반죽하여 둥글게 빚어 넉넉한 기름에 지져낸 다음 집청꿀에 재워 만든 떡으로 개성우메기라고도 불린다.

4) 삶는 떡

곡물가루를 익반죽하여 끓는 물에 삶아 고물을 묻힌 떡이다.

분류	설명	대표적인 떡
경단류	곡물가루를 익반죽하여 둥근 모양으로 빚거나 구멍이 뚫린 원형으로 빚어 끓는 물에 삶아 고물을 묻힌 떡이다. 소를 넣고 만든 떡도 있다.	각색경단, 찰수수경단, 꿀물경단, 오메기떡, 두텁단자, 율무단자, 잣구리, 꼬장떡, 오그랑떡, 닭알떡

- **꿀물경단** : 찹쌀가루를 익반죽하여 둥글게 빚어 삶아 낸 떡으로 고물을 입히지 않고 꿀물에 재웠다가 먹는 떡이다.
- **오메기떡** : 차조가루를 익반죽하여 도넛 모양으로 빚어 삶아서 콩가루나 팥고물을 묻힌 떡으로 제주도 향토떡이다.
- **잣구리** : 찹쌀가루를 익반죽하여 밤소를 넣고 누에고치 모양으로 빚어 삶아 잣가루를 묻힌 떡이다.
- **꼬장떡** : 멥쌀가루에 좁쌀가루를 섞어 반죽하여 둥글게 빚은 다음 끓는 물에 삶아 콩가루나 팥고물을 묻힌 떡으로 평안도 향토떡이다.
- **오그랑떡** : 팥을 삶다가 거의 익으면 팥 삶은 물에 멥쌀가루를 익반죽하여 만든 경단을 넣고 익힌 다음 설탕과 소금으로 간을 하여 만든 떡으로 함경도지방의 향토떡이다.
- **닭알떡** : 찹쌀가루와 멥쌀가루를 섞어 익반죽하여 거피팥소를 넣고 달걀 모양으로 빚어 끓는 물에 삶아 낸 다음 거피팥고물을 입혀 만든 떡으로 황해도지방의 향토떡이다.

(2) 제조원리

1) 쌀 씻기

① 쌀 입자에 부착되어 있는 겨와 이물질을 씻어 내는 공정이다.
② 쌀입자 속에 과잉 존재하는 당류나 아미노산을 씻어 적당한 농도로 조정한다.
③ 세척 효율 및 작업종사자의 노동 강도를 낮추기 위해 쌀세척기를 사용하기도 한다.
④ 쌀 씻는 과정에서 약 10% 정도의 물이 흡수된다.
⑤ 도정한 지 오래된 쌀에서는 묵은 냄새(고미취)가 나고, 떡의 색상도 좋지 않으므로 도정한 지 오래된 쌀을 사용하지 않는 것이 좋다.

2) 쌀 불리기(수침)

① 불리는 공정은 분쇄를 용이하게 하고 떡을 찔 때 전분의 호화가 충분하게 진행되도록 쌀에 물을 흡수시키는 공정이다. ★★★[기출문제]
② 세척한 쌀을 용기에 넣고 쌀의 무게 대비 2~3배의 물을 넣는다.
③ 쌀 불리는 온도와 시간은 계절과 날씨의 변화에 따라 조절한다.
④ 쌀이 수분을 흡수하는 속도는 온도가 높을수록 빠르다. ★★★[기출문제]
⑤ 여름철에는 3~4시간 정도 담가 놓고 실온이 30℃일 경우 쌀을 깨끗이 세척 한 후 2시간 정도만 담가 둔다. 그 이상 담그면 쉬는 경우가 있어 유의해야 한다.
⑥ 겨울철에는 수침 시간이 7~8시간이 필요하므로 하룻밤을 재우게 될 경우 쌀이 얼지 않도록 주의해야 한다. ★★★[기출문제]
⑦ 충분히 불리면 멥쌀은 무게가 1.2~1.3배 정도가 되고, 찹쌀은 무게가 1.4배 정도가 된다.
⑧ 멥쌀의 최대 수분 흡수율은 25%이며 찹쌀의 최대 수분 흡수율은 37~40%이다.
⑨ 현미와 흑미는 섬유질로 인하여 수분 흡수가 느리므로 12시간 이상 불리며 쌀의 변질을 막기 위해 물을 갈아주면서 불린다.

> 쌀의 수침 시 수분 흡수율에 영향을 주는 요인은 쌀의 품종, 쌀의 저장기간, 수침 시 물의 온도이다. ★★★[기출문제]

3) 물 빼기

① 불린 쌀은 한 번 더 깨끗한 물로 세척하고 체에 받쳐 30분 정도 물을 빼준다.
② 물을 제대로 빼지 않으면 가루를 빻을 때 반죽 상태로 내려오게 되어 가루 입자가 균일하지 않게 된다.

4) 쌀가루 빻기 ★★★[기출문제]

① 떡 종류에 따라 가루의 입자 크기에 차이가 있다.
② 쌀가루는 아주 고운 것보다 어느 정도 입자가 있는 것이 수분 함량이 높아 떡의 호화도가 높다.
③ 찹쌀은 아밀로펙틴을 많이 함유하고 있어 쌀이 무르므로 한 번만 빻는다.
④ 멥쌀은 찹쌀에 비해 아밀로오스가 20% 가량 들어 있어 조직이 단단하여 두 번을 빻는다.
⑤ 쌀가루를 빻을 때 소금(천일염)을 넣고 빻는다. 소금의 양은 보통 불린 쌀 무게의 1.2~1.3%를 넣는다.
⑥ 천일염은 정제 과정을 거치지 않기 때문에 염화나트륨($NaCl$), 각종 미네랄과 아미노산, 효소 등이 들어 있어 떡의 맛을 좋게 한다. 재제염(꽃소금)을 사용할 경우에는 1%를 넣는다.

5) 체질하기

① 체질은 입자가 큰 쌀가루를 분리하여 균일한 입자의 쌀가루를 내는 과정이다.
② 쌀가루를 체에 치면 미세한 공기가 쌀가루에 혼입되어 떡을 찔 때 쌀가루 사이로 증기가 잘 통과하여 떡이 잘 익는다.
③ 빻은 가루는 체에 쳐서 가루로 만들고, 체에 남은 찌꺼기는 무거리라고 부른다.

6) 물주기(물내리기), 반죽하기

① 쌀가루에 적당한 수분을 주고 고루 비빈 후 체에 내리는 과정을 물주기 또는 물내리기라고 한다. 쌀과 떡의 종류에 따라 수분의 양은 다르다.
② 쌀을 12시간 정도 불린 후 가루로 빻았을 때 멥쌀의 수분함량은 28%, 찹쌀의 수분함량은 40% 정도로 찹쌀이 멥쌀보다 10% 정도 수분 흡수율이 높다. 그 이유는 아밀로펙틴의 함량 차이로 찹쌀이 멥쌀보다 아밀로펙틴의 함량이 높기 때문이다.
③ 찹쌀떡을 할 경우 물을 주지 않아도 익지만 멥쌀떡을 할 경우는 쌀가루에 물을 더 보충해 주어야 한다.
★★★[기출문제]
④ 백설기를 할 경우에는 수분 함량이 40% 정도 되어야 하고, 절편은 48% 정도 되게 물을 첨가해 주어야 한다.
⑤ 지지는 떡이나 삶는 떡은 쌀가루를 익반죽하여 모양을 만들어야 한다. 익반죽은 뜨거운 물로 쌀가루의 일부를 호화시켜 끈기와 찰기가 생기게 하는 반죽으로 모양을 만들 때 갈라지지 않고 매끈하게 만들 수 있으며 익히는 시간도 단축된다. 쌀가루를 찬물로 반죽하는 것은 날반죽 또는 생반죽이라고 한다.

7) 찌기

① 뜨거운 수증기로 쌀전분의 변화가 결정적으로 일어나는 과정으로 덱스트린, 유리아미노산, 유리당이 만들어져 맛이 좋아진다.
② 수증기의 압력이 떡의 맛과 질감에 영향을 준다.

8) 뜸들이기

① 고온 상태로 일정 시간 그대로 유지하는 것으로 미처 호화되지 못하고 남은 전분입자들을 완전히 호화시키는 과정이다.
② 적정 시간 동안 뜸을 들이면 떡 맛이 좋아진다.

(3) 전분의 호화와 노화

1) 호화

① 전분용액을 가열하면 전분입자에서 아밀로오스와 아밀로펙틴의 일부가 끊어져 용출되어 끈기가 생기고 반투명해지는 변화를 말한다.
② 호화된 전분을 'α-전분'이라고 한다.
③ 호화된 전분은 기호도와 소화성이 높아진다.
④ 떡도 쌀가루에 수분을 주어 수증기로 쪄내어 점성이 있는 덩어리로 만드는 것으로 호화원리를 이용한 음식이다.
⑤ 인절미처럼 점성이 강하고 오랫동안 노화되지 않는 떡을 만들기 위해서는 쌀의 전분을 완전히 호화시켜야 하고 쪄낸 찰밥을 오랫동안 쳐주어 아밀로펙틴끼리 서로 충분히 엉기게 해야 한다.

2) 떡의 호화에 영향을 미치는 요인

① 전분의 종류
아밀로펙틴은 아밀로오스보다 가지 구조로 구성되어 호화되기 어렵다. 따라서 찹쌀이 멥쌀보다 호화시간이 더 길다.

② 수분
전분 입자들이 수분을 흡수하여 팽윤 상태에 있으면 호화가 쉽기 때문에 수분양이 많을수록 호화가 잘 된다. 떡을 할 때 쌀을 불리는 과정은 호화를 잘 되게 하기 위함이다. ★★★[기출문제]

③ pH
알칼리성에서 호화가 비교적 촉진되고 pH 4 이하에서는 산에 의해 전분 분자가 가수분해되어 점도가 낮아진다. 신맛이 많은 재료를 치는 떡류에 첨가할 경우 쌀가루를 먼저 익힌 후 펀칭 시 첨가하는 것이 바람직하다.

④ 당류의 농도
설탕은 친수성이 커서 전분입자와 경쟁적으로 물을 흡수한다. 설탕의 농도가 20% 이상이 되면 전분 입자의 팽윤을 억제하고 호화를 지연시켜 점도를 저하시킨다. 많은 양의 설탕을 넣고 치는 떡 제조 시 설탕은 쌀가루에 첨가하여 찌는 것보다 쌀가루를 익힌 후 치기 과정에서 넣어 주는 것이 호화에 영향을 미치지 않고 설탕을 첨가하는 방법이다.

⑤ 가열 온도
가열하는 온도와 압력이 높을수록 호화가 단시간에 잘 된다.

> ● 전분의 호정화
> ① 전분에 수분을 넣지 않고 160℃ 이상으로 가열하게 되면 여러 단계의 가용성 전분을 거쳐 덱스트린으로 분해된다. 이 과정에서 구수한 맛과 갈색으로 색이 변하게 된다.
> ② 호정화된 전분은 용해성이 생겨 물에 잘 녹고 저장성이 좋아진다.
> ③ 미숫가루, 누룽지, 뻥튀기, 팝콘 등이 호정화 식품이다.

3) 노화

떡을 실온에 오래 방치하거나 냉각시키면 떡이 단단하게 굳는 것을 노화라고 한다.

4) 노화에 영향을 미치는 요인

① 온도
온도가 0~4℃일 때 노화가 가장 잘 일어나며 60℃ 이상의 온도에서는 거의 일어나지 않는다. 따라서 겨울철에 밥, 떡, 빵 등이 빨리 굳어지며 전기밥솥에 보관하면 노화를 지연시킬 수 있다.

② 수분함량
노화는 수분함량이 30~60%일 때 가장 빨리 일어나고, 수분함량이 15% 이하로 떨어지면 잘 일어나지 않는다. 찌는 떡의 수분함량은 30~60%로 시간이 지날수록 수분이 증발하여 점점 찰기와 부드러운 조직감을 잃고 단단해진다. 수분함량이 높은 떡일수록 굳어지는 속도는 줄어든다.

③ pH
노화는 수소결합에 의한 것으로 수소이온 농도가 높을수록 노화가 촉진되므로 산성에서는 노화가 촉진되며 알칼리성에서는 노화가 억제된다.

④ 전분의 종류

아밀로오스 함량이 높은 전분은 노화가 빨리 일어나고 아밀로펙틴이 많은 것은 서서히 일어난다. 아밀로오스는 직쇄상 구조로 분자간 수소결합이 용이하나, 아밀로펙틴은 가지상 구조를 가지고 있어 분자간 수소결합을 입체적으로 방해하기 때문이다. 따라서 아밀로오스 함량이 높은 메곡류는 노화가 빨리 일어나고, 아밀로펙틴 함량이 높은 찰곡류는 노화 속도가 느리다. 찹쌀떡이 멥쌀떡보다 늦게 굳는 것은 이런 이유이다.

5) 노화방지 방법 ★★★[기출문제]

① 수분의 고정

떡의 노화는 수분의 이동이 가장 큰 원인이므로 수분을 고정할 수 있는 어떠한 물질을 떡에 첨가하여 떡의 노화를 지연시킬 수 있다. 설탕이 수분을 고정하여 노화를 방지하며, 수분의 양이 많을수록 떡의 노화는 지연된다. 또한 부재료로 쑥이나 수리취 등 섬유소가 많은 식품을 쌀에 섞어 떡을 만들면 식이섬유소가 수분 결합력이 커서 일반 떡보다 노화 속도가 지연되어 더디게 굳는다.

② 냉동법 ★★★[기출문제]

떡을 쪄낸 직후 노화가 덜된 상태에서 급속 동결한다. 수분이 빙결정 상태로 전분 분자 사이에 존재하는 수소 결합을 방해하기 때문이다. 떡은 냉장 온도에서 노화가 급속히 진행되므로 냉장의 온도를 가능한 빠른 시간 내에 통과하여 냉동 상태로 만들어야 한다. 떡의 노화 정도는 냉장 > 실온 > 냉동 순이다.

③ 유화제 첨가

분자 내에 친수기와 소수기를 함께 가지고 있는 물질을 유화제라고 한다. 유화제의 첨가는 떡이 굳어지는 현상을 지연시킨다.

④ 고온 저장

낮은 온도보다 높은 온도에서 저장할수록 떡의 조직이 굳어지는 속도를 줄일 수 있다. 고온에서 떡을 저장하면 미생물이나 효소에 의한 떡의 변질이 일어날 수 있으므로 주의한다.

2 도구·장비 종류 및 용도

(1) 현대적 떡 제조 장비

① 쌀세척기
㉠ 쌀을 세척하는 기계로 다량의 쌀을 단시간에 세척할 수 있어 노동력 및 물 절약을 할 수 있다.
㉡ 쌀과 물이 회전되면서 씻기는 원리이며, 좁은 공간에서도 사용이 간편하다.

② 쌀분쇄기(롤러밀)
㉠ 롤러를 통하여 쌀을 분쇄하는 기계로 재질은 철, 돌, 세라믹, 스테인리스 등이 있다.
㉡ 쇳가루나 녹물이 나오지 않는 돌(화강암) 재질로 많이 제작한다.

③ 쌀가루 분리기
㉠ 분쇄된 쌀가루를 브러시가 회전하면서 풀어주는 기계로 일정한 크기의 가루 제품을 만들 때 사용한다.
㉡ 백설기, 쑥설기, 호박설기 등 설기떡 제조에 주로 사용한다.
㉢ 쌀가루 입자 크기는 체 눈의 크기에 따라 조절이 가능하다.

> 메시(mesh)는 체 눈의 크기를 나타내는 단위로 체망의 가로와 세로 각각 2.54cm의 면적에 들어 있는 체 눈의 수를 의미한다.

④ 스팀보일러

짧은 시간에 물을 데워 수증기를 만들어 떡을 찔 수 있는 장비이다.

⑤ 펀칭기

쪄진 떡을 넣고 치대는 기계로 인절미, 개피떡 등을 제조할 때 사용한다.

⑥ 제병기

가래떡, 절편, 떡볶이떡을 뽑는 기계로 시루에서 찐 떡을 제병기에 넣고 원하는 모양틀을 끼워 떡을 뽑아낸다.

(2) 전통적 떡 제조 도구

① 이남박

곡식을 씻어 일 때 쓰는 함지박의 일종으로 안쪽 턱에 여러 줄로 홈이 파여 있어 돌이나 불순물을 분리시킬 때 편리하다.

② 조리 ★★★[기출문제]

물에 담근 곡식을 일면서 곡식에 들어있는 돌을 분리하는 도구이다.

③ 절구와 절구공이 ★★★[기출문제]

곡식을 찧거나 빻는데 사용하는 용구로 통나무나 돌의 속을 파내어 절구를 만들고 그 속에 곡식을 넣고 절구공이로 찧는다. 절구공이는 나무나 돌을 막대기 형태로 만들며 위아래가 둥글고 손잡이 부분인 가운데가 잘록하게 패여 잡기가 쉽게 되어 있다.

④ 키

곡식을 까불러서 겨나 검부러기, 쭉정이 등의 불순물을 걸러내는 도구이다. 곡식을 담고 아래 위로 흔들어주거나 양옆으로 가볍게 흔들어 주면 가벼운 쭉정이는 바람에 날아가거나 앞에 남고, 무거운 것은 뒤로 모여 따로 구분할 수 있다.

⑤ 맷돌 ★★★[기출문제]

곡식을 가루로 만들거나 곡류를 타개는 용구이다. 둥글넓적한 두 짝의 돌 사이에 곡식을 넣고 한 짝을 돌리면서 곡식을 갈거나 타갠다.

⑥ 체 ★★★[기출문제]

가루를 곱게 치거나 액체를 거르는 데 사용하는 도구이다. 쳇불 크기에 따라 고운체, 깁체, 도드미체, 어레미 등이 있다. 고운체는 말총이나 나일론으로 올을 곱게 짜서 만들어 술 등을 거를 때 사용한다. 깁체는 명주실로 짜며 고운가루를 내릴 때 사용한다. 도드미는 고운 철사로 올을 성기게 짠 굵은 체로 좁쌀이나 뉘를 고를 때 사용한다. 어레미는 도드미보다 굵은체로 콩과 껍질을 분리하는데 주로 사용하며 팥고물을 내릴 때 사용한다. 지방에 따라 얼맹이, 얼레미, 얼금이 등으로 불린다.

⑦ 시루

주로 떡을 찔 때 사용하는 옹기로 바닥에 구멍이 여러 개 뚫려 있어 물솥에 올려놓고 불을 때면 뜨거운 수증기가 구멍 속으로 들어가 떡이 익는다. 질그릇으로 만든 시루를 많이 이용하였는데 이는 올라오는 수증기를 빨아들여 서서히 열과 함께 전달되게 하여 떡이 골고루 쪄지도록 하기 때문이다.

⑧ 시루밑
시루바닥에 까는 깔개로 쌀가루 등의 곡물이 시루구멍 밑으로 새지 않도록 하기 위해 짚으로 새끼를 꼬거나 삼껍질·칡덩굴 껍질 등의 질긴 재료를 서로 엮어 둥글게 짜서 만든다.

⑨ 떡살 ★★★[기출문제]
떡손이라고도 하며, 갖가지 모양과 무늬를 새긴 나무판 또는 도장처럼 새긴 것으로 떡에 문양을 찍을 때 사용하는 도구이다. 떡살은 주로 단단한 나무인 참나무, 감나무, 박달나무 등으로 만들며 사기, 백자, 오지로도 만들어 사용하기도 한다. 떡살에 새겨진 각각의 문양에는 특별한 의미가 있어 사용하는 시기가 달랐다.

⑩ 안반과 떡메 ★★★[기출문제]
인절미나 흰떡을 칠 때 쓰는 나무판을 안반이라고 하고 안반에서 떡을 칠 때 사용하는 큰 나무망치처럼 생긴 것을 떡메라고 한다. 떡메는 떡갈나무, 느티나무, 참나무, 대추나무 같이 단단한 나무로 만든다.

⑪ 번철
기름에 지지는 떡을 만들 때 쓰이는 철판이다. 무쇠로 만들었으며 옛날에는 가마솥 뚜껑을 뒤집어 번철 대신 사용하기도 하였다.

⑫ 쳇다리
맷돌 밑에 받쳐서 갈려 나오는 재료들이 떨어지게 하거나 그릇위에 올려놓고 체를 받치는 용도로 사용되는 도구로 삼각형 또는 사다리꼴로 되어 있다. 쌀가루를 내리거나 술을 거를 때 체 받침대로 사용한다.

⑬ 채반
싸리나 대나무 껍질을 엮어서 만든 것으로 물기가 많은 채소를 널어 말리거나, 음식을 널어 식히는데 사용한다. 채반은 공기가 잘 통하고 기름도 잘 빠져 음식을 덜 상하게 한다.

⑭ 동고리
가는 고리버들을 촘촘히 엮어 둥글납작하게 만든 상자 형태로 위짝을 아래짝 깊숙이 덮어씌우게 되어 있다. 혼례나 제사 등의 큰일에 떡을 담는 그릇으로 활용하거나 이바지 음식을 담을 때에도 이용한다.

⑮ 맷방석 ★★★[기출문제]
짚으로 짠 둥근 방석으로 멍석보다는 작고 둥글며 곡식을 널 때 사용한다. 맷돌 아래에 깔아서 갈려 나오는 곡물을 받는데 사용하며, 곡물을 널어 말리거나 담아두는데도 사용한다.

⑯ 자배기
둥글넓적하고 입구가 넓은 옹기그릇으로 채소를 씻거나 절일 때, 떡쌀을 물에 담글 때 사용한다.

PART 01 출제예상문제

01 쌀의 특성에 대한 설명으로 틀린 것은?
① 형태에 따라 단립종, 중립종, 장립종으로 구분할 수 있다.
② 도정에 의하여 외피층이 제거된다.
③ 외피층에는 다량의 영양성분들이 존재한다.
④ 단립종은 장립종보다 전분함량이 낮아 찰기가 없다.

해설
쌀의 단립종은 중립종이나 장립종보다 전분함량이 높아 밥을 하면 찰기가 높다.

02 곡류의 분류 중 맥류에 해당되지 않는 것은?
① 밀   ② 보리
③ 메밀 ④ 귀리

해설
맥류 : 보리, 밀, 귀리, 호밀

03 도정을 하는 목적이 아닌 것은?
① 소화 용이
② 탄수화물 함량 감소
③ 기호성 향상
④ 조리시간 단축

해설
도정을 하면 배유 부분만 남게 되어 전분의 함유율이 증가한다.

04 다음 중 떡의 주재료가 아닌 것은?
① 찹쌀   ② 멥쌀
③ 보리   ④ 콩

해설
주로 곡류가 떡의 주재료로 이용된다.

05 현미에 대한 설명으로 옳지 않은 것은?
① 현미는 백미에 비해 지방, 단백질, 비타민 B_1이 풍부하다.
② 현미는 왕겨만을 벗긴 쌀이다.
③ 현미는 백미보다 불리는 시간을 짧게 한다.
④ 현미는 백미보다 소화율이 떨어진다.

해설
현미는 섬유질이 많고 조직이 견고하여 쌀을 불리는 시간이 백미보다 길다.

06 찹쌀의 아밀로펙틴 함량은 몇 %인가?
① 100%   ② 80%
③ 70%   ④ 20%

해설
멥쌀은 아밀로오스 함량이 20~25%이고 아밀로펙틴이 75~80%이다. 찹쌀은 아밀로펙틴 100%로 이루어져 있어 멥쌀보다 호화와 노화가 느리다.

07 찹쌀가루에 요오드용액을 떨어뜨리면 무슨 색으로 변하는가?
① 변화 없음   ② 적갈색
③ 파랑색   ④ 자주색

해설
찹쌀가루에 요오드용액을 떨어뜨리면 적갈색, 멥쌀가루는 청자색으로 변한다.

정답 1 ④ 2 ③ 3 ② 4 ④ 5 ③ 6 ① 7 ②

08 맥아(엿기름)의 설명으로 틀린 것은?
① 보리에 물을 주어 싹을 틔워 말려 가루로 만든다.
② 식혜, 조청, 엿을 만들 때 사용한다.
③ 아밀라아제(amylase)가 활성을 띠게 되어 전분을 포도당으로 분해할 수 있다.
④ 겉보리로 엿기름을 만든다.

> **해설**
> 엿기름에 있는 β-아밀라아제는 전분을 맥아당으로 분해한다.

09 수수에 대한 설명으로 맞는 것은?
① 떫은맛이 있는 탄닌을 함유하고 있어 소화가 잘 안 되므로 물에 담그었다 여러 번 헹궈서 사용한다.
② 영양가가 높은 식품이므로 손실되지 않게 재빨리 씻어 사용한다.
③ 조직이 연해서 부서지므로 세게 문질러 씻으면 안 된다.
④ 수수경단을 만들 때 주로 메수수를 사용한다.

> **해설**
> 수수는 탄닌을 함유하고 있어 떫은맛이 강해 불릴 때 자주 물을 갈아주고 세게 문질러 씻어 사용한다. 수수경단은 찰수수로 만든다.

10 다음과 같은 특성을 가진 곡물은?

- 생육 기간이 짧고 척박한 땅에서도 잘 자라 구황작물로 이용되어 왔다.
- 쌀이나 밀보다 단백질이 비교적 우수한 편으로 필수아미노산인 트립토판, 트레오닌, 리신과 비타민 B_1, B_2 함량이 많다.
- 혈관 강화작용이 있는 루틴(rutin) 성분이 배유에 골고루 분포되어 있다.
- 외피를 제거하고 제분하여 사용한다.

① 밀   ② 메밀
③ 귀리   ④ 수수

> **해설**
> 메밀은 점성이 부족하여 밀가루와 섞어 국수를 만들며 냉면, 메밀묵, 메밀총떡, 메밀전 등에 이용한다.

11 주식으로 섭취 시 비타민 부족으로 펠라그라병에 걸리기 쉬운 식품은?
① 율무   ② 고구마
③ 옥수수   ④ 메밀

> **해설**
> 옥수수를 주식으로 섭취하면 나이아신이 부족하게 되어 피부가 홍갈색으로 변하는 펠라그라병에 걸릴 수 있다.

12 조의 설명으로 맞는 것은?
① 메조는 푸른색이고, 차조는 노란색이다.
② 벼보다 늦게 도입된 곡류이다.
③ 탄닌을 함유하고 있어 소화율이 낮다.
④ 곡류 중에서 크기가 가장 작으며 저장성이 강하다.

> **해설**
> 조는 재배된 역사가 오래된 작물로 우리나라에는 벼보다 먼저 도입된 곡류이다. 메조는 노란색이고, 차조는 녹색이다.

13 날콩은 소화를 방해하는 물질이 함유되어 있어 가열하여 섭취하는데 이 성분은 무엇인가?
① 아플라톡신   ② 얄라핀
③ 뮤신   ④ 안티트립신

> **해설**
> - 아플라톡신 : 땅콩의 곰팡이 독소
> - 얄라핀 : 고구마의 하얀 유액
> - 뮤신 : 마의 점질물질

정답 8 ③ 9 ① 10 ② 11 ③ 12 ④ 13 ④

14 중조를 넣고 팥을 삶을 때 설명이 맞는 것은?
① 조리시간이 길어진다.
② 팥의 색깔이 탈색된다.
③ 비타민 B₁이 파괴된다.
④ 팥이 단단해진다.

> **해설**
> 팥은 다른 곡물에 비해 비타민 B₁이 풍부하여 각기병 예방과 탄수화물 대사에 도움을 준다. 중조를 넣고 삶으면 시간은 단축되지만 비타민 B₁이 파괴된다.

15 떡을 할 때 주로 이용하는 버섯은?
① 표고버섯   ② 차가버섯
③ 석이버섯   ④ 싸리버섯

> **해설**
> 석이버섯은 석이병, 석이단자, 떡의 고명 등 각종 떡에 이용한다.

16 감자의 새싹에는 배당체화합물인 독성이 있는데 이 물질의 이름은?
① 솔라닌   ② 뮤신
③ 셉신   ④ 알부민

> **해설**
> 감자 씨눈에 싹이 난 부분에는 솔라닌(solanine)이라는 독성물질이 있어 도려내고 섭취해야 한다. 셉신(sepsin)은 감자의 썩은 부위의 독성분이다.

17 감자에 대한 설명 중 틀린 것은?
① 감자의 전분은 곡류에 비해 입자가 커서 빨리 호화된다.
② 감자에는 칼륨 성분이 많은 산성 식품이다.
③ 감자의 비타민 C는 전분질로 둘러싸여 있어 가열해도 잘 파괴되지 않는다.
④ 감자는 숙성함에 따라 수분과 당분 함량이 감소하고 전분 함량은 증가한다.

> **해설**
> 감자에는 칼륨이 많은 알칼리성 식품이다.

18 생고구마를 잘라 두면 절단면에서 용출되는 수지성분은 무엇인가?
① 람노스   ② 투베린
③ 얄라핀   ④ 글로불린

> **해설**
> 투베린, 람노스, 글로불린은 감자에 들어있는 성분이다.

19 다음 중 토란의 점질물질인 갈락탄을 제거하는 방법으로 옳은 것은?
① 식초물로 씻어준다.
② 얼음물에 담가둔다.
③ 토란 껍질을 벗겨 수세미로 문지른다.
④ 소금물이나 쌀뜨물에 넣고 데친다.

> **해설**
> 토란의 미끈거리는 갈락탄이라는 당질 물질은 소화가 잘 안 되므로 쌀뜨물이나 소금물에 살짝 데치면 독성이 사라지고 미끈거리는 점성이 줄어든다.

20 서여향병(薯蕷香餠)을 만드는 주재료는 무엇인가?
① 단호박   ② 마
③ 고구마   ④ 밤

> **해설**
> 서여향병이란 마를 쪄서 꿀에 재웠다가 찹쌀가루를 묻혀서 기름에 지진 후 잣가루를 입힌 떡이다.

정답 14 ③ 15 ③ 16 ① 17 ② 18 ③ 19 ④ 20 ②

21 떡에 들어가는 재료의 연결이 바르지 않은 것은?
① 와거병 – 상추   ② 서여향병 – 마
③ 상주설기 – 감   ④ 남방감저병 – 감자

> **해설**
> 남방감저병은 쌀가루에 고구마가루를 섞어 시루에 찐 떡으로 고구마가 우리나라에 들어올 때 남방(일본)에서 들어왔다 하여 남방감저병이란 이름이 붙었다. 와거병(萵苣餅)은 상추시루떡을 말한다.

22 송자(松子), 백자(柏子), 실백(實柏)이라고 불리우며 떡의 고명으로 사용하는 재료는?
① 잣   ② 호두
③ 밤   ④ 아몬드

> **해설**
> 잣을 약으로 사용할 때는 해송자(海松子)라고도 한다.

23 감의 떫은맛을 일으키는 화합물질은?
① 아미그달린(amygdalin)
② 알라닌(alanine)
③ 시부올(shibuol)
④ 안토시아닌(anthocyanin)

> **해설**
> 감의 떫은맛은 탄닌의 일종인 시부올로 수용성이며 혈압을 낮추는 효능이 있다. 감의 떫은맛을 없애는 것을 탈삽이라 하는데 탈삽방법에는 42~45℃ 온수에 감을 침지하거나 알코올을 뿌려 탈삽하는 방법이 있다.

24 치자에 대한 설명으로 틀린 것은?
① 칼집을 낸 후 따뜻한 물에 담가 우린다.
② 열에 매우 약하다.
③ 노란색을 내는 천연 색소이다.
④ 한약재로도 사용한다.

> **해설**
> 치자는 열에 안정적이어서 떡을 쪘을 때 색이 변하지 않는다.

25 재제염을 바르게 설명한 것은?
① 채소절임, 장담그기에 주로 사용한다.
② 천일염에 방습제인 콜로이드성 탄산칼슘, 염화마그네슘을 첨가한 것이다.
③ 재제염을 꽃소금이라고도 한다.
④ 염화마그네슘, 아연 등 불순물을 함유하고 있다.

> **해설**
> 재제염은 염화나트륨이 90% 정도 함유하고 있으며 음식의 맛을 내는데 주로 사용한다.

26 은행에 대한 설명으로 틀린 것은?
① 탄수화물을 약 37% 함유하고 있으며 대부분 전분이다.
② 청산배당체가 있어 다량 섭취 시 중독 증상이 일어난다.
③ 기침과 천식을 완화시키는 효능이 있다.
④ 지질 함량이 높고 불포화지방산 함량이 높다.

> **해설**
> 은행은 지질 함량이 낮으며 호두, 잣에 지질과 불포화지방산 함량이 높다.

27 발색제를 사용하는 방법으로 틀린 것은?
① 원료의 색상에 따라 백색 → 노랑 → 빨강 → 녹색 → 자주색 등 밝은 색에서 짙은 색의 순서로 투입한다.
② 마른가루를 사용 시 수분 첨가량을 늘리고 생채소를 사용 시 수분 첨가량을 줄인다.
③ 섬유질이 많은 채소는 쌀과 함께 분쇄하여 사용한다.
④ 몸에 좋은 천연발색제는 많이 넣을수록 떡이 맛있다.

> **해설**
> 천연 발색제라도 적정량을 넣어 떡의 색과 맛을 조화롭게 해야 한다.

정답 21 ④ 22 ① 23 ③ 24 ② 25 ③ 26 ④ 27 ④

28 발색제의 설명으로 틀린 것은?

① 백년초는 열에 강하므로 가열하여도 색이 변하지 않는다.
② 송화가루는 봄철 소나무에 핀 노란 송화를 물에 수비하여 말려 가루를 만든다.
③ 치자는 칼집을 낸 후 따뜻한 물에 담가 사용한다.
④ 채소분말은 수분함량이 매우 적으므로 사용하는 채소 분말과 동량의 물을 더 넣어준다.

> **해설**
> 백년초는 열에 약하여 가열하면 색이 변하므로 백년초 사용 시 주의하여야 한다. 절편에 사용할 경우 떡을 찐 다음 백년초를 섞어서 한다.

29 같은 색을 내는 재료끼리 묶이지 않은 것은?

① 송기, 도토리   ② 승검초, 지치
③ 치자, 송화가루 ④ 흑미, 석이버섯

> **해설**
> 승검초는 초록색, 지치는 분홍색을 나타내는 천연 발색제이다.

30 탄수화물에 대한 설명으로 틀린 것은?

① 탄소, 산소, 수소의 세 가지 원소로 구성되어 있다.
② 주식으로 이용되는 쌀, 보리, 밀, 감자, 옥수수 등의 주성분이다.
③ 에너지원으로 사용되며 1g당 9kcal의 열량을 낸다.
④ 분자의 크기에 따라 단당류, 이당류, 다당류로 분류한다.

> **해설**
> 탄수화물과 단백질은 1g당 4kcal, 지방은 1g당 9kcal의 열량을 낸다.

31 탄수화물 대사에 필수적인 비타민은?

① 비타민 B_1 ② 비타민 E
③ 비타민 A   ④ 비타민 D

> **해설**
> 비타민 B_1은 탄수화물 대사에 조효소로 작용한다.

32 떡의 영양학적 특성에 대한 설명으로 틀린 것은?

① 무시루떡의 무에는 디아스타제가 들어있어 소화에 도움을 준다.
② 콩가루인절미의 콩은 찹쌀에 부족한 비타민과 무기질을 보충해준다.
③ 쑥떡의 쑥은 무기질, 비타민 A, 비타민 C가 풍부하여 건강에 도움을 준다.
④ 팥시루떡의 팥은 멥쌀에 부족한 비타민 B_1을 많이 함유하고 있어 탄수화물 대사에 도움을 준다.

> **해설**
> 콩가루인절미의 콩은 찹쌀에 부족한 단백질과 지질을 함유하여 영양상의 조화를 이룬다.

33 떡에 사용되는 재료에 대한 설명으로 틀린 것은?

① 잣은 기름을 제거하고 칼날로 다진다.
② 오미자는 뜨거운 물에 담가 맛과 색을 우려낸다.
③ 단호박은 찐 다음 식혜 쌀가루에 섞는다.
④ 지치는 기름에 넣고 끓여 색을 우려낸다.

> **해설**
> 오미자는 끓이거나 뜨거운 물에 우리면 신맛과 떫은맛이 나오므로 찬물에 담가 우린다.

34 떡을 만들 때 천일염을 넣을 경우 불린 쌀 무게의 몇 %를 넣는가?

① 0.5%   ② 1.2%
③ 1.5%   ④ 2%

> **해설**
> 천일염일 경우 불린 쌀 무게의 1.2~1.3%의 소금을 넣는다.

정답 28 ① 29 ② 30 ③ 31 ① 32 ② 33 ② 34 ②

35 설기떡에 해당되는 것은?
① 상추떡 ② 녹두찰편
③ 색떡   ④ 느티떡

> **해설**
> 설기떡은 멥쌀가루에 물을 주고 고물 없이 한 덩어리가 되게 찐 떡으로 무리떡이라고도 한다.

36 찌는 떡의 표기로 옳은 것은?
① 증병(甑餠)   ② 도병(搗餠)
③ 유병(油餠)   ④ 전병(煎餠)

> **해설**
> 멥쌀 또는 찹쌀가루를 시루에 안쳐 수증기로 찐 떡을 증병(甑餠)이라고 한다.

37 치는 떡이 아닌 것은?
① 가래떡   ② 햇보리개떡
③ 개피떡   ④ 쑥단자

> **해설**
> 치는 떡에는 가래떡류, 인절미, 절편, 개피떡, 단자류 등이 있다. 햇보리개떡은 찌는 떡에 해당된다.

38 웃기떡의 종류가 아닌 것은?
① 주악   ② 화전
③ 부꾸미 ④ 인절미

> **해설**
> 웃기떡이란 그릇에 떡을 층층이 높이 담아 그 위에 모양을 내기 위해 얹은 떡으로 음식의 고명과 같은 역할을 한다.

39 멥쌀가루에 술을 넣고 묽게 반죽하여 발효시켜 만든 떡은?
① 여주산병 ② 봉우리떡
③ 증편   ④ 구름떡

> **해설**
> 증편은 여름철의 대표적인 떡으로 막걸리를 넣고 발효시켜 만든 떡이다.

40 다음 중 도병류에 속하는 떡으로만 묶은 것은?
① 인절미, 가래떡, 절편, 단자
② 가래떡, 절편, 단자류, 증편
③ 인절미, 가래떡, 절편, 켜떡
④ 가래떡, 절편, 단자류, 경단

> **해설**
> 도병류란 치는 떡을 말한다.

41 삶는 떡이 아닌 것은?
① 오메기떡 ② 대추단자
③ 잣구리   ④ 닭알떡

> **해설**
> 단자류는 찹쌀가루를 쪄서 꽈리가 일도록 친 다음 떡 반죽을 일부 떼어 소를 넣거나 혹은 넣지 않고 고물을 묻혀 만든 떡이다.

42 쌀의 수침 시 수분 흡수율에 영향을 주는 요인이 아닌 것은?
① 쌀의 품종   ② 수침 시 물의 온도
③ 쌀의 저장 기간 ④ 수침 시 물의 경도

> **해설**
> 쌀의 품종, 쌀의 저장기간, 수침 시 물의 온도에 따라 쌀의 수분 흡수율에 영향을 준다.

43 떡 조리과정의 특징으로 맞는 것은?
① 찌는 떡은 찹쌀가루보다 멥쌀가루를 사용할 때 물을 더 보충하여야 한다.
② 쌀가루는 고울수록 자체 수분 보유율이 있어 떡을 만들 때 호화도가 더 좋다.
③ 펀칭공정을 거치는 치는 떡은 시루에 찌는 떡보다 노화가 빠르게 진행된다.
④ 찹쌀은 조직이 단단하여 두 번 빻는다.

> **해설**
> 쌀을 수침하면 멥쌀은 최대수분 흡수율이 25%이고, 찹쌀은 최대수분 흡수율이 37~40%로 찌는 떡을 할 때 멥쌀가루에 물을 더 보충하여 호화가 잘 되게 해야 한다.

정답 35 ③ 36 ① 37 ② 38 ④ 39 ③ 40 ① 41 ② 42 ④ 43 ①

44 증편의 명칭이 아닌 것은?

① 기지떡 ② 상화병
③ 기정떡 ④ 기주떡

> **해설**
> 증편은 지역에 따라 술떡, 기정떡, 기주떡, 기지떡, 농병 등 다양한 이름으로 불린다. 상화병은 밀가루를 누룩이나 막걸리로 반죽하여 부풀려 팥으로 만든 소를 넣고 빚어 시루에 찐 떡을 말한다.

45 떡 제조 시 '물을 내린다'는 뜻으로 맞는 것은?

① 불린 쌀을 빻을 때 물을 넣는다.
② 끓는 물로 익반죽한다.
③ 다 익은 찰떡을 칠 때 소금물을 넣는다.
④ 쌀가루에 물을 넣어 수분을 맞추고 체로 쳐서 내린다.

> **해설**
> '물을 내린다'는 뜻은 쌀가루에 물이나 설탕물을 넣고 체에 친다(내린다)는 뜻이다.

46 떡의 노화를 방지하는 방법이 아닌 것은?

① 당의 첨가 ② 냉장 저장
③ 냉동 저장법 ④ 유화제 첨가

> **해설**
> 떡의 노화가 잘 일어나는 온도는 0~4℃인 냉장고 온도이다.

47 주로 고물을 내릴 때 사용하는 체는?

① 고운체 ② 도드미
③ 어레미 ④ 깁체

> **해설**
> 어레미는 도드미보다 굵은체로 콩과 콩껍질을 분리하는데 주로 사용하며, 팥고물을 내릴 때 사용한다. 지방에 따라 얼맹이, 얼레미 등으로 불린다.

48 전분의 노화에 대한 설명으로 틀린 것은?

① 멥쌀의 전분 구조는 직선상이어서 노화가 잘 된다.
② 수분함량이 15% 이하일 때는 노화가 억제된다.
③ 노화는 60~70℃에서 잘 일어난다.
④ 찹쌀의 전분은 아밀로펙틴이므로 노화가 느리다.

> **해설**
> 온도가 60℃ 이상일 때는 노화가 억제된다.

49 떡을 만들 때 사용하는 도구에 대한 설명으로 틀린 것은?

① 떡살 : 떡에 문양을 찍을 때 사용하는 도구
② 떡메 : 인절미나 흰떡을 칠 때 쓰는 나무판
③ 번철 : 기름에 지지는 떡을 만들 때 쓰이는 철판
④ 이남박 : 곡식을 씻어 일 때 쓰는 함지박

> **해설**
> 인절미나 흰떡을 칠 때 쓰는 나무판을 안반이라고 하고, 안반에서 떡을 칠 때 사용하는 큰 나무망치처럼 생긴 것을 떡메라고 한다.

50 동구리를 맞게 설명한 것은?

① 쌀을 빻아서 체에 내릴 때 사용한다.
② 싸리채로 만든 것으로 대추나 콩을 말릴 때 사용한다.
③ 쌀이나 콩 등을 씻을 때 사용한다.
④ 댓가지나 버들로 엮어 만든 것으로 강정이나 떡을 담아 둘 때 사용한다.

> **해설**
> 동구리는 대나무 줄기나 버들가지를 촘촘히 엮어서 만든 대나무 상자 형태로 아래와 위의 두 짝이 있어 닫을 수 있게 되어 있다.

정답 44 ② 45 ④ 46 ② 47 ③ 48 ③ 49 ② 50 ④

PART 02 떡류 만들기

Chapter 1 재료 준비

1 재료의 계량

(1) 계량 단위

나라마다 다양하게 사용되는 계량 단위를 표준화하는 목적으로 미터 단위를 사용하고 있다. 미터법에서 부피를 나타내는 단위는 리터(L), 무게는 그램(g)으로 나타낸다.

(2) 계량 도구

1) 부피

떡을 제조하기 위해 부피를 측정하는 기구에는 계량컵, 계량스푼 등이 있다. 계량컵 1C의 국제 표준량은 240mL이나 우리나라와 일본에서는 200mL를 1C으로 지정하고 있다. 계량스푼은 주로 양념 등의 부피를 측정하는데 사용된다. 1큰술(Table spoon, Ts)은 15mL, 1작은술(tea spoon, ts)은 5mL이다.

> ● 계량 단위 ★★★[기출문제]
> 1컵 = 1Cup = 1C = 약 13큰술 + 1작은술 = 물 200mL = 물 200g
> 1큰술 = 1Table spoon = 1Ts = 3작은술 = 물 15mL = 물 15g
> 1작은술 = 1tea spoon = 1ts = 물 5mL = 물 5g

2) 무게

식품의 무게를 측정하는 것은 부피를 측정하는 것보다 더 정확한 방법이며 떡의 표준화를 위해서 부피를 이용한 측정 방법보다 무게를 측정하는 방법을 주로 사용하고 있다. 저울은 아날로그식과 숫자가 바로 나타나는 디지털식이 있다. 떡을 대량으로 제조 시 대용량을 측정하는 다양한 저울이 있다. 저울을 사용할 때는 평평한 곳에서 '0'으로 맞춘 다음 식품을 저울의 중앙에 놓고 무게를 잰다. ★★★[기출문제]

3) 시간

떡을 제조하는 과정에서 필요한 적절한 시간을 알기 위해서는 시간을 측정해야 한다. 떡의 제조 시간을 측정하기 위해 타이머를 주로 사용한다.

4) 온도

조리용 온도계는 용도에 따라 다양한 종류가 있으며 간단하게 사용하는 적외선 비접촉식 온도계를 많이 사용하고 있다. 식품에 접촉하지 않으므로 온도계의 살균 처리가 필요 없고, 식품이나 포장에 손상을 주지 않으며, 온도를 순간적으로 읽을 수 있다는 장점이 있다.

(3) 식품별 계량 방법

1) 가루 식품

① 밀가루

밀가루는 체에 친 후 계량컵에 수북히 담아 스파튤라로 평평하게 깎아 계량한다.

② 쌀가루

쌀가루는 대부분 전자저울을 사용하여 무게로 측정하지만 소량 제조 시 쌀가루를 덩어리 없이 하여 계량컵에 수북히 담은 후 위를 평평하게 스파튤라로 깎은 후 계량한다. 이때 흔들면서 계량하지 않는다. 흔들어 계량할 경우 입자가 차곡차곡 쌓이면서 더 많은 양이 담기게 되어 무게 측정 시 무게가 더 많이 측정된다.

③ 백설탕

덩어리진 것은 부수어서 계량컵에 수북히 담아 표면을 스파튤라로 깎아 계량한다. 쌀가루처럼 설탕 역시 흔들어서 컵에 담아 계량하면 무게 측정 시 더 많이 측정되어 정확하게 계량이 어렵다.

④ 흑설탕

당밀이 남아있어 끈적거려 달라붙기 때문에 계량 기구에 담아 꾹꾹 눌러 담아 수평으로 깎아서 계량한 후 엎었을 때 모양이 나타나도록 계량한다.

2) 고체 식품 ★★★[기출문제]

고체 식품은 부피보다 무게를 재는 것이 훨씬 정확하다. 버터나 마가린은 실온에서 약간 부드럽게 한 후 반고체로 만들어 계량 기구에 담아 공간 없이 한 후 위를 평평하게 한 후 계량한다. 쌀, 팥 등 입자형 식품은 컵에 가득 담아 살짝 흔들어 윗면을 수평이 되도록 깎아 잰다. 또한 떡의 부재료로 사용하는 견과류, 채소, 과일 다진 것, 건과일 등은 누르지 말고 가볍게 담아 측정한다.

3) 액체 식품 ★★★[기출문제]

유리와 같은 투명한 기구를 사용하여 액체 표면 아랫부분(메니스커스)을 눈과 수평으로 읽는다. 가장 정확한 액체의 계량은 무게로 측정하는 것이다. 꿀, 물엿, 기름 등 점성이 높은 식품은 용량별로 분류한 계량 도구를 사용하거나 무게로 계량하는 것이 계량의 오차를 줄일 수 있다.

2 재료의 전처리

(1) 주재료 및 부재료의 전처리

1) 멥쌀 · 찹쌀

쌀은 깨끗이 씻어 여름철에는 3~4시간, 겨울철에는 7~8시간 불린 후 체에 밭쳐 30분간 물기를 뺀다.

2) 현미 · 흑미

① 현미 및 흑미는 왕겨만 벗겨낸 쌀로서 과피, 종피 등 미강 부분이 남아 있어 섬유질이 많아 수분 흡수율이 낮으므로 수침시간을 길게 둔다.

② 12시간 정도 불리며 쌀의 변질을 막기 위해 3~4시간에 한 번씩 물을 갈아 주면서 불리는 것이 좋다. 특히 여름에는 변질이 빠르기 때문에 주의한다.

3) 검정콩

① 검정콩은 씻어 일어 5시간 이상 충분히 불린다.
② 불린 콩은 물에 잠길 정도의 넉넉한 물을 붓고 끓기 시작해서 15분 정도를 삶아 익힌다.
③ 콩을 불린 후 삶지 않고 떡에 섞을 경우 떡이 익는 시간과 콩이 익는 시간이 달라 콩이 설컹거려 식감이 좋지 않을 수 있다.
④ 떡의 맛을 좋게 하기 위해 콩을 삶을 때 소금과 설탕을 넣어 간을 해준다.

4) 강낭콩

마른 강낭콩은 단단하므로 끓는 물을 부어 4시간 정도 불린 후 약간의 소금을 넣고 물이 없어질 때까지 삶아 준다. 물이 거의 없을 때 설탕을 넣어 단맛을 내 준다.

5) 밤

① 밤은 속껍질을 벗겨 사용한다.
② 쇠머리떡을 안칠 때 찜기 밑에 고명을 까는 경우 편으로 썰고 쌀가루에 섞어 주는 경우에는 4~6등분 한다.
③ 영양찰떡처럼 익은 떡에 섞어서 제조하는 경우 밤을 따로 쪄내어 충분히 식힌 후 섞어 준다.

6) 대추

① 대추는 씨를 발라 내고 4~6등분 한다.
② 대추가 너무 건조할 경우 대추의 당도가 높아져 대추 주변의 쌀가루가 익지 않고 하얗게 되는 경우가 있는데 이럴 경우 대추에 물을 뿌려 쌀가루에 섞어주거나 대추를 살짝 쪄 주는 방법이 있다.

7) 호두

① 호두의 속껍질은 떫은맛이 있어 뜨거운 물에 살짝 불려 속껍질을 제거하여 사용한다.
② 호두의 속껍질을 제거하지 않고 사용할 경우에는 호두를 끓는 물에 데쳐서 떫은맛을 제거하여 사용하거나 마른 팬에 볶아 사용하면 잡내를 제거할 수 있고 고소한 맛을 더 좋게 낼 수 있다.

8) 호박고지

① 호박고지는 미지근한 물에 10분 정도 불리거나 물에 적셔 1시간 정도 불리면 꼬들꼬들한 식감을 가질 수 있다.
② 불린 후에는 황설탕으로 버무려 단맛을 준다.

(2) 고물 만들기

> ● **고물의 기능**
> ① 고물은 떡에 맛과 영양을 부여한다.
> ② 경단이나 단자가 서로 붙는 것을 방지한다.
> ③ 시루떡의 가루 사이에 층을 형성해 그 틈새로 김이 잘 스며 올라 떡이 잘 익도록 한다.

1) 붉은팥고물

① 붉은팥을 씻어 일어 물을 넉넉히 붓고 끓어오르면 물을 쏟아 버리고 다시 물을 부어 삶는다.
② 팥이 푹 무를 때까지 삶는다.
③ 거의 익으면 물을 따라 버리고 낮은 불에서 뜸을 들인다.
④ 소금간을 하고 절구에 넣고 대강 찧는다.
⑤ 너무 오래 삶을 경우 팥이 터져 질어지고 지저분하다.

2) 거피팥고물

① 물에 담가 6시간 이상 충분히 불린다.
② 불린 거피팥은 물을 바꾸지 말고 제물에서 박박 비비면서 껍질을 벗겨낸다.
③ 찬물로 헹궈 일어 물기를 뺀다.
④ 물기를 빼지 않고 찌면 고물이 질어질 수 있다.
⑤ 찜통에 베보자기를 깔고 푹 찐다.
⑥ 손으로 눌러보아 심이 없고 쉽게 으깨어지면 된다.
⑦ 쪄진 팥을 볼에 쏟아 뜨거운 김을 날린 다음 소금간을 하여 방망이로 빻아 중간체나 어레미에 내려 사용한다.

3) 볶은거피팥고물 ★★★[기출문제]

① 거피팥을 물에 불려 껍질 없이 씻어 찜통에 푹 쪄낸다.
② 뜨거울 때 체에 내려 간장, 설탕, 계핏가루, 후춧가루 등을 섞어 두꺼운 팬에 볶는다.
③ 보슬보슬한 상태까지 볶아 식혀 어레미에 내린다.
④ 두텁떡 고물로 쓰거나 꿀이나 계핏가루 등을 섞어 소로 쓰이기도 한다.

> ● **두텁떡 ★★★[기출문제]**
> 두텁떡은 거피팥을 쪄서 체에 내려 간장, 설탕, 계핏가루, 후춧가루 등을 넣고 볶아 만든 볶은거피팥고물을 젖은 면포를 간 찜기 위에 골고루 뿌린 다음 간장과 설탕으로 양념한 찹쌀가루를 한 수저씩 떠 놓고 볶은거피팥고물과 유자청, 밤, 대추, 잣, 꿀 등으로 만든 소를 넣은 후 그 위에 다시 찹쌀가루와 볶은거피팥고물을 얹어 찐 떡이다.
> 조선시대 궁중에서 왕의 탄신일에 빠짐없이 올랐던 떡으로 봉우리떡, 합병, 후병(厚餅)이라고도 부른다.

4) 녹두고물

① 반으로 타갠 녹두를 물에 담가 6시간 이상 불린다.
② 녹두를 불렸던 제물에서 손으로 비벼 껍질을 벗겨 물에 뜨는 껍질을 조리로 건져낸다.
③ 여러 번 물을 갈아주면서 헹구어 껍질을 완전히 없애고 일어 물기를 뺀 다음 찜통에 쪄낸다.
④ 뜨거울 때 볼에 쏟아 뜨거운 김을 날린 후에 소금간을 하여 방망이로 빻아 체에 내려 사용한다.

5) 콩고물

① 콩은 불리지 않고 재빨리 씻어 물기를 제거한다.
② 약불로 타지 않게 껍질이 갈라질 때까지 볶는다.
③ 식혀서 소금간을 하여 곱게 갈아 고운체에 내린다.
④ 노란콩으로 하면 노란콩가루, 서리태나 청태로 하면 푸른 콩가루를 만들 수 있다.

6) 실깨고물

① 깨를 씻어 불린 후 홈이 있는 바가지나 얇은 망에 담아 손으로 비벼 껍질을 벗긴다.
② 물에 담그면 껍질은 위에 뜨고 깨는 가라앉는다.
③ 조리를 이용하여 껍질을 건져낸다.
④ 깨의 껍질을 제거하고 알맹이만 쓰는 것을 실깨한다라고 한다.
⑤ 거피한 깨를 일어 건져 물기를 뺀다.
⑥ 솥에 타지 않게 볶아낸다.
⑦ 손끝으로 집어 비벼보아 부서지면 다 볶아진 상태이다.
⑧ 편의 고물이나 송편의 소, 주악의 소 등으로 사용할 때는 깨를 반쯤 으깨어 소금간을 하여 사용한다.
⑨ 여름철 고물로 사용하기에 적당하다. ★★★[기출문제]

7) 흑임자고물

① 흑임자를 깨끗이 씻어 일어 물기를 뺀다.
② 깨알이 통통해질 때까지 볶는다.
③ 절구나 분마기에 빻아 소금간을 한다.
④ 편고물이나 경단고물에 사용한다.
⑤ 흑임자의 볶음 상태를 알기 위해 볶을 때 콩을 몇 알 넣고 함께 볶기도 한다.
⑥ 흑임자는 음식이 상하기 쉬운 여름철에 사용하기 적당하다.

8) 잣고물

① 잣은 고깔을 떼어내고 마른 면포로 먼지를 닦는다.
② 한지나 종이 위에 잣을 올려놓고 그 위를 한지나 종이로 덮어 밀대로 밀어 기름을 뺀다.
③ 칼날로 곱게 다져 보슬보슬한 잣고물을 만든다.
④ 잣은 지방이 많아 절구에 넣고 찧거나 칼등으로 으깨면 덩어리진다.

9) 밤고물

① 밤은 깨끗이 씻어 물을 부어 푹 삶는다.
② 찐 밤을 반 갈라 밤 속을 파내어 체에 내린다.
③ 단자, 경단, 송편 등의 소로 사용한다.

(3) 고명 만들기

1) 대추채, 대추꽃

① 대추를 젖은 면포로 닦아 돌려깎기하여 씨를 제거한다.
② 밀대로 밀어 대추를 얇게 만든 후 곱게 채 썬다.
③ 대추꽃은 도톰하게 돌려깎기하여 돌돌 말아 얇게 썰거나 대추의 동그란 양끝부분을 썰어 꽃으로 사용한다.

2) 밤채, 밤편

밤은 속껍질을 벗겨서 얇게 저며 채를 썰거나 도톰하게 편으로 썬다.

3) 석이채
① 석이버섯은 따뜻한 물에 불렸다가 손으로 비비거나 소금으로 문질러 안쪽의 회색막을 깨끗이 벗긴다.
② 가운데 붙은 돌기를 떼고 물기를 제거한다.
③ 손질한 석이버섯 여러 장을 겹쳐 돌돌 말아 곱게 채를 썬다.

4) 비늘잣
① 잣은 고깔을 떼어내고 마른 면포로 닦는다.
② 잣을 길이로 반을 잘라 평평한 면이 쌀가루에 닿도록 장식한다.

Chapter 2 떡류 만들기

1 설기떡류 제조과정

설기떡은 멥쌀가루만을 찌거나 멥쌀가루에 부재료를 혼합하여 켜를 넣지 않고 한 덩어리가 되도록 찌는 떡으로 '무리병'이라고도 한다. 찌는 떡 중 가장 기본이 되는 떡이라 할 수 있다.
설기떡의 종류로는 백설기, 무지개떡, 콩설기, 쑥설기 등 재료에 따라 그 종류가 다양하다. ★★★[기출문제]

(1) 백설기 ★★★[기출문제]

멥쌀가루를 고물 없이 시루에 안쳐 쪄낸 떡으로 '흰무리'라고도 한다. 티없이 깨끗하고 신성한 음식이라는 뜻에서 삼칠일, 백일, 돌의 대표적인 음식으로 쓰인다.

재료 및 분량		
멥쌀가루 1kg	소금 10g	설탕 100g
만드는 방법		
① 멥쌀가루에 소금을 넣고 체에 내린다. ② 멥쌀가루에 물을 넣고 고루 비벼 섞어 체에 내린다. 　※ 쌀가루를 손으로 쥐어 살짝 던져보아 덩어리가 깨지지 않으면 수분이 적당한 것이다. ③ 설탕을 넣고 고루 섞는다. 　※ 물과 설탕을 같이 넣어 체에 내리면 설탕이 녹아 쌀가루가 덩어리져서 잘 내려지지 않으므로 물주기를 한 후 설탕을 넣는 것이 좋다. ④ 시루에 시루밑을 깔고 쌀가루를 고르게 편다. ⑤ 김이 오르는 솥에 올려 20~25분 정도 찐다. ⑥ 불을 줄여 5분 정도 뜸을 들인다.		

- 설탕물이나 꿀로 수분을 주기도 한다.
- 고운체에 여러 번 내려 사용하면 부드럽고 폭신하다.
- 시루에 쌀가루를 안칠 때 꼭꼭 눌러 안치면 공기구멍이 막혀 설익을 수 있다.
- 시루에 쌀가루를 안친 뒤 원하는 크기로 칼금을 넣고 찌면 떡이 조각으로 잘 떨어진다.
- 뜸을 들이는 것은 고온 중에 일정 시간 그대로 두는 것으로, 이때 미처 호화되지 못한 전분 입자들을 호화시키기 위한 방법이다.

(2) 무지개떡

멥쌀가루에 여러 가지 색을 들여 찐 떡으로 '색떡'이라고도 한다. 생일이나 축하의 자리에 올리는 떡으로 사용한다.

재료 및 분량	
멥쌀가루 1kg 소금 10g	**쌀가루 물들이기** 흰색 : 멥쌀가루 200g, 물 30g, 설탕 20g 노랑색 : 멥쌀가루 200g, 치자우린물 30g, 설탕 20g 분홍색 : 멥쌀가루 200g, 딸기주스분말 5g+물 30g, 설탕 20g 초록색 : 멥쌀가루 200g, 쑥가루 3g+물 30g, 설탕 20g 갈색 : 멥쌀가루 200g, 코코아가루 5g+물 30g, 설탕 20g
만드는 방법	

① 멥쌀가루에 소금을 넣고 체에 내려 5등분한다.
② 흰색은 물내리기를 한 후 고루 비벼 체에 내려 설탕을 고루 섞는다.
③ 나머지 멥쌀가루는 각각의 색으로 물을 들여 체에 내린 다음 설탕을 고루 섞는다.
④ 시루에 시루밑을 깔고 어두운 색의 쌀가루부터 차례대로 수평이 되도록 안친다.
⑤ 김이 오르는 솥에 올려 20~25분 정도 찐다.
⑥ 불을 줄여 5분 정도 뜸을 들인다.

(3) 콩설기

멥쌀가루에 콩을 고루 섞어서 찐 떡으로 서리태, 청태콩, 강낭콩, 밤콩 등을 이용한다.

재료 및 분량			
멥쌀가루 700g	소금 7g	설탕 70g	불린 서리태 160g
만드는 방법			

① 불린 서리태는 콩이 잠길 정도의 물을 붓고 20분 정도 삶는다.
② 멥쌀가루는 소금을 넣고 체에 내려 물을 주어 물내리기를 한다.
③ 시루에 시루밑을 깔고 삶은 서리태 ½을 골고루 깐다.
④ 멥쌀가루에 설탕과 남은 서리태 ½을 넣고 고루 섞은 후 시루에 안친다.
⑤ 김 오른 솥에 20~25분 정도 찐다.
⑥ 불을 줄여 5분 정도 뜸을 들인다.

2 켜떡류 제조과정

켜떡은 쌀가루 사이사이에 고물을 넣어 켜를 만들어 찐 떡이다. 켜떡의 주재료는 찹쌀과 멥쌀이 사용되며, 찹쌀과 멥쌀을 섞어서 사용하기도 한다. 고물은 팥, 녹두, 동부, 콩, 깨 등을 사용한다. 켜떡의 종류로는 팥고물시루떡, 느티떡, 무시루떡, 상추시루떡, 신과병, 물호박떡 등이 있다.

구 분	주 재 료
메시루떡	멥쌀 100%
반찰시루떡	찹쌀 50% + 멥쌀 50%
찰시루떡	찹쌀 100%

① 찹쌀가루를 만들 때 불린 찹쌀을 롤러밀에 넣고 1차 빻기만 한다.
② 찹쌀이 들어간 켜떡은 가루를 체로 치지 않는다.
③ 켜를 여러 층 넣을 경우 체로 친 가루가 수증기의 통과를 방해하여 떡이 제대로 익지 않을 수 있다. 켜 층수를 줄이거나 약간 거친 듯하게 찹쌀가루를 빻아야 수증기가 재료 사이를 잘 통과하면서 떡이 효율적으로 익을 수 있다.
④ 켜떡에 쓰는 고물류도 거칠게 빻아져야 떡을 골고루 잘 익게 할 수 있다.
⑤ 켜떡은 빻아 놓은 쌀가루와 준비된 고물류가 적당한 두께로 켜켜이 안쳐지는 것이 중요하다. 찌기 공정에서 투입되는 증기가 찜기 전체 면적에 골고루 분포되어 떡이 설익거나, 너무 익는 현상이 나타나지 않게 해야 한다.
⑥ 켜를 안칠 때에는 쌀가루를 붓고 평평하게 고를 때, 고물을 올리고 균일한 켜를 만들 때에 스크래퍼를 사용한다.
⑦ 메시루떡을 안친 후 얇은 칼 또는 유사한 도구를 사용하여 가로와 세로 방향으로 칼금을 내준다.
　㉠ 완성된 켜떡을 포장하기 좋은 크기로 분할하기 쉽다.
　㉡ 켜떡의 중심부까지 냉각하는 시간을 단축시켜 주어 작업의 효율성을 높여준다.

(1) 팥고물시루떡

멥쌀가루 또는 찹쌀가루에 켜켜이 팥고물을 넣고 찐 떡이다. 붉은팥은 예로부터 액막이의 의미를 가지고 있어 고사 지낼 때나 이사했을 때 주로 쓰인다.

재료 및 분량		
멥쌀가루 500g	소금 5g	설탕 50g
붉은팥 300g	소금 3g	
만드는 방법		

① 팥은 씻어 물을 넉넉히 부어 끓으면 그 물을 버리고 다시 물을 붓고 푹 삶는다.
② 팥이 거의 익으면 낮은 불에서 뜸을 들인다.
③ 다 익은 팥은 볼에 쏟아 뜨거운 김을 날린 후 소금을 넣고 찧어 팥고물을 만든다.
④ 멥쌀가루에 소금과 물을 넣고 고루 비벼 체에 내린 다음 설탕을 넣고 섞는다.
⑤ 시루에 시루밑을 깔고 팥고물을 뿌리고 그 위에 멥쌀가루를 평평하게 안친 다음 팥고물, 멥쌀가루를 번갈아 켜켜로 안친다.
⑥ 김이 오른 물솥 위에 올려 20~25분 정도 찐다.
⑦ 불을 줄여 5분 정도 뜸을 들인다.

(2) 단호박편

멥쌀가루에 찐 단호박을 넣어 거피팥고물 또는 녹두고물을 켜켜이 얹어 찐 떡이다.

재료 및 분량		
멥쌀가루 500g	소금 5g	단호박 250g
설탕 50g	거피팥 200g	소금 3g
만드는 방법		

① 거피팥은 6시간 정도 불려 거피하여 찜통에 푹 찐 다음 볼에 쏟아 한 김 나가면 소금을 넣고 찧어 어레미에 내려 거피팥고물을 만든다.
② 단호박은 씨를 제거한 후 김 오른 찜통에 쪄 낸 다음 식힌다.
③ 멥쌀가루에 소금을 넣고 체에 내린 다음 찐 단호박 과육을 넣고 고루 비벼 수분을 맞춘 후 다시 체에 내린다.
④ 설탕을 넣고 고루 섞는다.
⑤ 시루에 시루밑을 깔고 거피팥고물을 뿌리고 그 위에 멥쌀가루를 평평하게 안친 다음 거피팥고물, 멥쌀가루를 번갈아 켜켜로 안친다.
⑥ 김이 오른 물솥 위에 올려 20~25분 정도 찐다.
⑦ 불을 줄여 5분 정도 뜸을 들인다.

(3) 녹두찰편

찹쌀가루에 녹두고물을 켜켜이 얹어 찐 떡으로 의례상차림에 많이 쓰인다.

재료 및 분량		
찹쌀가루 500g	소금 5g	설탕 50g
깐녹두 200g	소금 3g	
만드는 방법		

① 깐녹두는 6시간 정도 불려 거피하여 찜통에 푹 찐 다음 볼에 쏟아 한 김 나가면 소금을 넣고 찧어 어레미에 내려 녹두고물을 만든다.
② 찹쌀가루에 소금을 넣고 고루 비벼준 후 설탕을 섞는다.
③ 시루에 시루밑을 깔고 녹두고물을 뿌리고 그 위에 찹쌀가루를 평평하게 안친 다음 녹두고물, 찹쌀가루를 번갈아 켜켜로 안친다.
④ 김이 오른 물솥 위에 올려 25~30분 정도 찐다.
⑤ 불을 줄여 5분 정도 뜸을 들인다.

3 빚어 찌는 떡류 제조과정

(1) 송편

송편은 멥쌀가루를 익반죽하여 알맞은 크기로 떼어 소를 넣고 반달 모양으로 빚어 솔잎을 깔고 찐 떡으로 추석의 대표적인 절식이다. 추석에 빚는 송편을 '오려 송편'이라고도 하는데 그 해에 일찍 수확한 올벼로 작고 예쁘게 만든 송편을 말한다. 또 농사일이 시작되는 음력 2월 초하룻날(중화절)에 노비에게 나이 수대로 큼직하게 만들어 먹이는 송편은 '노비 송편'이라 했다. 송편은 쌀가루에 부재료로 무엇을 사용하느냐에 따라 다양한 색과 맛이 다른 송편이 있으며 지역마다 모양도 다르게 만든다. 송편소는 팥고물, 풋콩, 깨소금 등을 사용한다.

> ● **익반죽과 송편반죽의 특성**
> ① 익반죽은 곡류의 가루를 뜨거운 물로 반죽하는 방법을 말한다.
> ② 경단, 송편, 화전과 같이 빚는 떡을 만들 때 쓰인다.
> ③ 익반죽을 하는 이유는 쌀에는 밀과 같은 글루텐 단백질이 없어서 점성이 있는 반죽이 되지 않기 때문에 뜨거운 물을 이용해 전분의 일부를 호화시키면 점성이 증가하여 쉽게 성형할 수 있기 때문이다. ★★★[기출문제]
> ④ 떡 반죽은 많이 치댈수록 반죽 중에 작은 기포가 함유되어 부드러우면서 입의 감촉이 좋다. ★★★[기출문제]
> ⑤ 송편 반죽에 소 고물을 넣을 때에는 반죽 안의 공기를 최소화하고, 소가 한쪽으로 치우치지 않도록 주먹으로 꽉 쥐어 안의 공기를 빼주고 빚어야 송편을 쪄 내었을 때 터지는 현상이 없다.
> ⑥ 냉동시킨 송편은 김 오른 찜솥에 찌면 빚어 놓은 모양이 그대로 유지되지만 해동한 후 찌면 송편이 터지니 주의해야 한다.

재료 및 분량		
멥쌀가루 200g 참기름 15g	소금 2g	불린 서리태 70g
만드는 방법		

① 불린 서리태는 콩이 잠길 정도의 물을 붓고 20분 정도 삶는다.
② 멥쌀가루에 소금을 넣고 체에 내린 후 뜨거운 물을 넣고 익반죽한다.
③ 반죽을 밤알 크기 정도로 떼어서 삶은 서리태를 넣고 잘 오므려 반달 모양으로 빚는다.
④ 김 오른 찜기에 시루밑을 깔고 송편을 넣고 20~25분 정도 찐다.
⑤ 익힌 송편은 찬물에 재빨리 씻어 건져 참기름을 바른다.

4 약밥 제조과정

푹 쪄낸 찰밥에 간장, 참기름, 캐러멜소스, 꿀, 계핏가루 등으로 양념하여 밤, 대추, 잣을 넣고 버무려 다시 쪄 낸 밥으로 정월 대보름에 먹는 대표적인 절식이다. 꿀과 참기름에 '藥'의 의미를 두었기 때문에 약밥, 약식으로 불렸다. ★★★[기출문제]

재료 및 분량		
찹쌀 350g	깐밤 5개	대추 7개
잣 5g	간장 20g	캐러멜소스 35g
황설탕 80g	꿀 10g	계핏가루 1g
참기름 20g		

만드는 방법
① 찹쌀은 깨끗이 씻어 6시간 정도 불린 다음 체에 밭쳐 물기를 뺀다. ② 찜기에 젖은 면포를 깔고 찹쌀을 넣어 50분 정도 푹 무르게 찐다. ③ 대추는 씨를 발라내고 깐밤과 함께 4~5등분하고, 잣은 고깔을 떼어놓는다. ④ 찐 찰밥을 뜨거울 때 큰 그릇에 쏟아 황설탕을 넣어 고루 섞은 다음 간장, 참기름, 캐러멜소스, 계핏가루를 넣고 고루 섞는다. ⑤ 양념한 찰밥에 밤, 대추, 잣을 넣고 2시간 정도 둔다. ⑥ 김 오른 찜기에 젖은 면포를 깔고 양념한 찰밥을 넣고 30분 정도 찐 후 꿀을 넣고 섞는다.

- 약밥은 처음에 찹쌀을 잘 쪄야 굳지 않고 맛있는 약밥을 만들 수 있고 간과 색이 잘 배인다. 불린 찹쌀을 찜기에 찌는 것만으로는 수분이 충분치 않으므로 찌는 중간에 소금물을 골고루 뿌려준다. ★★★[기출문제]
- 대추를 삶아 만든 대추고를 넣으면 깊은 맛과 색을 낼 수 있다. 대추고의 농도가 진하면 뭉치기 쉬우므로 물 또는 캐러멜 소스와 섞어 쓰면 좋다.
- 양념한 약밥을 중탕으로 오래 찌면 색과 풍미가 진해진다. ★★★[기출문제]
- 약밥 재료를 혼합 할 때 뜨거운 상태에서 해야 양념이 더 잘 흡수된다.
- 양념을 혼합할 때 밥알이 상하지 않고 얼룩지지 않게 균일한 색이 나도록 섞어주는 것이 중요하다. ★★★[기출문제]
- 캐러멜 소스 ★★★[기출문제]

당을 170℃ 이상으로 가열하면 갈색의 캐러멜이 생성되어 쌉싸름한 단맛의 갈색 캐러멜소스가 된다.
① 설탕 100g, 물 60g, 물엿 30g을 준비한다.
② 설탕과 물을 냄비에 담아 중불로 끓인다.
③ 큰 거품이 나고 가장자리부터 색이 나기 시작하면 불을 약하게 한다.
④ 나무주걱으로 고르게 저어 전체가 진한 갈색이 나게 한다.
⑤ 불을 끄고 물엿을 섞는다.

5 인절미 제조과정

인절미는 찹쌀 또는 찹쌀가루를 찐 다음 절구나 안반에 놓고 매우 쳐서 적당한 크기로 썰어 고물을 묻힌 떡이다. '은절병', '인절병(引切餠)', '인병(引餠)'이라고도 하는데 찰기가 있어 잡아당겨 끊어야 하는 떡이라는 의미에서 생긴 이름이다. ★★★[기출문제] 인절미 고물은 콩가루, 깻가루, 녹두, 거피팥, 붉은팥, 동부, 카스테라 고물 등 다양하게 쓰인다. 오색인절미, 꽃인절미, 호박인절미, 쑥인절미 등이 있다.

인절미는 끈기와 점성이 맛의 중요한 요인이므로 점성이 강하고 오랫동안 노화되지 않는 인절미를 만들기 위해서는 전분을 완전히 호화시켜야 한다. 찐 찹쌀을 펀칭기에 넣고 치는 동안 찹쌀 전분의 주성분인 아밀로펙틴이 세포 밖으로 나와 서로 엉기면서 점성이 강한 인절미가 된다.

(1) 통찹쌀 인절미(밥알 인절미)

전통적인 인절미 제조 방법으로 찹쌀을 충분히 불린 후 푹 익혀 안반이나 펀칭기로 친 다음 고물을 묻히는 방법으로 치기 과정이 잘 되어도 밥알이 일부 남아 있다.

(2) 가루 인절미

가루 인절미는 떡 제조 시간이 짧아 인절미 제조 방법으로 많이 쓰인다.

재료 및 분량		
찹쌀가루 500g	소금 5g	파란콩가루 20g
노란콩가루 20g	흑임자가루 20g	

만드는 방법
① 찹쌀가루에 소금을 넣고 골고루 비벼준다.
② 김오른 찜기에 젖은 면포를 깔고 찹쌀가루를 넣고 25~30분 정도 찐다.
③ 불을 줄여 5분 정도 뜸들인다.
④ 찐 떡을 볼에 넣고 방망이로 찰기가 생기도록 친다.
⑤ 식용유를 바른 비닐 위에 친 떡을 올려놓고 적당한 크기로 썰어 각각의 고물을 묻힌다.

- 떡을 칠 때 방망이에 소금물을 묻혀가며 치면 떡이 달라붙는 것을 방지할 수 있고 간이 맞아 고소하고 맛있다.
- 통찹쌀인절미로 할 경우 찹쌀을 찔 때 소금물을 중간에 뿌려주면서 쪄야 잘 익는다.
- 인절미 고물은 여름에는 주로 깨고물, 콩고물을 쓰고 봄·가을·겨울에는 팥고물을 많이 사용한다.

6 가래떡류 제조과정 ★★★[기출문제]

'흰떡', '백병'이라고 불리기도 하며, 멥쌀가루를 쪄서 절구나 안반에 놓고 차지게 쳐 둥글고 길게 늘려 만든 떡으로 모양이 길다고 하여 가래떡이라 부른다. 『열양세시기』에는 권모(拳摸)라고 하였으며, 하루정도 굳혀 엽전 모양으로 썰어 떡국에 사용한다.

재료 및 분량		
멥쌀가루 1kg	소금 10g	물 300g
만드는 방법		
① 멥쌀가루는 소금을 넣고 골고루 비벼준다. ② 멥쌀가루에 물을 넣고 버물버물하여 김 오른 찜기에 젖은 면포를 깔고 25~30분 정도 찐다. ③ 쪄낸 떡을 절구나 안반에서 소금물을 묻혀가며 차지게 될 때까지 친다. ④ 손에 소금물을 묻혀 가며 둥글고 긴 가래떡 모양으로 만든다.		

7 찌는 찰떡류 제조과정

찌는 찰떡류는 찹쌀가루에 물과 부재료를 첨가하여 한 덩어리로 쪄낸 후 모양을 만드는 떡으로 쇠머리떡, 구름떡, 영양떡, 콩찰떡 등이 있다.

(1) 쇠머리떡 ★★★[기출문제]

쇠머리떡은 찹쌀가루에 검은콩, 호박고지, 밤, 대추 등을 넣고 쪄 내어 모양을 성형하여 굳힌 후 잘라 만든 떡이다. 굳은 다음 썰어 놓은 떡의 모양이 쇠머리편육과 같다고 하여 붙여진 이름으로 충청도에서 즐겨먹으며 경상도에서는 '모듬백이'라고 한다.

재료 및 분량		
찹쌀가루 500g 불린서리태 100g 마른 호박고지 20g	소금 5g 대추 5개 식용유 15g	설탕 50g 깐밤 5개
만드는 방법		
① 불린 서리태는 콩이 잠길 정도의 물을 붓고 20분 정도 삶는다. ② 마른 호박고지는 미지근한 물에 10분 정도 불려 물기를 제거하고 2~3cm 정도로 자른다. ③ 대추는 씨를 발라내고 깐밤과 함께 4~5등분 한다. ④ 찹쌀가루에 소금을 넣고 고루 비빈 후 설탕과 부재료를 섞는다. ⑤ 김 오른 찜기에 젖은 면포를 깔고 부재료 섞은 찹쌀가루를 넣고 25~30분 정도 찐다. ⑥ 불을 줄여 5분 정도 뜸을 들인다. ⑦ 식용유를 바른 비닐 위에 쪄 진 떡을 쏟아 네모지게 모양을 만든다.		

- 멥쌀가루를 소량 첨가할 경우 굳혀서 썰기가 좋다.
- 찹쌀가루를 찔 때 설탕을 면포에 뿌리고 찌면 설탕이 녹아 떡이 면포에서 잘 떨어진다.
- 찌는 찰떡류는 떡이 익었을 때 점성이 많아 끈적거려 뜨거울 때 자르면 가장자리가 반듯하게 잘리지 않으므로 급속 냉동을 하여 굳힌 다음 썬다.

(2) 구름떡

구름떡은 찹쌀가루에 밤, 대추, 호두, 잣 등의 부재료를 넣어 쪄 내어 붉은팥가루나 흑임자가루 등의 고물을 묻혀 틀에 굳혀 만든다. 굳힌 후 잘랐을 때의 모양이 구름 모양과 닮았다고 하여 붙여진 이름이다. ★★★[기출문제]

재료 및 분량		
찹쌀가루 500g	소금 5g	설탕 50g
깐밤 6개	대추 8개	호두 6개
잣 10g	설탕 15g	흑임자가루 40g
시럽 30g		
만드는 방법		
① 대추는 씨를 발라내고 깐밤과 함께 3~4등분한다. ② 호두는 속껍질을 벗겨 4쪽으로 자르고 잣은 고깔을 떼어낸다. ③ 찹쌀가루에 소금을 넣고 고루 비벼서 덩어리지지 않게 하고 설탕과 부재료를 넣고 섞은 뒤 김오른 찜기에 안쳐 25~30분간 찐다. ④ 불을 줄여 5분간 뜸을 들인다. ⑤ 쪄진 떡을 등분하여 흑임자가루를 묻혀 틀에 시럽을 뿌려가며 눌러 담는다. ⑥ 떡이 식어 굳으면 적당한 크기로 썬다.		

• 시럽은 고물을 촉촉하게 하여 찹쌀떡끼리 붙게 하는 역할을 한다.

Chapter 3 떡류 포장 및 보관

1 떡의 포장방법

(1) 포장의 목적
① 먼지나 해충 등 이물질을 차단할 수 있어 위생적으로 품질 관리를 할 수 있다.
② 공기를 차단시키고 수분방출을 막아 떡의 노화를 지연시키고 저장성을 향상시킨다.
③ 외관을 아름답게 포장하여 상품성을 향상시킨다.
④ 고객의 편리성을 도모한다.
⑤ 수송, 유통 중 제품의 파손을 방지한다.

(2) 포장재의 조건
① 해충이나 설치류로부터 식품을 보호하고 먼지 등 이물질의 혼입이 방지되어야 한다.
② 위생적인 용기와 포장지를 사용해야 한다.
③ 식품 성분에 따라서 빛에 대한 차단이 요구될 수도 있다.
④ 방수성이 있고 통기성이 없어야 한다. 포장 외부와 수분의 이동이 생기면 포장 내부 식품의 물리적 변화가 생기고 향미를 변하게 하여 곰팡이나 박테리아 성장이 일어난다.
⑤ 운송하기 편리한 포장으로 효율적인 작업과 편리성이 있어야 한다.
⑥ 제품의 상품 가치를 높일 수 있어야 한다.
⑦ 포장 재료의 가격이 저렴해야 한다.
⑧ 환경보호 차원에서 폐기하기 용이하고 이를 재활용할 수 있느냐 하는 문제도 고려한다.

> ● **식품포장의 기능** ★★★[기출문제]
> ① 용기로서의 기능 ② 보호기능 ③ 소비자로부터의 접근용이성 ④ 정보성, 상품성
> ⑤ 환경친화성 ⑥ 안전성 ⑦ 경제성

(3) 떡 포장방법
떡을 포장하기 위해서는 떡을 냉각한 후 포장한다. 냉각시키는 동안 미생물이 번식하기 가장 좋은 온도대인 30~60℃를 거쳐야 하기 때문에 미생물에 대한 안전성을 높이기 위해 냉동고에서 냉각시킨다. 뜨거울 때 공기 중에 떡을 오랫동안 노출시키면 떡의 수분 함량이 감소하여 떡의 질이 떨어질 수 있으므로 가능한 빨리 포장해야 한다.

1) 떡 포장재의 재질
떡의 포장은 플라스틱 포장재질인 폴리에틸렌(PE)을 많이 사용하고 있다. 폴리에틸렌은 수분 차단성이 좋고 식품이 직접 닿아도 되는 소재로 소량 생산 시 PE포장지에 계량하여 진공 밴드실러로 포장한다.

2) 떡 포장기를 이용한 포장
① 포장용지 규격에 맞는 포장지(PE 필름)를 자동 포장기에 넣고 회전판의 위생상태를 확인한다.
② 포장기를 작동시켜 떡이 포장되어 나오면 포장지의 열 접합 부위 상태를 점검하여 불량품은 재포장한다.
③ 기계포장의 마지막 단계로 금속검출기를 통과시켜 금속류 여부를 검사한다.

3) 떡 포장의 검수
① 상품 표시사항 및 외관검사를 한다.
② 중량검사 및 유통기한을 확인한다.
③ 샘플을 보관하고 겉포장을 한 후 출고 또는 저장한다.

2 포장용기 표시사항 ★★★[기출문제]
① 제품명 : 개개의 제품을 나타내는 고유의 명칭
② 식품유형 : 식품 등의 기준 및 규격의 최소분류단위
③ 영업소의 명칭 및 소재지
④ 유통기한 : 제품의 제조일로부터 소비자에게 판매가 허용되는 기한
⑤ 내용량 및 내용량에 해당하는 열량(단, 열량은 과자, 캔디류, 빵류에 한하며 내용량 뒤에 괄호로 표시) : 내용물의 성상에 따라 중량·용량 또는 개수로 표시
⑥ 원재료명 : 식품 또는 식품첨가물의 제조·가공 또는 조리에 사용되는 물질로서 최종 제품 내에 들어 있는 것
⑦ 영양성분(과자, 캔디류, 빵류에 한함)
⑧ 용기·포장 재질 : 포장재로 사용된 재질
⑨ 품목보고번호 : 관할기관에 품목제조를 보고할 때 부여되는 번호
⑩ 성분명 및 함량(해당 경우에 한함)
⑪ 보관방법(해당 경우에 한함)
⑫ 주의사항

3 냉장, 냉동 등 보관방법

(1) 식품의 냉장
① 식품의 온도를 0~4℃의 저온에서 저장하는 방법이다.
② 부패세균의 생육이나 효소 작용을 억제하여 단기간 식품을 보존할 수 있다.

(2) 식품의 냉동
① 0℃ 이하의 온도에서 식품을 동결시켜 저장하는 방법으로 -18℃ 정도에서 냉동 저장한다. ★★★[기출문제]
② 미생물이 생육할 수 없고 효소의 활성이 크게 떨어져 장기저장이 가능하다.
③ 떡의 표면으로부터 수분의 승화에 의한 표면건조현상이 생긴다.
④ 냉동포장재는 내한성이 있고, 무독하고 위생적이며 식품에 어떤 맛이나 냄새도 주기 않아야 한다.

• 저장을 목적으로 식품을 냉동할 때에는 미세한 얼음 결정을 위해 -40℃이하에서 급속 동결시켜야 한다. 서서히 냉동하면 얼음 결정의 크기가 커져 조직이 파괴되고 해동 시 유출물이 많아져 식품의 텍스쳐 품질 손상 정도가 크다. ★★★[기출문제]

4 떡류의 보관관리 ★★★[기출문제]
① 당일 제조 및 판매 물량만 확보하여 사용한다.
② 오래 보관된 제품은 판매하지 않도록 한다.
③ 진열 전의 떡은 서늘하고 빛이 들지 않는 곳에서 보관한다.
④ 여름철에는 상온에서 24시간까지 보관해서는 안된다.

PART 02 출제예상문제

01 재료 계량하는 방법으로 틀린 것은?
① 흑설탕을 계량할 때는 컵에 수북히 담아 스패튤라로 깎아 계량한다.
② 쌀, 팥 등 입자형 식품은 컵에 가득 담아 살짝 흔들어 윗면을 수평이 되도록 깎아 잰다.
③ 조청, 기름 및 꿀과 같이 점성이 있는 액체는 무게로 계량하는 것이 좋다.
④ 가루 재료는 부피를 재는 것보다 무게를 재는 것이 더 정확하다.

> **해설**
> 흑설탕은 당밀이 남아 있어 끈적거려 달라붙기 때문에 계량 기구에 담아 꾹꾹 눌러 담아 수평으로 깎아서 계량한다.

02 부재료의 전처리 방법으로 틀린 것은?
① 호두는 떫은맛을 제거하기 위해 끓은 물에 데쳐 사용한다.
② 실깨고물은 깨를 깨끗이 씻어 껍질째 볶아 사용한다.
③ 잣은 고깔을 떼어내고 칼날로 다져 사용한다.
④ 현미는 섬유질이 많아 찹쌀, 멥쌀보다 수침 시간을 길게 한다.

> **해설**
> 실깨고물은 깨의 껍질을 제거하고 알맹이만 볶아서 사용한다.

03 떡을 만드는 재료의 손질 방법이 틀린 것은?
① 멥쌀은 깨끗이 씻어 여름에는 3~4시간, 겨울에는 7~8시간 정도 불려 30분 물기를 뺀다.
② 붉은팥은 물을 넉넉히 붓고 끓어오르면 물을 쏟아 버리고 다시 물을 부어 삶는다.
③ 거피팥고물은 붉은팥처럼 삶아서 만든다.
④ 잣은 고깔을 떼어 내고 마른 면포로 닦은 후 한지에 놓고 곱게 다져 가루를 내어 기름을 뺀다.

> **해설**
> 거피팥고물은 물에 불려 푹 무르게 찐 후 소금으로 간하여 절구공이로 빻아서 어레미로 내려 고물을 만든다.

04 설기떡의 종류가 아닌 것은?
① 콩설기
② 흰무리병
③ 팥시루떡
④ 잡과병

> **해설**
> 설기떡은 멥쌀가루만을 찌거나 멥쌀가루에 부재료를 혼합하여 고물 없이 한 덩어리가 되도록 찌는 떡을 말한다. 흰무리병은 백설기이며, 잡과병(雜果餅)은 멥쌀가루에 여러 가지 과일을 섞어 찐 떡이다.

정답 1 ① 2 ② 3 ③ 4 ③

05 거피팥고물 제조 과정 설명이 틀린 것은?

① 거피팥은 물에 6시간 이상 불려 껍질이 없도록 깨끗이 씻는다.
② 제물에서 껍질을 벗겨야 잘 벗겨진다.
③ 찜기에 푹 무르게 찐 거피팥은 절구에 찧어 굵은체에 내린다.
④ 거피팥에 물을 부어 끓으면 버리고, 다시 물을 부어 푹 무르게 삶아 고물로 이용한다.

> **해설**
> 거피팥은 붉은팥과 달리 찜기에 푹 무르도록 찐 후 어레미에 내려 고물로 사용한다.

06 콩설기 제조 과정에 대한 설명이 틀린 것은?

① 불린 멥쌀은 호렴을 넣고 곱게 빻는다.
② 묵은 콩은 삶아서 물기를 제거한다.
③ 멥쌀가루에 물을 넣고 체에 내려 설탕과 콩을 섞는다.
④ 김이 오른 찜기에 40분 찌고 10분간 뜸 들인다.

> **해설**
> 설기떡은 15~20분 정도 찌고 5분간 뜸을 들이면 잘 익는다. 너무 오래 찌면 떡이 질겨진다.

07 쑥설기 제조 과정 설명이 틀린 것은?

① 생 쑥을 넣을 경우 백설기보다 쌀가루에 물을 많이 넣어서 쪄야 된다.
② 멥쌀가루에 생 쑥을 넣고 버무려서 찐다.
③ 이른 봄에 나는 어린쑥으로 만들면 더욱 더 맛있다.
④ 김이 오른 찜기에 15~20분 정도 찐 후 5분간 뜸 들인다.

> **해설**
> 쑥에 수분이 있으므로 다른 떡보다 수분을 조금 덜 넣는다.

08 백설기를 만드는 방법으로 맞는 것은?

① 멥쌀가루에 물과 설탕을 넣고 잘 비빈 후 중간체에 내린다.
② 떡이 잘 잘라지도록 하려면 시루에 쌀가루를 안친 뒤 칼금을 깊이 넣어 찐다.
③ 찜기에 시루밑을 깔고 체에 내린 쌀가루를 꾹꾹 눌러 안친다.
④ 멥쌀을 충분히 불려 물기를 빼고 소금을 넣어 1번 빻는다.

> **해설**
> 물과 설탕을 같이 넣어 체에 내리면 설탕이 녹아 쌀가루가 덩어리져서 잘 내려지지 않는다. 시루에 쌀가루를 안칠 때 꼭꼭 눌러 안치면 공기구멍이 막혀 설익을 수 있다. 멥쌀은 찹쌀에 비해 조직이 단단하여 두 번을 빻는다.

09 통과의례 중 백설기를 하는 날이 아닌 것은?

① 삼칠일　② 백일
③ 책례　　④ 돌

> **해설**
> 백설기는 티없이 깨끗하고 신성한 음식이라는 뜻에서 삼칠일, 백일, 돌의 대표적인 음식으로 쓰인다. 책례에는 오색송편과 여러 음식을 푸짐하게 만들어 선생님, 친구들과 나누어 먹는다.

10 무지개떡에 사용하는 노란색 발색제는?

① 지치　　② 승검초
③ 치자　　④ 백년초

> **해설**
> 치자는 색이 고운 것을 구입하여 씻어 칼집을 낸 후 따뜻한 물에 우려 노란색이 나오면 체에 걸러 사용한다.

정답 5 ④　6 ④　7 ①　8 ②　9 ③　10 ③

11 켜떡류에 해당되지 않는 것은?
① 물호박떡　② 신과병
③ 쑥설기　　④ 무시루떡

> **해설**
> 켜떡은 쌀가루 사이사이에 고물을 넣어 켜를 만들어 찐 떡이다. 쑥설기는 설기떡에 해당된다.

12 찰시루떡 제조 과정에 대한 설명이 틀린 것은?
① 불린 찹쌀을 롤밀에 넣고 1차 빻기만 한다.
② 고물류가 적당한 두께로 켜켜이 안쳐지도록 한다.
③ 켜떡에 쓰는 고물류는 거칠게 빻아져야 떡이 잘 익는다.
④ 찹쌀가루가 고울수록 떡이 잘 익는다.

> **해설**
> 찹쌀가루는 너무 고운 것보다 약간 거친듯하게 빻아야 수증기가 잘 통과하여 떡이 잘 익는다.

13 붉은팥시루떡에 대한 설명으로 틀린 것은?
① 10월 상달에 추수를 끝낸 후 성주신에게 가정의 평안을 빌 때 하는 절식이다.
② 붉은팥을 삶을 때는 사포닌을 제거하기 위해서 끓어오르면 물을 따라 버리고 새 물을 넣고 푹 무르게 삶는다.
③ 붉은찰시루떡을 많이 할 때는 팥고물 사이에 떡가루를 올리고 김이 올라오면 다시 떡가루와 고물을 올리면서 쪄야 떡이 잘 익는다.
④ 중양절 절식이다.

> **해설**
> 중양절은 음력 9월 9일로 국화전과 밤떡을 해 먹는다.

14 찹쌀가루를 익반죽하여 끓는 물에 삶아 고물을 묻혀 내는 떡은?
① 도행병　② 경단
③ 상자병　④ 주악

> **해설**
> 경단은 삶는 떡에 속하며 수수경단, 개성경단 등이 있다.

15 경단을 만들 때 익반죽을 하는 이유는?
① 손에 가루가 묻지 않게 하려고
② 곡물의 호화를 돕기 위해서
③ 더 찰지게 하려고
④ 떡의 노화를 돕기 위해서

> **해설**
> 찹쌀가루에 뜨거운 물을 넣으면 약간의 호화가 이루어져 반죽이 잘 뭉쳐지고 점성이 생겨 모양 만들기가 수월하다.

16 수수경단 만드는 방법으로 틀린 것은?
① 찰수수는 깨끗이 씻어 물을 자주 갈아주면서 6시간 이상 불린다.
② 찰수수가루와 찹쌀가루를 섞어 익반죽을 하여 직경 2cm 정도로 만든다.
③ 찬물에 경단을 넣고 끓어오르면 건져 바로 팥고물을 묻힌다.
④ 붉은팥은 푹 삶아 소금을 넣어 빻아 보슬보슬한 고물을 만든다.

> **해설**
> 경단은 끓는 물에 넣고 삶아 떠오르면 건져 찬물에 헹궈서 물기를 뺀 후 고물을 입힌다.

정답 11 ③　12 ④　13 ④　14 ②　15 ②　16 ③

17 단자에 대한 설명으로 맞는 것은?

① 찹쌀가루를 쪄서 꽈리가 일도록 쳐서 적당한 크기로 빚거나 썰어서 고물을 묻힌 떡이다.
② 멥쌀가루에 물을 주어 찐 다음 소를 넣고 다시 쪄낸 떡이다.
③ 친 절편 덩어리를 얇게 밀어 팥소를 넣고 접어서 반달 모양으로 찍은 떡이다.
④ 찹쌀가루에 꿀, 석이, 승검초가루, 감가루 등을 섞어서 찌는 켜떡이다.

> **해설**
> 단자는 찹쌀가루를 이용한 치는 떡으로 석이단자, 쑥구리단자, 유자단자, 밤단자 등이 있다.

18 썰어 놓은 모양이 편육 같다고 하여 지어진 이름으로 찹쌀가루에 물을 주어 콩, 밤, 대추, 호박고지 등 여러 가지 재료를 넣어 쪄낸 떡의 이름은?

① 느티떡   ② 쇠머리떡
③ 잡과병   ④ 온시루떡

> **해설**
> 썰어 놓은 모양이 쇠머리편육을 썰어 놓은 것과 비슷하여 '쇠머리떡', '모듬백이'라고 한다.

19 두텁떡에 사용할 거피팥고물을 만들 때 사용하는 도구가 아닌 것은?

① 냄비   ② 어레미
③ 번철   ④ 찜기

> **해설**
> 두텁떡에는 볶은거피팥고물이 사용된다. 불린 거피팥을 찜기에 찐 후 어레미에 내려 양념한 다음 번철에 볶아 사용한다.

20 멥쌀로 만든 떡이 아닌 것은?

① 절편   ② 송편
③ 가래떡   ④ 주악

> **해설**
> 주악은 찹쌀가루를 익반죽하여 소를 넣고 작은 조약돌 모양으로 빚어 기름에 지진 떡이다.

21 송편에 대한 설명으로 틀린 것은?

① 솔잎을 켜켜이 넣고 찌므로 붙여진 이름이다.
② 쑥송편은 데친 쑥과 쌀을 함께 넣어 빻는다.
③ 추석에 만드는 송편을 오려송편이라 한다.
④ 송편은 날반죽해야 송편 빚기가 쉽다.

> **해설**
> 송편은 익반죽을 하여야 점성이 있는 반죽이 되어 성형하기도 쉽고 반죽이 갈라지지 않아 송편 빚기가 쉽다.

22 약밥을 만드는 과정을 틀리게 설명한 것은?

① 찹쌀은 5시간 이상 불려 건져 물기를 빼고 1시간 정도 푹 무르게 찐다.
② 찐 찰밥은 황설탕을 섞고 밥알이 잘 떨어지도록 주걱으로 자르듯이 섞는다.
③ 약밥 양념을 혼합 할 때 밥이 차가운 상태에서 양념이 더 잘 흡수된다.
④ 양념한 찰밥은 상온에 2시간 정도 두었다 찐다.

> **해설**
> 밥이 뜨거울 때 양념을 혼합해야 양념이 더 잘 흡수된다.

정답 17 ① 18 ② 19 ① 20 ④ 21 ④ 22 ③

23 찌는 찰떡의 종류로만 묶은 것은?

① 쇠머리떡, 구름떡, 콩찰편
② 쑥떡, 붉은팥시루떡, 신과병
③ 두텁떡, 쇠머리떡, 잡과병
④ 단호박구름떡, 석이메편, 녹두찰편

> **해설**
> 신과병, 잡과병, 석이메편은 멥쌀가루로 만든다.

24 캐러멜소스 만드는 방법이 맞는 것은?

① 흑설탕과 식용유를 넣고 저으면서 끓여 만든다.
② 냄비에 설탕과 물을 넣고 끓인 후 전체적으로 갈색이 되면 불을 끄고 물엿을 넣어 섞는다.
③ 황설탕, 녹말가루, 버터를 넣고 저으면서 끓인다.
④ 흑설탕, 밀가루, 식용유를 넣고 끓인다.

> **해설**
> 캐러멜소스는 설탕을 고열로 가열하면 갈색의 캐러멜이 생성되는데 약식에 사용한다.

25 당의 캐러멜화에 대한 설명으로 틀린 것은?

① 비효소적 갈변현상이다.
② 캐러멜화 반응이 진행될수록 단맛은 줄고 쓴맛과 신맛이 강해진다.
③ 알칼리에서 더 잘 일어나는데 pH가 6.5~8.2가 최적이다.
④ 당의 정제도가 높을수록 빨리 일어난다.

> **해설**
> 캐러멜화 반응은 당의 정제도가 낮을수록 빨리 일어나며 설탕을 녹는점 이상 가열하면 점점 갈색화 된다.

26 약밥의 재료가 아닌 것은?

① 찹쌀   ② 꿀
③ 간장   ④ 팥

> **해설**
> 약밥은 찹쌀에 대추, 밤, 잣, 호두 등을 넣고 꿀, 간장, 참기름, 황설탕 등으로 버무려 쪄 낸 밥이다.

27 약밥 제조 과정 설명으로 틀린 것은?

① 약밥은 양념한 후 다시 찌므로 처음에 덜 쪄내도 된다.
② 찌는 중간에 소금물을 흩뿌려 수분과 맛을 공급해 준다.
③ 양념을 혼합할 때 쌀알이 상하지 않고 얼룩지지 않게 고루 섞어준다.
④ 양념한 약밥을 중탕으로 오래 찌면 색과 풍미가 진해진다.

> **해설**
> 약밥은 처음에 찹쌀을 잘 쪄야 굳지 않고 맛있는 약밥을 만들 수 있고 간과 색이 잘 배인다.

28 약밥은 어느 절기의 절식인가?

① 설날
② 정월대보름
③ 단오
④ 추석

> **해설**
> 약밥은 정월대보름 절식이다.

29 구름떡에 대한 설명으로 틀린 것은?

① 떡을 굳힌 후 잘랐을 때의 모양이 구름 모양과 닮았다고 하여 붙여진 이름이다.
② 고물로는 붉은팥가루나 흑임자가루를 사용한다.
③ 불린 찹쌀은 소금을 넣고 1번 빻는다.
④ 쇠머리떡, 모듬백이라고 한다.

정답 23 ① 24 ② 25 ④ 26 ④ 27 ① 28 ② 29 ④

> **해설**
> 쇠머리떡은 떡을 굳은 다음 썰어 놓은 떡의 모양이 쇠머리편육 같다고 하여 붙여진 이름이며 모듬백이라고도 한다.

30 인절미 제조 과정에서 익힌 찹쌀을 절구에 넣고 칠 때 절구공이에 소금물을 바르는 이유는?

① 인절미의 노화를 막기 위해
② 인절미를 오래 저장하기 위해
③ 더 찰진 인절미를 만들기 위해
④ 절구공이에 익은 찹쌀이 달라붙지 않고 간을 맞추기 위해

> **해설**
> 인절미는 꽈리가 일도록 쳐야 하며 소금물을 발라서 소금간이 맞아야 고소하고 맛이 있다.

31 인절미 제조 과정 중 설명이 틀린 것은?

① 시루에 찐 떡보다 친 떡은 저장 중 변화가 적고 노화가 지연된다.
② 쪄진 떡을 많이 치면 점성이 늘어나 쫄깃하고 맛이 더 좋아진다.
③ 아밀로오스 함량이 많아서 많이 치면 쫄깃해지고 찰진 맛이 생긴다.
④ 오래 치면 아밀로펙틴끼리 서로 완전히 엉기게 된다.

> **해설**
> 인절미는 아밀로펙틴 함량이 많아서 많이 치면 아밀로펙틴끼리 잘 엉기게 되어 쫄깃해지고 찰진 맛이 생긴다.

32 고물 만드는 방법 설명이 틀린 것은?

① 실깨고물은 깨 껍질을 제거하고 알맹이만 볶아 가루로 만든다.
② 거피팥고물은 끓는 물에 삶아서 물기를 제거 후 고운체에 내린다.
③ 노란콩고물은 노란콩을 재빨리 씻어 볶아 식혜 분쇄기에 갈아 고운체에 내린다.
④ 검정깨고물은 검은깨를 씻어 볶아 분쇄기에 곱게 간다.

> **해설**
> 거피팥고물은 거피팥을 6시간 이상 불려서 김이 오른 찜기에 푹 무르게 찐 후 어레미에 내려 사용한다.

33 여름철 인절미 고물로 적당하지 않은 것은?

① 흑임자   ② 거피팥고물
③ 카스테라   ④ 노란콩가루

> **해설**
> 팥고물은 여름에 상하기 쉽기 때문에 봄, 가을, 겨울에 많이 사용한다.

34 송편 제조과정 중 틀린 것은?

① 멥쌀가루에 소금과 찬물을 넣어 반죽한다.
② 송편 소를 넣고 주먹으로 꽉 쥐어 안의 공기를 빼준다.
③ 쪄 낸 송편은 재빠르게 냉수에 헹구어 준다.
④ 쪄낸 송편에 참기름을 바르면 서로 붙지 않고 고소한 맛의 송편이 된다.

> **해설**
> 송편은 익반죽하여야 쌀가루 일부가 호화되어 점성이 증가하여 쉽게 성형할 수 있다.

정답 30 ④ 31 ③ 32 ② 33 ② 34 ①

35 가래떡에 대한 설명으로 틀린 것은?

① 멥쌀가루를 김이 오른 찜기에 20분 정도 찐 후 압출성형기에 넣어 냉각시켜 길게 절단한 떡이다.
② 가래떡은 치는 떡의 일종이다.
③ 가래떡은 '바람떡'이라고도 한다.
④ 가래떡은 「열양세시기」에 권모(拳摸)라 했다.

> **해설**
> 바람떡은 개피떡을 말하며 멥쌀가루를 김이 오른 찜기에 찐 후 한 덩어리가 되도록 쳐서 얇게 밀어 팥소를 놓고 반달 모양으로 찍어 낸 떡이다.

36 치는 떡에 해당하지 않는 것은?

① 대추단자
② 개피떡
③ 꽃절편
④ 쑥갠떡

> **해설**
> 쑥갠떡은 멥쌀가루에 삶은 쑥을 넣고 익반죽하여 둥글납작하게 빚어 찐 떡이다.

37 찹쌀을 사용하여 만든 떡이 아닌 것은?

① 약식
② 쑥절편
③ 구름떡
④ 석이단자

> **해설**
> 쑥절편은 멥쌀가루에 쑥을 넣고 쪄서 안반에 놓고 친 떡이다.

38 깨찰편 만드는 방법으로 틀린 것은?

① 찹쌀은 8시간 불려 1회만 빻는다.
② 흑임자는 타지 않게 볶아서 곱게 갈아 체에 내린다.
③ 흑임자가루는 찹쌀가루 사이사이에 살짝 뿌려서 김 오른 찜기에 30분 정도 찐다.
④ 흑임자가루는 찹쌀가루 사이에 떨어지지 않도록 눌러서 안쳐 30분 정도 찐다.

> **해설**
> 찹쌀떡은 고물이나 쌀가루를 눌러 안쳐 찌면 김이 잘 올라오지 못해 떡이 익지 않을 수 있다.

39 녹두찰편을 만드는 방법으로 틀린 것은?

① 녹두는 박박 문질러 씻어 껍질이 완전히 벗겨져야 한다.
② 깨끗이 씻은 녹두는 찜기에 푹 무르도록 찐 후 절구에 찧어 어레미에 내린다.
③ 녹두메시루떡과 함께 찔 때는 찹쌀가루를 먼저 안치고 그 위에 멥쌀가루를 안친다.
④ 녹두고물 위에 찹쌀가루, 녹두고물을 얹어 30분 정도 찐다.

> **해설**
> 녹두메시루떡과 찰시루떡을 함께 안칠 때에는 멥쌀가루를 먼저 안치고 그 위에 찹쌀가루를 안쳐야 김이 잘 올라와 잘 쪄진다.

40 증편에 대한 설명으로 틀린 것은?

① 찹쌀가루에 막걸리를 넣고 반죽하여 발효시켜 찐 떡이다.
② 주로 여름철에 해 먹는 떡이다.
③ 술떡, 기주떡, 기정떡, 농병이라고도 불린다.
④ 강원도 강릉지방의 향토떡인 방울증편이 있다.

정답 35 ③ 36 ④ 37 ② 38 ④ 39 ③ 40 ①

> **해설**
> 증편은 멥쌀가루에 생막걸리로 반죽하여 발효시켜 찐 떡이다.

41 떡의 포장 목적으로 틀린 것은?
① 떡의 취급 및 운반의 편의
② 떡의 위생적 보관과 보호
③ 제품의 판촉 및 홍보
④ 떡의 노화를 촉진

> **해설**
> 떡은 수분을 잃으면 노화 현상이 진행되는데 포장을 통해 공기를 차단시키고 수분방출을 막을 수 있어 노화를 지연시키고 저장성을 향상시켜준다.

42 떡의 종류가 맞게 연결된 것은?
① 삶는 떡 – 개피떡
② 지지는 떡 – 쇠머리떡
③ 치는 떡 – 쑥절편
④ 찌는 떡 – 단자

> **해설**
> 개피떡과 단자는 치는 떡, 쇠머리떡은 찌는 떡에 해당된다.

43 떡 포장 재료의 구비 조건으로 틀린 것은?
① 방수성과 통기성이 있어야 한다.
② 포장 재료의 가격이 저렴해야 한다.
③ 제품의 상품 가치를 높일 수 있어야 한다.
④ 식품을 보호하고 이물질의 혼입이 방지되어야 한다.

> **해설**
> 포장재는 방수성이 있고 통기성이 없어야 한다. 포장 외부와 수분의 이동이 생기면 포장 내부 식품에 곰팡이나 박테리아가 번식한다.

44 떡의 포장재로 가장 많이 사용하는 재질은?
① 실리콘페이퍼   ② 은박지
③ 폴리스티렌(PS)   ④ 폴리에틸렌(PE)

> **해설**
> 폴리에틸렌은 투명도가 뛰어나고 방습성도 좋아 포장재로 많이 사용한다.

45 기계로 떡을 포장하고 마지막 단계로 하는 작업은?
① 금속검출기 통과   ② 식품 표시 부착
③ 포장지 위생 상태   ④ 수량 상태

> **해설**
> 기계포장으로 완성이 되면 금속 검출기에 넣어 금속류가 검출되는지 확인해야 한다.

46 떡의 보관 방법 중 가장 빨리 노화가 일어나는 방법은?
① 실온 보관   ② 급속냉동실 보관
③ 냉장고 보관   ④ 냉동실에 보관

> **해설**
> 노화는 냉장고 온도인 0~4℃에서 가장 빨리 일어난다.

47 식품 포장용기의 표시내용이 아닌 것은?
① 제조 연월일
② 질병 예방에 효과 있다는 내용
③ 원재료 및 함량
④ 영양성분

> **해설**
> 포장용기 표시내용은 제품명, 내용량, 제조연월일, 원재료, 함량, 영양성분 등을 표시한다. 허위표시, 과대광고, 비방광고나 질병의 예방 및 치료에 효능이 있다는 내용은 금지되어 있다.

정답 41 ④ 42 ③ 43 ① 44 ④ 45 ① 46 ③ 47 ②

48 떡의 포장용기 표시사항이 아닌 것은?
① 품목보고번호
② 영업소의 명칭 및 소재지
③ 주의사항
④ 영양성분

> **해설**
> 포장용기 표시사항 중 '내용량 및 내용량에 해당하는 열량'과 '영양성분' 표시는 과자, 캔디류, 빵류에만 해당된다.

49 떡 냉동저장에 대한 설명이 틀린 것은?
① 냉동포장재는 내한성이 있고, 무독하고 위생적이며 식품에 어떤 맛이나 냄새도 나지 않아야 한다.
② 급속 냉동실에 저장한다.
③ 공기와의 접촉 면적을 최대한 넓게 하여 보관한다.
④ 해동한 떡은 다시 냉동하지 않는다.

> **해설**
> 냉동실에 보관 시 공기와의 접촉 면적을 최소한으로 포장하여 보관하여야 수분을 빼앗기지 않는다.

50 찰떡을 냉동실에 보관 시 노화가 지연되는 이유를 잘 설명한 것은?
① 수분이 빙결정 상태로 전분 분자 사이에 존재하는 수소결합을 방해하여 전분 분자간의 결정화가 늦어진다.
② 아밀로오즈와 아밀로펙틴의 전분 분자들이 수소이온과 결합되어서 늦어진다.
③ 찹쌀의 노화속도는 아밀로오즈 함량이 증가함에 따라 지연된다.
④ 수분이 빙결정 상태로 전분 분자 사이에 존재하는 수소결합을 촉진시켜 늦어진다.

> **해설**
> 찰떡은 급속냉동으로 노화를 지연시킬 수 있다.

정답 48 ④ 49 ③ 50 ①

PART 03 위생 · 안전관리

Chapter 1 개인 위생관리

1 개인 위생관리 방법

(1) 개인 위생 수칙
① 조리복, 조리모, 앞치마, 조리안전화를 항상 청결하게 유지하며 착용한다.
② 남자 종업원은 수염을 기르지 말고, 매일 면도를 한다.
③ 입과 턱 부분을 감싸는 마스크를 착용한다.
④ 조리실 종사자는 시계, 반지, 목걸이, 귀걸이, 팔찌 등의 장신구는 착용을 하지 않는다.
⑤ 손톱은 짧게 깎고 매니큐어, 인조손톱은 부착하지 않는다.
⑥ 짙은 화장과 향수, 인조 속눈썹은 사용하지 않는다.
⑦ 조리과정 중 머리나 코 등 신체 부위를 만지지 않는다.
⑧ 음식물이나 도구를 향해 기침이나 재채기를 하지 않는다.
⑨ 설사 증세가 있는 조리종사자는 절대로 조리에 참여하거나 음식물을 취급해서는 안된다.
⑩ 위장병 증상, 화농성 질환, 피부병, 베인 부위가 있을 때는 상급자에게 보고하고 작업하지 않는다.

(2) 손 위생
※ 손을 세척 · 소독해야 하는 경우
① 원 · 부재료를 취급하고 가공 제품을 만질 때
② 오염된 장비나 도구를 만진 후
③ 머리, 얼굴 또는 몸 등 신체 부위를 만진 후
④ 재채기나 기침, 콧물을 흘렸을 때
⑤ 흡연을 한 후
⑥ 음식을 먹거나 마신 후
⑦ 청소를 한 후
⑧ 쓰레기를 치운 후
⑨ 화장실을 이용한 후
⑩ 작업을 시작하기 전이나 끝난 후
⑪ 작업장 입실 시
⑫ 작업 중 주기적으로

🔴 손소독제로 역성비누가 적합하다. 역성비누는 침투력과 살균력이 강하고 냄새가 없다.

(3) 위생 복장 착용 기준 ★★★[기출문제]

머리	매일 감고, 긴 머리는 묶기
모자	– 귀와 머리카락이 보이지 않게 착용 – 망사모자는 피함
화장	지나친 화장과 향수, 인조속눈썹 등의 부착물 사용을 금함
장신구	목걸이, 귀걸이 등 장신구 착용을 금함
마스크	코까지 덮기
앞치마	– 세척·소독 후 건조 착용 – 착용 중 청결유지 – 전처리용, 조리용, 배식용, 세척용으로 구분 사용
상의	– 흰색이나 옅은 색상의 면소재 – 목둘레나 소매단이 늘어지지 않는 것 – 매일 세척 후 건조 착용 – 외출복과 구분 보관관리
토시	매일 세척 후 건조 착용
하의	– 몸의 여유가 있는 복장 – 매일 세척 후 건조 착용 – 외출복과 구분 보관관리
신발	– 신고 벗기 편리하고 미끄럽지 않은 모양과 재질 선택 – 외부용 신발과 구분 착용

2 오염 및 변질의 원인

(1) 식품의 변질

식품이 생물학적·화학적·물리학적 요인에 의하여 그 품질이 변화하여 섭취할 수 없는 상태를 말한다.

1) 식품의 변질 원인

생물에 의한 것	미생물에 의한 부패, 곤충에 의한 침해 등
효소반응	자가소화, 효소적 갈변, 효소분해 등
화학반응	유지의 산화, 비효소적 갈변 등
물리적 반응	전분의 노화, 손상이나 조직변화 등

2) 변질의 종류

구분	특징
부패	단백질 식품이 미생물에 의하여 분해되어 악취가 나고 인체에 유해한 물질이 생성되는 현상
산패	유지가 산화되어 불쾌한 냄새가 나고 빛깔이 변하는 현상
발효	탄수화물이 미생물의 분해작용을 받아서 유기산이나 알코올 등의 유용한 물질이 생기는 현상

(2) 식품과 미생물

1) 미생물의 종류와 특성

① 곰팡이(Mold) : 균사체를 발육기관으로 삼는 진균류로 항생물질과 발효식품에 이용된다.
  ㉠ 누룩곰팡이 – 누룩, 메주제조
  ㉡ 푸른곰팡이 – 치즈제조, 떡과 빵에 번식
  ㉢ 털곰팡이 – 전분의 당화, 치즈숙성
  ㉣ 거미줄곰팡이 – 술 양조에 이용, 채소와 과일에 번식
② 효모(Yeast) : 형태는 원형, 타원형, 균사형, 소시지형 등이 있다. 곰팡이와 세균의 중간 크기로 비운동성이며 출아법으로 번식한다.
③ 스피로헤타(Spirochaeta) : 운동성을 가지며 매독균, 재귀열의 병원체이다.
④ 세균(Bacteria) : 대부분이 병원성 미생물로 단세포이며 분열에 의해 증식한다. 구균, 간균, 나선균의 형태로 존재한다.
⑤ 리케차(Rickettsia) : 살아있는 세포에서 증식하며 발진티푸스, 발진열의 병원체이다.
⑥ 바이러스(Virus) : 미생물 중 크기가 가장 작아 세균여과기를 통과한다. 살아있는 세포에서 증식하며 천연두, 인플루엔자, 소아마비, 일본뇌염의 병원체이다.

● **미생물의 크기**
곰팡이 〉 효모 〉 스피로헤타 〉 세균 〉 리케차 〉 바이러스

2) 미생물 증식에 필요한 조건

① 영양소
  탄소원(탄수화물, 포도당 등의 당류), 질소원(아미노산, 무기질소), 비타민, 무기질
② 수분
  ㉠ 미생물의 발육·증식에 필요한 수분량은 약 40% 이상이다.
  ㉡ 수분활성도(water activity, AW) : 식품 성분에 포함되어 있는 수분 중 미생물이 이용 가능한 수분의 강도를 표시하는 것으로 수분활성도가 높을수록 미생물은 발육하기 쉽다.
  ㉢ 미생물 생육에 필요한 수분활성도(AW) : 세균 0.96 〉 효모 0.88 〉 곰팡이 0.80
  ㉣ AW가 0.6 이하의 식품에서는 미생물의 증식을 억제할 수 있다.

유리수(자유수)	결합수
① 식품 중에 유리 상태로 존재하는 물(보통의 물) ② 수용성 물질을 녹일 수 있다. ③ 미생물 발아와 증식에 이용한다. ④ 100℃에서 증발하여 수증기가 된다. ⑤ 0℃ 이하에서 동결된다. ⑥ 건조로 쉽게 제거가 가능하다.	① 식품 중의 탄수화물이나 단백질 분자의 일부분을 형성하는 물 ② 수용성 물질을 녹일 수 없다. ③ 미생물의 발아와 증식에 이용되지 않는다. ④ 100℃ 이상에서 끓지 않는다. ⑤ −20~−30℃에서도 얼지 않는다. ⑥ 식품조직을 압착하여도 제거되지 않는다. ⑦ 유리수보다 밀도가 크다.

③ 온도

일반적으로 0℃ 이하 또는 80℃ 이상에서는 발육이 억제된다.
㉠ 저온균 : 발육온도 0~25℃인 세균으로 냉장고에서도 번식한다.
㉡ 중온균 : 발육온도 15~55℃인 세균으로 자연계에 가장 광범위하게 분포한다.
㉢ 고온균 : 발육온도 40~70℃인 세균으로 온천수에서도 서식한다.

④ 산소

산소의 필요도에 따라 호기성균, 혐기성균으로 나누어진다.

구 분		특 징
호기성균	통성호기성균	일반적으로 산소가 있는 조건에서 생육을 더 잘하는 균 (곰팡이, 효모 등)
	편성호기성균	산소가 반드시 있어야 생육이 가능한 균(결핵균)
혐기성균	통성혐기성균	산소의 유무와 관계없이 생육이 가능한 균 (대부분의 세균, 효모 등)
	편성혐기성균	산소를 절대적으로 기피하는 균 (보툴리누스균, 웰치균 등)

⑤ pH(수소이온농도)

㉠ 곰팡이와 효모는 pH 4~5인 산성에서 잘 자란다.
㉡ 세균은 pH 6.5~7.5인 중성 부근에서 잘 자란다.

● **미생물 생육의 3대 조건** : 영양소, 수분, 온도

(3) 식품의 부패 판정

1) 관능검사

시각, 촉각, 미각, 후각 등을 이용하는 방법이다.

2) 생균수 검사

식품 1g당 생균수가 10^7~10^8인 경우 초기부패로 판정한다.

3) 물리적 검사

식품의 점성, 색, 탄성, 탁도 등을 측정하는 방법이다.

4) 화학적 검사

① 수소이온농도(pH) : 어육은 pH 5.5 정도가 신선하고, pH 6.2 이상이면 초기부패로 판정한다.
② 휘발성 염기질소(VBN) : 휘발성 아민류, 암모니아질소 등의 휘발성 염기질소를 측정한다. 식육의 신선도 검사로 30~40mg%이면 초기부패로 판정한다.
③ 트리메틸아민(TMA) : 어류의 신선도 검사로 4~6mg%이면 초기부패로 판정한다.
④ 히스타민(histamine) : 어육에서 4~10mg%이면 알레르기성 식중독을 일으킨다.

● **식품의 부패과정에서 생기는 냄새** : 암모니아, 황화수소, 인돌, 피페리딘 ★★★[기출문제]

3 감염병 및 식중독의 원인과 예방대책

(1) 감염병

감염병은 세균, 바이러스, 리케차, 진균, 원충 등의 병원체가 사람이나 동물에 침입하여 증식함으로써 일어나는 질병이다.

1) 병원체에 따른 감염병

종류	
세균	장티푸스, 파라티푸스, 콜레라, 세균성 이질, 성홍열, 디프테리아 등
바이러스	소아마비(폴리오), 유행성 간염(A형 간염), 홍역, 일본뇌염, 광견병, 천열 등
리케차	발진티푸스, 발진열, 쯔쯔가무시병, Q열 등
원충류	아메바성이질, 말라리아 등

2) 경구감염병(소화기계 감염병)

병원체가 입을 통해 소화기로 침입하여 발생되는 감염병이다.

종류	특징
장티푸스	- 우리나라에서 가장 많이 발생하는 급성 감염증 - 급성 전신성 열성질환으로 두통, 오한, 40℃ 전후의 고열 - 예방접종, 물 또는 음식물의 철저한 위생관리
콜레라	- 감염원에서 배출된 균이 해수, 음료수, 식품, 어패류에 오염되어 감염 - 잠복기가 짧다.(수시간~5일) - 수양성 설사, 구토로 인한 탈수증상 - 항생제 투여로 완치 가능
세균성 이질	- 파리가 중요한 매개체 - 발열, 오한, 복통, 설사, 혈변
파라티푸스	장티푸스와 유사
급성회백수염 (소아마비, 폴리오)	- 연령이 1~2세가 감염되기 쉽다. - 소아의 척추신경계를 손상시켜 영구적인 마비를 일으킨다. - 발열, 현기증, 두통, 근육통, 사지 마비 - 예방접종이 가장 유효하다.
유행성 간염	- A형간염 바이러스에 의해 음료수나 식품이 오염되어 감염 - 잠복기가 평균 25일 정도로 경구 감염병 중 가장 길다. - 두통, 발열, 식욕감퇴, 구토, 황달
천열	- 식품이나 음료수의 오염을 거쳐 경구감염 - 고열(39~40℃)이 수일 사이를 두고 오르내리는 발열 증상
아메바성 이질	- 원충에 의한 감염 - 감염 환자의 분변 중에 배출된 원충이나 낭포가 채소나 음료수를 거쳐 경구 감염 - 세균성 이질보다 설사, 복통 증상이 약하다.

3) 법정감염병

종 류	특 징
제1급 감염병 (17종)	- 생물테러감염병 또는 치명률이 높거나 집단 발생의 우려가 커서 발생 또는 유행 즉시 신고하여야 하고, 음압격리와 같은 높은 수준의 격리가 필요한 감염병 - 에볼라바이러스병, 마버그열, 라싸열, 크리미안콩고출혈열, 남아메리카출혈열, 리프트밸리열, 두창, 페스트, 탄저, 보툴리눔독소증, 야토병, 신종감염병증후군, 중증급성호흡기증후군(SARS), 중동호흡기증후군(MERS), 동물인플루엔자 인체감염증, 신종인플루엔자, 디프테리아
제2급 감염병 (21종)	- 전파가능성을 고려하여 발생 또는 유행 시 24시간 이내에 신고하여야 하고, 격리가 필요한 감염병 - 결핵, 수두, 홍역, 콜레라, 장티푸스, 파라티푸스, 세균성이질, 장출혈성대장균감염증, A형간염, 백일해, 유행성이하선염, 풍진, 폴리오, 수막구균 감염증, b형헤모필루스인플루엔자, 폐렴구균감염증, 한센병, 성홍열, 반코마이신내성황색포도알균(VRSA)감염증, 카바페넴내성장내세균속균종(CRE)감염증
제3급 감염병 (26종)	- 발생을 계속 감시할 필요가 있어 발생 또는 유행 시 24시간 이내에 신고하여야 하는 감염병 - 파상풍, B형간염, 일본뇌염, C형간염, 말라리아, 레지오넬라증, 비브리오패혈증, 발진티푸스, 발진열, 쯔쯔가무시증, 렙토스피라증, 브루셀라증, 공수병, 신증후군출혈열, 후천성면역결핍증(AIDS), 크로이츠펠트-야콥병(CJD) 및 변종크로이츠펠트-야콥병(vCJD), 황열, 뎅기열, 큐열, 웨스트나일열, 라임병, 진드기매개뇌염, 유비저, 치쿤구니야열, 중증열성혈소판감소증후군(SFTS), 지카바이러스감염증
제4급 감염병 (23종)	- 제1급~제3급 감염병까지의 감염병 외에 유행 여부를 조사하기 위하여 표본감시 활동이 필요한 감염병 - 인플루엔자, 매독, 회충증, 편충증, 요충증, 간흡충증, 폐흡충증, 장흡충증, 수족구병, 임질, 클라미디아감염증, 연성하감, 성기단순포진, 첨규콘딜롬, 반코마이신내성장알균(VRE)감염증, 메티실린내성황색포도알균(MRSA)감염증, 다제내성녹농균(MRPA)감염증, 다제내성아시네토박터바우마니균(MRAB)감염증, 장관감염증, 급성호흡기감염증, 해외유입기생충감염증, 엔테로바이러스감염증, 사람유두종바이러스감염증
보건복지부장관 고시 감염병	- 보건복지부장관이 필요에 따라 지정하는 감염병 - 기생충 감염병, 세계보건기구 감시대상 감염병, 생물테러 감염병, 성매개 감염병, 인수공통감염병, 의료관련 감염병 등이 있다.

① 감염병 신고 의무자 : 의사, 한의사, 치과의사
② 감염병 신고 기간

구 분	신고기간	신고대상
제1급 감염병	즉시	발생, 사망, 병원체 검사결과
제2,3급 감염병	24시간 이내	
제4급 감염병	7일 이내	발생, 사망
예방접종 후 이상 반응	즉시	이상 반응 발생

③ 감염병 신고의무자의 보고·신고의무 위반, 거짓 보고·신고 및 보고·신고 방해자에 대한 벌칙
  - 제1,2급 감염병 : 벌금 500만 원 이하
  - 제3,4급 감염병 : 벌금 300만 원 이하

4) 인수공통감염병

인수공통감염병은 사람과 동물이 같은 병원체에 의하여 발생되는 감염병으로 사람과 동물 사이에 전파된다.

종 류	특 징
결핵	- 결핵균을 보유하고 있는 소의 우유나 유제품을 통해 감염된다. - BCG 예방 접종 및 우유 살균, 식품을 충분히 가열하여 섭취한다.
탄저	- 소, 돼지, 양 등의 동물에서 발생된다. - 농부, 축산업종사자, 양모취급자 등에게 주로 발생한다. - 수육을 조리하지 않고 섭취하거나 피부의 상처 부위로 감염된다. - 급성감염병을 일으키는 병원체로 포자는 내열성이 강하다.
브루셀라증 (파상열)	- 산양, 양, 돼지, 소 등에서 발생하며 소나 돼지에 유산을 일으킨다. - 병에 걸린 동물의 젖, 유제품이나 고기를 통해 경구감염된다. - 인체 감염 시 고열이 2~3주 주기적으로 나타나 파상열이라고도 한다.
Q열	병원균이 존재하는 동물의 생우유나 조직, 배설물을 접촉하여 감염된다.
장출혈성대장균 감염증	- 장출혈성대장균 감염에 의해 출혈성 장염을 일으키는 질환이다. - 소가 가장 중요한 병원소이며 양, 염소, 돼지, 개, 닭 등 가금류에서도 발견 - 균 자체는 70℃에서 2분이면 죽는 것으로 알려져 있다. - 오염된 쇠고기를 충분히 가열하지 않고 섭취했을 경우 균이 죽지 않고 살아 남아 감염시킨다. - 복통, 설사를 일으키며, 합병증으로 용혈요독증후군이 발생하기도 한다.
일본뇌염	- 일본뇌염 바이러스에 감염되어 나타나는 급성 중추신경계 질환이다. - 작은 빨간집 모기(뇌염모기)에 의해 전파된다. - 고열, 두통, 무기력, 의식장애, 경련, 혼수 증상이 발생한다.
공수병	- 개의 바이러스성 질병이다. - 주변의 근육에 수축 경련이 일어나서 심한 갈증에 빠지지만, 물 마시는 것을 피할 수밖에 없다는 뜻에서 공수병이라고 불러 왔다. - 뇌염, 신경증상 등 중추신경계 이상을 일으킨다.
동물인플루엔자 인체감염증	- 조류인플루엔자 바이러스의 인체 감염에 의한 급성호흡기감염병이다. - 닭이나 오리와 같은 가금류에 의해 전파된다. - 고열, 기침, 인후통, 호흡곤란 증상이 나타난다.
중증급성호흡기 증후군(SARS)	- 사스 코로나바이러스에 의한 질병이다. - 환자의 호흡기 비말이나 오염된 매개물을 통해 전파된다.
변종크로이츠펠트 -야콥병	- 광우병이 사람에게 전염된 것으로 일명 '인간광우병'으로 불린다. - 광우병에 걸린 소의 고기나 그 추출물로 만든 식품 섭취 시 발병한다. - 병원체인 프리온(prion)은 뇌에 스펀지 모양의 구멍을 형성하여 피부감각 이상, 운동신경 이상, 정신 착란, 치매 증세 등을 일으킨다.

5) 해충에 의한 질병

쥐	유행성출혈열, 페스트, 렙토스피라증, 쯔쯔가무시증, 살모넬라 식중독
모기	말라리아, 일본뇌염, 황열, 뎅기열, 사상충증
파리	장티푸스, 파라티푸스, 콜레라, 이질
바퀴벌레	장티푸스, 이질, 소아마비, 페스트, 콜레라
벼룩	발진열, 페스트
이	재귀열, 발진티푸스
진드기	쯔쯔가무시증, 유행성출혈열

(2) 식중독

1) 세균성 식중독

세균성 식중독은 식품 중에 인체에 유해한 미생물 또는 유독 물질을 섭취하여 발생하는 질환으로 감염형 식중독과 독소형 식중독으로 분류할 수 있다.

① 감염형 : 원인균 자체가 식중독의 원인

㉠ 살모넬라 식중독(Salmonella Food Poisoning)

원인균	살모넬라균
특징	- 가장 심한 발열을 일으키는 식중독 - 식품이 쥐, 파리, 바퀴벌레에 의해 오염 - 그램음성간균, 호기성 또는 통성혐기성균
잠복기	12~48시간(평균 18시간)
증상	두통, 복통, 설사, 발열
원인식품	난류, 어패류 및 가공품, 육류 및 가공품, 우유 및 유제품, 채소샐러드
예방대책	- 열에 약하여 60℃에서 20~30분 가열하면 사멸 - 저온 보관 - 쥐, 파리, 바퀴벌레 등의 위생해충 구제 - 조리 기구의 청결한 관리

㉡ 장염비브리오 식중독(Vibrio Food Poisoning)

원인균	비브리오균, 호염성세균
특징	- 3~5%의 식염농도에서 잘 발육하는 호염성 세균 - 그램음성간균, 통성혐기성균 - 7~9월 집중 발생 - 어패류를 생식할 경우 감염
잠복기	8~24시간(평균 12시간)
증상	복통, 수양성 설사, 구토, 잠혈변, 녹색변
원인식품	어패류, 생선회, 초밥, 조리 기구 등을 통한 2차 감염
예방대책	- 어패류 생식 금지(6~10월 집중 발생) - 저온 보관 - 60℃에서 5분, 55℃에서 10분 가열로 사멸 - 조리대, 도마, 행주, 식칼 소독 및 청결관리

ⓒ 병원성 대장균(Enterotoxigenic Escherichia Coli Food Posioning)

원인균	병원성 대장균
특징	- 분변오염지표로 사용 - 계절과 관계없이 발생하며 여름철에 약간 많은 편임 - 그람음성간균
잠복기	10~30시간(평균 13시간)
증상	복통, 구토, 발열, 설사
원인식품	우유, 가정에서 만든 마요네즈, 햄, 치즈
예방대책	- 분변에 의한 식품오염 방지 - 용변 후 손 세척 - 식품이나 음용수 가열 섭취

ⓔ 웰치균 식중독(Clostridium Perfringens Food Poisoning)

원인균	A형 웰치균
특징	- 그람양성간균, 편성혐기성균 - A형균의 아포는 내열성(100℃ 1~4시간의 가열에도 사멸되지 않음)
잠복기	6~22시간(평균 12시간)
증상	수양성 설사, 복통
원인식품	육류·어패류와 가공품, 수육, 족발 등의 재가열 식품
예방대책	- 저온 보관 - 섭취 전 가열

② 독소형 : 세균이 식품 안에서 증식할 때 산출되는 독소가 식중독의 원인

ⓐ 황색포도상구균 식중독 ★★★[기출문제]

원인균	황색포도상구균
원인독소	엔테로톡신(Enterotoxin : 장독소)
특징	- 황색포도상구균은 열에 약하나 엔토로톡신은 열에 매우 강함 - 일반 가열 조리법으로 예방이 어렵다. - 5~9월에 집중 발생 - 그람양성균, 통성혐기성균 - 잠복기가 가장 짧다.
잠복기	1~6시간(평균 3시간)
증상	구토, 복통, 설사 등의 급성 위장염
원인식품	화농성질환자에 의해 오염된 식품, 유가공품, 김밥, 도시락, 떡
예방대책	- 화농성 질환자의 식품 조리 금지 - 조리종사자의 손 청결, 위생복 및 마스크 착용 - 저온 보관

ⓒ 보툴리누스균 식중독

원인균	보툴리누스균(A, B, E)
원인독소	뉴로톡신(Neurotoxin : 신경독소)
특징	- 그램양성간균, 편성혐기성균 - 신경독소인 뉴로톡신은 열에 약하다. - 아포는 열에 강하여 120℃에서 20분 이상 가열해야 한다. - 진공포장식품에서 식중독을 일으키며 치사율이 높다.
잠복기	12~36시간으로 잠복기가 가장 길다.
증상	시력저하, 동공확대, 언어장애, 연하곤란, 호흡곤란
원인식품	병·통조림식품, 소시지
예방대책	- 음식물의 가열처리 - 통조림 철저한 살균

● **세균성 식중독과 경구감염병의 차이** ★★★[기출문제]

세균성 식중독	경구감염병
오염된 음식물의 섭취로 발생	오염된 음식물 및 음용수에 의해 경구감염
많은 양의 균이나 많은 양의 독소에 의하여 발생	적은 양의 균으로 발생
잠복기가 짧고 2차감염이 없다.	잠복기가 비교적 길고 2차 감염이 있다.
면역성이 없다.	면역성이 있다.

2) 기타 식중독

① 알레르기성 식중독

원인균	프로테우스 모르가니
원인독소	히스타민
특징	어육에 다량 함유된 히스티딘에 모르가니균이 침투하여 생성된 히스타민에 의한 식중독
잠복기	5분~1시간(보통 30분)
증상	두드러기성 발진, 두통, 발열, 구토, 설사
원인식품	신선도가 저하된 꽁치, 고등어, 가다랑어 등
예방대책	항히스타민제 투여

● **모르가니균**
어육에 많이 들어있는 히스티딘을 탈탄산하여 알레르기성 물질인 히스타민을 생산, 축적하여 알레르기 증상을 일으킨다.

● **히스타민**
아미노산인 히스티딘이 탈탄산 효소 활성이 강한 모르가니균에 의해 생성되어 두통, 두드러기 등의 알레르기성 식중독을 일으키는 활성 아민류이다.

② 노로바이러스

원인균	노로바이러스
특징	– 식품이나 음료수에 쉽게 오염되고, 적은 수로도 사람에게 식중독을 일으킬 수 있다. – 단체 급식 식중독의 주된 원인이다.
잠복기	12~48시간
증상	설사, 복통, 구토
원인식품	– 농업에 사용되는 물의 오염 – 노로바이러스에 감염된 작업자의 접촉으로 인해 식품 오염
예방대책	– 오염이 의심되는 지하수의 사용을 자제한다. – 오염지역에서 채취한 어패류는 85℃에서 1분 이상 가열하여 섭취한다.

3) 자연독 식중독

① 동물성 자연독

복어	– 테트로도톡신(tetrodotoxin) – 난소 〉간 〉내장 〉피부 – 끓여도 파괴되지 않음 – 전문 조리사만 취급
섭조개(홍합), 대합조개	삭시톡신(saxitoxin)
모시조개, 바지락, 굴	베네루핀(venerupin)
고동, 소라	테트라민(tetramine)

② 식물성 자연독

감자	– 솔라닌(solanine)-녹색 싹 부위 ★★★[기출문제] – 셉신(sepsin)-썩은 부위 – 서늘한 곳에 보관하고, 싹 난 부분과 녹색 부위는 제거 후 섭취
독버섯	– 무스카린(muscarine), 아마니타톡신(amanitatoxin), 뉴린, 콜린, 팔린 – 화려한 색과 악취, 점액질, 줄기가 세로로 찢어지지 않는 것
목화씨	고시폴(gossypol)
피마자	리신(ricin)
청매실	아미그달린(amygdalin)
독보리	테뮬린(temuline)
독미나리	시큐톡신(cicutoxin)

4) 곰팡이독 식중독 ★★★[기출문제]

① 아플라톡신
  ㉠ 쌀, 보리, 옥수수, 땅콩 등의 곡물류에서 독소를 생성한다.
  ㉡ 수분 16% 이상, 습도 80~85% 이상에서 생성한다.
  ㉢ 열에 안정하여 270~280℃ 이상으로 가열했을 때만 분해된다.
  ㉣ 강산·강알칼리에는 쉽게 분해된다.
  ㉤ 물에 녹지 않는다.

② 황변미독
  수분이 14~15% 이상 함유된 쌀에 *Penicillium*속 곰팡이가 번식해 황색으로 변질된다.

③ 맥각독
  ㉠ 맥각은 호밀, 보리 등 볏과식물의 이삭에 맥각균이 기생하여 형성된 곰팡이의 균핵이다.
  ㉡ 독소는 에르고톡신(ergotoxin), 에르고타민(ergotamin)이다.
  ㉢ 교감신경마비, 지각이상, 경련 등 신경장애 등을 나타낸다.

5) 중금속에 의한 식중독

종 류	특 징
납(Pb)	- 통조림의 땜납, 도기 및 법랑제품의 유약성분 - 신경장애, 적혈구의 혈색소 감소로 인한 빈혈, 식욕부진으로 인한 체중 감소
수은(Hg)	- 공장폐수에 오염된 어패류 섭취, 농약, 보존료 등으로 처리한 음식섭취로 중독 - 미나마타병 유발
카드뮴(Cd)	- 법랑제품이나 도기의 유약성분, 광산폐수에 오염된 어패류나 농작물 - 구토, 설사, 신장기능장애, 골연화증 - 이타이이타이병 유발
주석(Sn)	- 주석으로 도금한 통조림 - 구역질, 구토, 설사, 복통
비소(As)	- 방부제·살충제 등에 사용된 비소화합물을 마시거나 화학공업에 종사하는 사람들이 많이 걸린다. - 구토, 경련, 위장장애
구리(Cu)	- 조리용 기구, 녹색 채소 가공품을 발색제로 남용하는 경우 - 오심, 구토, 발한, 호흡곤란
안티몬(Sb)	- 에나멜을 코팅한 기구로 산성식품을 제조할 때 - 구토, 설사, 경련

● **미나마타병**
수은중독으로 인한 손의 지각이상, 언어장애, 반사 신경마비 증상을 일으킨다.

● **이타이이타이병**
체내의 칼슘 유실을 초래하여 골연화증을 유발하고 허리통증, 보행불능, 단백뇨 증상을 일으킨다.

(3) 식품과 기생충

1) 매개체별 기생충

① 채소류에서 감염되는 기생충

종류	감염형태	특징
회충	소장 경구감염	- 우리나라에서 감염률이 가장 높음 - 인분(人糞)을 비료로 사용하여 발생
요충	대장 경구감염 집단감염	- 항문 주위에 산란 - 항문소양증(가려움증)
구충(십이지장충)	소장 경구·경피감염	급성위장증상
편충	대장 경구감염	자각증상 없음
동양모양선충	소장 경구감염	자각증상 없음

② 육류에서 감염되는 기생충

종류	중간숙주
무구조충(민촌충)	소
유구조충(갈고리촌충)	돼지
선모충	돼지, 개
만손열두조충	뱀, 개구리, 닭

③ 어패류에서 감염되는 기생충

종류	제1중간숙주	제2중간숙주
간디스토마(간흡충)	쇠우렁이	민물고기(잉어, 붕어)
폐디스토마(폐흡충)	다슬기	민물게, 가재
요코가와흡충	다슬기	민물고기(은어, 황어)
광절열두조충(긴촌충)	물벼룩	농어, 연어, 송어
고래회충(아니사키스)	바다 갑각류	바다어류(고등어, 청어, 대구, 가다랭이), 오징어

2) 기생충 예방법

① 채소류는 흐르는 물에 충분히 세척 후 섭취한다.
② 육류나 어패류는 익혀 먹는다.
③ 개인위생 관리와 조리도구 소독을 철저히 한다.
④ 해충, 쥐에 대한 관리를 철저히 한다.
⑤ 인분을 비료로 사용하지 않는다.

(4) 살균 및 소독

1) 살균, 소독의 정의

종 류	설 명
멸균	강한 살균력으로 모든 미생물, 아포 등을 사멸시켜 무균상태로 만드는 것
살균	미생물을 사멸하거나 불활성시키는 것
소독	병원성 미생물을 사멸 또는 병원성을 약화시켜 감염을 약화시키는 것
방부	미생물의 번식을 억제하고 식품의 부패나 발효를 방지하는 것

● **살균 작용의 강도**
멸균 > 살균 > 소독 > 방부

2) 소독, 살균 방법 ★★★[기출문제]

① 물리적 방법

㉠ 비열 처리법

종 류	설 명
자외선 살균법	- 2,500~2,800Å(옹스트롱)의 자외선을 사용하여 살균 - 광선이 닿는 표면에만 효과가 있다.
방사선 살균법	- Co60(코발트 60) 등에서 발생하는 방사능을 이용하여 살균 - 감자, 고구마, 양파 등 싹이 트는 것을 억제
세균 여과법	- 음료수나 액체식품 등을 세균여과기로 걸러서 균을 제거하는 방법 - 바이러스는 제거 못한다.

㉡ 가열 처리법

종 류	설 명
화염 멸균법	- 불꽃에 닿게 하여 20초 이상 가열하는 방법 - 도자기류, 유리, 금속류 소독
건열 멸균법	- 건열멸균기(Dry Oven)를 이용하여 170℃에서 1시간 이상 가열하는 방법 - 유리기구, 주사침 등을 소독
자비소독(열탕소독)	- 끓는 물(100℃)에서 15~20분간 가열하는 방법 - 아포형성균은 완전히 사멸되지 않는다. - 식기류, 행주 소독
유통증기 소독법	- 100℃의 유통증기를 30~60분간 통과시켜 가열하는 방법 - 의류, 도자기
유통증기 간헐멸균법	- 100℃의 유통증기를 15~30분씩, 3회 반복 살균하는 방법 - 내열성 포자까지 완전 멸균

종류	설명
고압증기 멸균법	- 고압증기멸균기를 사용해 121℃에서 15~20분간 증기열로 살균하는 방법 - 모든 미생물과 아포형성균 멸균 - 통조림, 거즈 소독
저온살균법(LTLT)	고온처리가 어려운 유제품에 대해 61~65℃로 30분간 가열하는 방법으로 영양 손실이 적다.
고온단시간살균법 (HTST)	우유를 70~75℃에서 15~20초간 살균하는 방법
초고온순간살균법 (UHT)	우유를 130~140℃에서 2초간 살균하는 방법

② 화학적 방법

종류	설명
석탄산 (3% 수용액)	- 소독제의 살균력을 나타내는 기준으로 사용된다. - 살균력이 강하고 유기물에도 소독력이 떨어지지 않는다. - 냄새, 독성이 강하여 피부 점막을 자극하고 금속 부식성이 있다. - 변소(분뇨), 하수도, 오물 소독
크레졸 (3% 수용액)	- 석탄산보다 소독력이 2배 강하다. - 변소(분뇨), 하수도, 오물 소독
승홍수 (0.1% 수용액)	- 금속 부식이 있어 주방에 부적합하다. - 손, 피부 소독
과산화수소 (3% 수용액)	자극성이 적어 구내염, 입안세척 및 상처 소독
에틸알코올 (70% 에탄올)	손, 피부, 기구 소독
생석회	- 산화칼슘(CaO)으로 물을 뿌린 뒤 살포하거나 땅에 직접 뿌려 사용 - 공기에 오래 노출되면 살균력 저하 - 습기가 있는 분변소독, 하수, 오수 등의 오물 소독
역성비누 (양성비누) ★★★[기출문제]	- 0.01~0.1% 수용액 : 과일, 야채 소독 - 10% 수용액 : 식기, 손 소독 - 무색, 무취, 무미하고 침투력이 강하다. - 유기물이 존재하면 살균효과가 감소한다. - 자극성 및 부식성이 없다.
염소·차아염소산 나트륨	과일, 채소, 식기, 수돗물(0.2ppm) 소독

● 세척제 구분
- 1종 : 과일, 채소용 세척제
- 2종 : 식기류용 세척제
- 3종 : 식품 가공용 기구, 조리기구 세척제

4 식품위생법 관련 법규 및 규정

(1) 식품위생의 정의

1) 세계보건기구(World Health Organization, WHO)의 정의

식품위생이란 식품의 생육, 생산, 제조로부터 최종 소비에 이르기까지의 모든 단계에서 식품의 안전성(safety), 완전 무결성(wholesomeness) 및 건전성(soundness)을 확보하기 위해 필요한 모든 수단을 말한다.

2) 우리나라의 정의

식품위생이란 식품, 식품첨가물, 기구 또는 용기·포장을 대상으로 하는 음식에 관한 위생을 말한다.

(2) 식품위생법의 목적

① 식품으로 인하여 생기는 위생상의 위해를 방지
② 식품영양의 질적 향상을 도모
③ 식품에 관한 올바른 정보를 제공
④ 국민 보건 증진에 이바지

(3) 식품위생법의 용어

용어	설명
식품	모든 음식물(의약으로 섭취하는 것은 제외한다)을 말한다.
식품 첨가물	식품을 제조·가공·조리 또는 보존하는 과정에서 감미(甘味), 착색(着色), 표백(漂白) 또는 산화방지 등을 목적으로 식품에 사용되는 물질을 말한다. 이 경우 기구(器具)·용기·포장을 살균·소독하는 데에 사용되어 간접적으로 식품으로 옮아갈 수 있는 물질을 포함한다.
화학적 합성품	화학적 수단으로 원소(元素) 또는 화합물에 분해 반응 외의 화학 반응을 일으켜서 얻은 물질을 말한다.

기구	다음 각 목의 어느 하나에 해당하는 것으로서 식품 또는 식품첨가물에 직접 닿는 기계·기구나 그 밖의 물건(농업과 수산업에서 식품을 채취하는 데에 쓰는 기계·기구나 그 밖의 물건 및 「위생용품 관리법」제2조제1호에 따른 위생용품은 제외한다)을 말한다.
	  가. 음식을 먹을 때 사용하거나 담는 것
	  나. 식품 또는 식품첨가물을 채취·제조·가공·조리·저장·소분[(小分) : 완제품을 나누어 유통을 목적으로 재포장하는 것을 말한다. 이하 같다]·운반·진열할 때 사용하는 것

용기·포장	식품 또는 식품첨가물을 넣거나 싸는 것으로서 식품 또는 식품첨가물을 주고받을 때 함께 건네는 물품을 말한다.
위해	식품, 식품첨가물, 기구 또는 용기·포장에 존재하는 위험요소로서 인체의 건강을 해치거나 해칠 우려가 있는 것을 말한다.

영업	식품 또는 식품첨가물을 채취·제조·가공·조리·저장·소분·운반 또는 판매하거나 기구 또는 용기·포장을 제조·운반·판매하는 업(농업과 수산업에 속하는 식품 채취업은 제외한다)을 말한다.
영업자	제37조제1항에 따라 영업허가를 받은 자나 같은 조 제4항에 따라 영업신고를 한 자 또는 같은 조 제5항에 따라 영업등록을 한 자를 말한다.
식품위생	식품, 식품첨가물, 기구 또는 용기·포장을 대상으로 하는 음식에 관한 위생을 말한다.
집단급식소	영리를 목적으로 하지 아니하면서 특정 다수인에게 계속하여 음식물을 공급하는 다음 각 목의 어느 하나에 해당하는 곳의 급식시설로서 대통령령으로 정하는 시설을 말한다. 　가. 기숙사　　　　　　나. 학교 　다. 병원　　　　　　　라. 「사회복지사업법」 제2조제4호의 사회복지시설 　마. 산업체 　바. 국가, 지방자치단체 및 「공공기관의 운영에 관한 법률」 제4조제1항에 따른 공공기관 　사. 그 밖의 후생기관 등
식품이력 추적관리	식품을 제조·가공단계부터 판매단계까지 각 단계별로 정보를 기록·관리하여 그 식품의 안전성 등에 문제가 발생할 경우 그 식품을 추적하여 원인을 규명하고 필요한 조치를 할 수 있도록 관리하는 것을 말한다.
식중독	식품 섭취로 인하여 인체에 유해한 미생물 또는 유독물질에 의하여 발생하였거나 발생한 것으로 판단되는 감염성 질환 또는 독소형 질환을 말한다.
집단급식소 에서의 식단	급식대상 집단의 영양섭취기준에 따라 음식명, 식재료, 영양성분, 조리방법, 조리인력 등을 고려하여 작성한 급식계획서를 말한다.

(4) 식품 섭취로 건강 장애를 일으키는 원인 물질

내인성	식품 자체에 함유되어 있는 물질에 의한 것 예 버섯 독, 복어 독, 알레르기성 물질 등
외인성	식품 자체에는 함유되어 있지 않지만 식품의 각 취급 단계에서 외부로부터 오염 또는 혼입에 의한 것 예 식중독 균, 곰팡이독, 기생충, 잔류농약, 부정 사용 식품 첨가물, 환경 호르몬, 머리카락, 쇳가루 등
유기성	식품의 제조, 가공, 조리, 보관, 유통 등 과정에서 식품 성분이 변화하여 생성되는 물질에 의한 것 예 니트로 화합물, 벤조피렌 등

(5) 위해 식품 등의 판매 금지

불량식품	① 썩었거나 상했거나 설익어서 인체의 건강을 해칠 우려가 있는 것 ② 유독·유해 물질이 들어 있거나 묻어 있는 것 또는 그러할 염려가 있는 것. 다만, 식품의약품안전처장이 인체의 건강을 해칠 우려가 없다고 인정하는 것은 제외 ③ 병을 일으키는 미생물에 오염되었거나 그러할 염려가 있어 인체의 건강을 해칠 우려가 있는 것 ④ 불결하거나 다른 물질이 섞이거나 첨가된 것 또는 그 밖의 사유로 인체의 건강을 해칠 우려가 있는 것 ⑤ 농·축·수산물 등 가운데 안전성 평가를 받지 아니하였거나 안전성 평가에서 식용으로 부적합하다고 인정된 것
부정식품	⑥ 수입이 금지된 것 또는 법 제19조 제1항에 따른 수입 신고를 하지 아니하고 수입한 것 ⑦ 영업자가 아닌 자가 제조·가공·소분한 것

(6) 영업

1) 영업의 종류

① 식품제조 · 가공업
② 즉석판매제조 · 가공업
③ 식품첨가물제조업
④ 식품운반업
⑤ 식품소분 · 판매업
⑥ 식품보존업 : 식품조사처리업, 식품냉동 · 냉장업
⑦ 용기 · 포장류 제조업
⑧ 식품접객업

구 분	설 명	음주 행위	손님 노래	유흥 종사자
휴게음식점	패스트푸드점, 분식점 형태의 영업	×	×	×
일반음식점	음식류를 조리 · 판매하는 영업	○	×	×
단란주점	주로 주류를 조리 · 판매하는 영업	○	○	×
유흥주점	- 주로 주류를 조리 · 판매하는 영업 - 유흥종사자를 두거나 유흥시설을 설치할 수 있다.	○	○	○
위탁급식업	집단급식소를 설치 · 운영하는 자와의 계약에 따라 그 집단급식소에서 음식류를 조리하여 제공하는 영업	×	×	×
제과점	주로 빵, 떡, 과자 등을 제조 · 판매하는 영업	×	×	×

2) 허가를 받아야 하는 영업

① 식품조사처리업 : 식품의약품안전처장
② 단란주점, 유흥주점 : 특별자치시장, 특별자치도지사 또는 시장 · 군수 · 구청장

3) 영업신고를 해야 하는 업종

① 즉석판매제조 · 가공업
② 식품운반업
③ 식품소분 · 판매업
④ 식품냉동 · 냉장업
⑤ 용기 · 포장류 제조업
⑥ 휴게음식점, 일반음식점, 위탁급식업, 제과점

4) 식품위생 교육시간

① 신규로 영업을 하고자 할 경우

구 분	교육시간
식품제조·가공업, 즉석판매제조·가공업, 식품첨가물제조업	8시간
식품운반업, 식품소분·판매업, 식품보존업, 용기·포장류제조업	4시간
식품접객업	6시간
집단급식소를 설치·운영하려는 자	6시간

② 현재 영업을 하고 있을 경우

구 분	교육시간
식품제조·가공업, 즉석판매제조·가공업, 식품첨가물제조업, 식품운반업, 식품소분·판매업, 식품보존업, 용기·포장류제조업, 식품접객업	3시간
유흥주점영업의 유흥종사자	2시간
집단급식소를 설치·운영하는 자	3시간

5) 건강진단

① 식품 또는 식품첨가물을 채취·제조·가공·조리·저장·운반 또는 판매하는 일에 직접 종사하는 영업자 및 종업원(완전 포장된 식품 또는 식품첨가물을 운반하거나 판매하는 일에 종사하는 사람은 제외)
② 건강진단 항목 : 장티푸스, 폐결핵, 전염성피부질환
③ 횟수 : 1년 1회

(7) 벌칙

1) 1년 이하의 징역 또는 1천만원 이하의 벌금

① 청소년보호법에 따른 청소년 고용금지업소에 청소년을 고용하는 행위를 위반하여 접객행위를 하거나 다른 사람에게 그 행위를 알선한 자
② 소비자로부터 이물 발견의 신고를 접수하고 이를 거짓으로 보고한 자
③ 이물질의 발견을 거짓으로 신고한 자

2) 3년 이하의 징역 또는 3천만원 이하의 벌금

① 표시기준에 맞지 않은 식품·식품첨가물·기구 및 용기·포장을 판매·진열·운반 또는 영업상 사용했을 때
② 허위표시 과대광고 과대포장을 했을 때
③ 자가 품질검사의 의무를 이행하지 않았을 때
④ 폐업 또는 경미한 사항 변경시의 신고의무 불이행
⑤ 신고대상 영업을 신고 없이 영업을 했을 때
⑥ 영업소의 폐쇄명령에 위반한 자

> ● **자가품질검사의 의무**
> ① 식품 등을 제조·가공하는 영업자는 총리령으로 정하는 바에 따라 제조·가공하는 식품 등이 기준과 규격에 맞는지를 검사하여야 한다.
> ② 자가품질위탁 시험·검사기관에 위탁하여 실시할 수 있다.
> ③ 검사 결과 해당 식품 등이 국민 건강에 위해가 발생하거나 발생할 우려가 있는 경우에는 지체 없이 식품의약품안전처장에게 보고하여야 한다.
> ④ 과자, 캔디류, 추잉껌 및 떡류 : 3개월마다 1회 이상

3) 5년 이하의 징역 또는 5천만원 이하의 벌금

① 정하여진 기준과 규격에 맞지 않는 식품 또는 식품첨가물의 판매·제조·사용·조리·저장 등의 행위
② 기준 규격이 맞지 않는 기구 용기 판매
③ 수입신고를 하지 않고 식품·식품첨가물·기구·용기·포장을 수입했을 때
④ 식품의약품안전처장이 정하는 영업시간 및 영업행위의 제한규정을 지키지 않은 식품접객영업자
⑤ 식품위생상의 위해방지를 위하여 식품 등을 압류 또는 폐기 조치토록 한 명령에 위반했을 때

4) 10년 이하의 징역 또는 1억원 이하의 벌금 ★★★[기출문제]

인체의 건강을 해할 우려가 있는 다음의 식품 또는 식품첨가물을 판매 또는 판매의 목적으로 제조·수입·가공·사용·조리·저장 등을 못하게 한 규정을 위반했을 때

① 썩었거나 상하였거나 설익은 것
② 유독·유해물질이 들어 있거나 묻어 있는 것
③ 병원미생물에 오염되어 있는 것
④ 불결하거나 다른 물질이 혼입 또는 첨가된 것
⑤ 영업의 허가를 받지 않은 자가 제조·가공·소분한 것
⑥ 품목제조허가 또는 신고를 필하지 않고 제조·가공·소분한 것
⑦ 안전성 평가 대상인 식품 등으로 안전성 평가를 받지 않았거나 평가 결과 식용 부적합으로 인정된 것
⑧ 수입이 금지된 것 또는 수입신고 없이 수입한 것

Chapter 2 | 작업 환경 위생관리

1 공정별 위해요소 관리 및 예방(HACCP)

(1) 식품안전관리인증기준(HACCP)

Hazard Analysis and Critical Control Point는 식품의 원료 관리, 제조·가공·조리·소분·유통의 모든 과정에서 위해한 물질이 식품에 섞이거나 식품이 오염되는 것을 방지하기 위하여 각 과정의 위해 요소를 확인·평가하여 중점적으로 관리하는 기준을 말한다.

> ● **위해 요소(hazard, HA)**
> 인체의 건강을 해할 우려가 있는 생물학적, 화학적 또는 물리적 인자나 조건을 말한다.
> ① 생물학적 위해요소 : 세균, 바이러스, 곰팡이, 기생충 등
> ② 화학적 위해요소 : 중금속, 잔류농약, 환경호르몬 등
> ③ 물리적 위해요소 : 돌, 유리, 금속, 머리카락 등
>
> ● **중요 관리점(critical control point : CCP)**
> 식품의 위해 요소를 예방·제거하거나 허용 수준 이하로 감소시켜 식품의 안전성을 확보할 수 있는 중요한 단계·과정 또는 공정을 말한다.

1) HACCP 제도의 목적
① 식품의 안전성을 확보한다.
② 식품업체의 자율적, 과학적 위생관리 정착을 모색한다.
③ 국제기준 및 규격과의 조화를 도모한다.

2) HACCP 적용 준비단계(5절차)
① HACCP팀 구성
② 제품 설명서 작성
③ 해당 식품의 의도된 사용방법과 소비 대상을 파악
④ 공정단계를 이해하고 공정흐름도 작성
⑤ 공정 흐름도 현장 확인 및 검증

3) HACCP 7원칙 ★★★[기출문제]
원칙1 : 모든 잠재적 위해요소분석
원칙2 : 잠재적 위해 요소를 제거하기 위한 중요관리점(CCP) 결정
원칙3 : 중요관리점의 한계기준 설정
원칙4 : 중요관리점을 지속적으로 관찰하기 위한 모니터링 체계 확립
원칙5 : 식품의 위해요소가 발생하지 않도록 개선조치 방법 수립
원칙6 : HACCP 시스템이 안전하게 운영되는지에 대한 검증 절차 및 방법 수립
원칙7 : 기록 유지 및 문서화 절차 확립

Chapter 3 안전관리

1 개인 안전 점검

(1) 안전사고 원인(4M) : 인간(man), 기계(machine), 매체(media), 관리(management)
① 인간 : 심리적, 생리적, 직장 내 원인
② 기계 : 기계설비 결함, 표준화 부족, 점검정비 부족
③ 매체 : 작업정보 부족, 작업자세 · 작업방법의 부적절, 작업환경 불량
④ 관리 : 관리조직의 결함, 규정매뉴얼 미구비, 안전관리계획 불량, 교육 · 훈련 부족, 지도 · 감독 부족, 건강관리 불량

> 안전사고의 직접적 원인이 불안전상태나 행동에 있다고 했을 때 4M이 어떤 상태의 문제점을 갖고 있는지 파악하기 위해선 개인과 시설물에 대한 안전관리 점검표를 만들도록 한다.
> 개인 안전관리 점검표는 점검항목 내용을 준수하는 것이 중요하다.

(2) 개인 안전보호용품
① 안전보호용품은 목적에 맞게 준비, 작업 시 착용하는 것을 원칙으로 한다.
② 개인전용으로 청결하게 관리한다.

위생장갑	작업자의 손을 보호하고 위생적인 조리를 위해 착용
안전화	날카로운 물체의 낙하, 충격으로부터 발을 보호하거나 감전 등을 방지하기 위한 보호구
안전마스크	조리 중 침이나 기침 등으로부터 위생을 개선하기 위한 보호구
위생모자	조리 작업 시 음식에 머리카락이 들어가지 않도록 예방하는 보호구

(3) 개인 안전 재해 유형 및 예방조치

1) 넘어짐
① 미끄러지거나 걸려 넘어져서 일어나는 대표적인 재해이다. 작업장 바닥이나 계단에 물이나 음식물, 기름기 등이 주요 원인이 된다. 또한 제품이나 작업 기계 · 기구를 옮길 때를 비롯하여 청소하는 과정에서 불안정한 작업 자세를 취하게 되면서 발생하는 경우가 많다.
② 예방조치
  ㉠ 바닥의 물기 및 기름기 제거
  ㉡ 미끄럼 방지용 장화 착용
  ㉢ 미끄럼 방지 타일 시공 또는 미끄럼 방지 테이프 부착

2) 근 · 골격계 질환
① 무거운 원 · 부재료 운반, 장시간 반복적인 작업으로 인해 척추 부상이나 요통 등 골격계 질환이 발생한다.
② 예방조치
  ㉠ 원 · 부재료의 공동 운반

ⓒ 무거운 원재료는 이동 대차 사용
ⓒ 적절한 작업대 사용 및 작업 자세 유지
ⓔ 스트레칭 실시

3) 화상
① 스팀 및 고온의 기계·기구 등의 접촉에 의해 발생한다.
② 예방조치
ⓐ 화상 방지를 위한 보호 장구 착용
ⓑ 충분한 작업 공간 확보

> **● 화상 시 응급처치**
> ① 깨끗한 냉수로 15분 이상 차게 하여 열을 없앤다.
> ② 멸균 거즈 또는 깨끗한 포를 상처 부위에 대고 그 위에 붕대 등으로 감는다.
> ③ 긴급히 의사의 치료를 받을 수 없을 경우 소독약(무색으로 액체인 것)으로 상처 부위 및 그 주위를 소독한다.
>
> **● 화상 응급처치의 잘못된 방법**
> ① 된장, 간장, 감자 등을 바르는 것
> ② 물집을 없애는 행위
> ③ 눈 화상의 경우 눈을 문지르는 행위
> ④ 의사의 허락 없이 물을 마시는 행위

4) 감김·끼임·찔림·베임·절단
① 분쇄기, 찜기, 오븐, 절단기, 믹서, 칼 등을 사용하거나 청소하는 과정에서 발생한다.
② 예방조치
ⓐ 베임 방지용 안전 장갑 착용
ⓑ 기계 이상 작동 시 기계 전원 차단 후 정지된 상태에서 작업
ⓒ 올바른 칼 사용 방법 숙지
ⓔ 칼날 세척, 교환, 청소 시 전원 차단 후 실시

5) 낙하
① 적재된 원·부재료나 작업 도구 등이 아래로 떨어지면서 사고가 발생한다.
② 예방조치 : 원·부재료 고단 적재 금지

6) 충돌
① 기계·기구 등에 손이나 발 등이 부딪혀 부상을 당하는 사고이다.
② 예방조치 : 통행로 정리 정돈 및 장애물 제거

7) 추락
① 높은 곳으로 물건을 싣거나 내리려고 할 때 부주의로 아래로 추락하는 사고이다.
② 예방조치 : 안전한 작업 발판 또는 안전한 사다리 사용

2 도구 및 장비류의 안전 점검

(1) 전처리 도구·장비 취급 시 안전 관리

1) 작업 전 조치사항
① 작업장 내 충분한 조명(220룩스 이상)을 유지
② 작업대 고정 상태 확인 및 수평 유지
③ 장비 주위 경고 표지 부착
④ 누전 차단기 설치 및 접지 실시
⑤ 젖은 손으로 플러그, 스위치 조작 금지
⑥ 장비 각 부분의 작동 이상 여부를 확인
⑦ 바닥의 물기제거 등 미끄러움 요인 제거 및 점검
⑧ 개인 보호 장구 등 착용

2) 작업 중 조치사항
① 무거운 원·부재료 운반 시 공동 운반 및 운반 대차 사용
② 작업 할 수 있는 분량만큼만 꺼내 작업
③ 젖은 손으로 장비 스위치 조작 금지
④ 원·부재료를 투입할 때 손이 아닌 투입봉 등의 기구를 활용
⑤ 이물질 제거 시 반드시 동력을 정지시킨 후 제거
⑥ 응급상황 발생 시 비상 정지 스위치를 눌러 정지

3) 작업 후 조치사항
① 세척 시 전원 스위치, 플러그를 반드시 분리 후 실시
② 물청소 시에는 장비 본체에 물이 닿지 않도록 주의
③ 톱날이나 칼날 교체 또는 세척 시 베임 방지 장갑을 착용
④ 무거운 도구·장비는 반드시 2인 이상이 함께 운반

(2) 제조 도구·장비 취급 시 안전 관리

1) 작업 전 조치사항
① 작업장 내 충분한 조명(220룩스 이상)을 유지
② 개인 보호 장구를 착용
③ 장비와 작업대가 바닥면에 고정되었는지 확인
④ 장비 작동 이상 여부 확인
⑤ 미끄러짐 등의 위험이 없도록 작업장 주변 정리 정돈

2) 작업 중 조치사항
① 헐거운 작업복, 장갑, 긴소매, 반지 등을 착용한 상태로 작업 금지
② 무거운 물품은 나눠서 들거나 2인 1조로 작업
③ 작업 시 재료를 밀어 주는 누름봉 등을 사용

3) 작업 후 조치 사항
① 장비 사용 후 스위치, 플러그 반드시 차단
② 장비 점검·수리 시에는 전원 차단한 다음 실시
③ 전원 차단되지 않은 경우에는 롤러를 세척하거나 반죽 등 잔여물을 제거하지 않는다.

(3) 가열 도구·장비의 취급 시 안전 관리

1) 작업 전 조치사항
① 작업장 내 충분한 조명(220룩스 이상)을 유지
② 가스 사용 장비를 사용하기 전에 충분한 환기 실시
③ 가스가 누출되지 않았는지 먼저 냄새로 확인
④ 가스 가열 장비 주위에는 가연성 물질을 두지 않는다.
⑤ 가스 배관 부식 상태, 가스 누설경보기 작동 여부, 밸브 접속부 수시로 점검
⑥ LPG는 바닥으로부터, 도시가스 LNG는 천장으로부터 냄새 확인
⑦ 전기 사용 장비는 젖은 손으로 만지지 않는다.
⑧ 누전 차단기 작동 점검
⑨ 가열 장비 주변에 소화기 비치

2) 작업 중 조치사항
① 개인 보호 장비 착용
② 가열 장비 주변 물기 수시로 제거, 미끄럼 방지용 장화 착용
③ 가열 장비 작동 중 손을 넣는 위험한 행동 금지
④ 스팀으로 인한 화상 주의
⑤ 튀김 작업 시 환기 장치 항시 가동
⑥ 작업장 주변에 물과 소금을 비치하여 자주 마실 수 있도록 한다.
⑦ 무거운 재료는 2인 1조 이상의 공동 작업 실시
⑧ 가스 불을 켤 때에는 제대로 붙었는지 확인
⑨ 가열 중에 파란 불꽃이 유지되고 있는지 수시로 확인
⑩ 사용 중 가스가 떨어져 불이 꺼졌거나 새는 곳을 발견하면 반드시 모든 밸브를 잠금
⑪ 가스 냄새가 계속 날 때에는 전문가가 도착할 때까지 현장을 감시

3) 작업 후 조치 사항
① 가스 장비 사용 후 연소기에 부착된 콕과 중간밸브를 잠근다.
② 가스 용기는 반드시 밸브를 잠그고 화기가 없는 곳에 보관
③ 작업 후에는 모든 밸브를 반드시 잠근다.
④ 전기 사용 장비의 점검 및 청소 시에는 전원 스위치, 플러그 반드시 분리 후 실시

● **유해물질·위험물질·화학물질에 대한 안전취급기준 ★★★[기출문제]**
① 물질안전보건 자료를 비치하고 취급방법에 대하여 교육한다.
② 경고표지를 부착(내용물, 주의사항, 조제일자)한다.
③ 보관 중 넘어지지 않도록 주의하고 보관 상태를 수시로 점검한다.
④ 고무장갑 등 보호복장을 착용한다.
⑤ 액체 상태인 물질을 덜어 쓸 경우 펌프기능이 있는 호스를 사용한다.
⑥ 다른 물질과 섞어서 사용하지 않는다.

PART 03 출제예상문제

01 개인위생 수칙 설명이 틀린 것은?
① 설사 증세가 있는 조리종사자는 조리에 참여하거나 음식물을 취급해서는 안된다.
② 손톱은 짧게 깎고 매니큐어, 인조손톱은 부착하지 않는다.
③ 조리과정 중 머리나 코 등 신체 부위를 만지지 않는다.
④ 의사소통을 위해 마스크는 착용하지 않는다.

> **해설**
> 입과 턱 부분을 감싸는 마스크를 착용한다.

02 떡 제조 시 작업자의 복장에 대한 설명으로 틀린 것은?
① 작업 변경 시마다 위생장갑을 교체한다.
② 모자는 귀와 머리카락이 보이지 않게 착용한다.
③ 목걸이, 귀걸이 등 장신구는 착용하지 않는다.
④ 신발은 신고 벗기 편리하고 외부용 신발과 구분 없이 착용한다.

> **해설**
> 신발은 미끄럽지 않은 재질로 외부용 신발과 구분하여 착용해야 오염을 막을 수 있다.

03 식품 변질에 대한 설명으로 틀린 것은?
① 발효는 미생물 또는 효소작용에 의해서 우리 몸에 유익한 균을 생성하는 것
② 산패는 유지식품을 공기나 햇볕에 오래 두어 악취가 발생하는 상태
③ 부패는 미생물이 효소의 작용에 의해 유익한 균을 생성하는 초기 단계 상태
④ 변패는 단백질 이외의 식품에 미생물이 작용하여 먹을 수 없는 상태

> **해설**
> 부패는 단백질 식품에 미생물의 분해 작용에 의해 악취가 나고 인체에 유해한 물질이 생성되는 현상이다.

04 식품이 부패되면서 생성되는 불쾌한 냄새물질이 아닌 것은?
① 황화수소   ② 인돌
③ 암모니아   ④ 포르말린

> **해설**
> 포르말린은 메틸알코올을 산화하여 만든 수용액으로 독성을 지닌 유해화학물질이다.

05 곡류나 건조식품에 가장 많이 번식하는 미생물은?
① 효모   ② 곰팡이
③ 바이러스   ④ 기생충

> **해설**
> 곰팡이는 건조식품이나 주로 곡물에 잘 증식한다.

06 식품 중 미생물의 발육을 억제하기 위해서 수분활성도를 낮추는 방법으로 틀린 것은?
① 방부제 첨가   ② 설탕 첨가
③ 식염 첨가   ④ 냉동

> **해설**
> 수분활성도를 낮추는 방법은 당, 소금 등을 첨가하거나 건조 또는 냉동시킨다.

정답 1 ④ 2 ④ 3 ③ 4 ④ 5 ② 6 ①

07 식품의 변질 중에서 미생물이 없어도 일어나는 변질 현상은?

① 변패　　　② 발효
③ 부패　　　④ 산패

> **해설**
> 산패란 유지식품이 공기 중의 산소, 일광, 금속에 의해 분해되어 불쾌한 냄새를 내는 현상이다.

08 떡이나 빵 등이 미생물에 의해 변질되는 현상을 무엇이라고 하는가?

① 부패　　　② 산패
③ 변패　　　④ 발효

> **해설**
> • 부패 : 단백질이 혐기성 세균에 의해 변질되었을 때
> • 산패 : 지방이 산소나 일광 등에 의해 변질되었을 때

09 살균에 대한 설명으로 맞는 것은?

① 식품 공전에서 '살균'이란 따로 규정이 없는 한 세균, 효모, 곰팡이 등 미생물의 영양세포를 사멸시키는 것이다.
② 병원성을 약화시켜 감염력을 없애는 것이다.
③ 직접 균을 사멸시키지 않고, 미생물의 증식과 발육 그 작용을 저지 또는 정지시켜 사멸한 상태를 말한다.
④ 미생물의 영양세포 및 포자까지 사멸시켜 완전무균 상태를 말한다.

> **해설**
> ② 소독 ③ 방부 ④ 멸균

10 유지류를 함유한 식품이나 열이나 산소에 의해 산패되는 것을 예방하기 위하여 사용하는 첨가물은 무엇인가?

① 발색제　　　② 방부제
③ 산화방지제　　④ 살균제

> **해설**
> 산화방지제는 항산화제라고도 하며 식품이 변질되는 것을 방지하는 첨가물이다.

11 세균이 잘 자라는 온도는?

① 0~10℃
② 10~15℃
③ 15~20℃
④ 25~37℃

> **해설**
> 세균의 생육 최적 온도는 25~40℃이다.

12 식품의 오염된 세균의 정도와 안전성 여부를 평가하기 위하여 검사하지 않는 것은?

① 총균수
② 공중낙하세균
③ 장구균
④ 대장균

> **해설**
> 식품에 오염된 세균의 정도를 평가하기 위해서는 총균수, 장구균, 대장균을 검사한다.

13 웰치균에 대한 설명으로 틀린 것은?

① 원인균으로는 뉴로톡신이다.
② 증상으로는 복통, 혈변, 심한설사를 한다.
③ 편성 혐기성균으로 아포를 형성하여 열에 강하다.
④ 육류, 어류, 가공품에서 발생한다.

> **해설**
> 뉴로톡신은 보툴리누스균 식중독을 일으키는 원인독소이다.

정답 7 ④　8 ③　9 ①　10 ③　11 ④　12 ②　13 ①

14 다음 중 감염형 식중독에 해당하는 것은?
① 황색포도상구균 식중독
② 알레르기성 식중독
③ 노로바이러스 식중독
④ 장염비브리오 식중독

> **해설**
> 감염형 식중독에는 장염비브리오 식중독, 살모넬라 식중독, 병원성 대장균 식중독, 웰치균 식중독이 있다.

15 조리사 손의 상처로 인해 화농성 질환이 생겨 발생하기 쉬운 식중독은?
① 보툴리누스균 ② 황색포도상구균
③ 뉴로톡신   ④ 웰치균

> **해설**
> 황색포도상구균이 식품 중에 번식할 때 엔테로톡신이라는 독소가 생성되며 우리나라에서 가장 많이 발생하는 독소형 식중독이다.

16 세균성 식중독 중에서 잠복기가 가장 짧은 식중독은?
① 장염비브리오균 ② 웰치균
③ 살모넬라균   ④ 황색포도상구균

> **해설**
> 장염비브리오균(12시간), 웰치균(12시간), 살모넬라균(20시간), 황색포도상구균(3시간)

17 식중독 세균 중 호염성인 성질을 가진 세균은?
① 황색포도상구균 ② 장염비브리오균
③ 노로바이러스균 ④ 보툴리누스균

> **해설**
> 장염비브리오균은 3~5%의 식염농도에서 잘 발육하는 호염성 세균이다.

18 쥐가 매개하는 질병이 아닌 것은?
① 페스트   ② 쯔쯔가무시
③ 황열   ④ 유행성출혈열

> **해설**
> 황열, 일본뇌염, 뎅기열은 모기가 매개하는 감염병이다.

19 생물테러감염병 또는 치명률이 높거나 집단 발생의 우려가 커서 발생 또는 유행 즉시 신고하여야 하고, 음압격리와 같은 높은 수준의 격리가 필요한 감염병이 아닌 것은?
① 에볼라바이러스병 ② 탄저
③ 중동호흡기증후군 ④ 결핵

> **해설**
> 결핵은 제2급 감염병에 해당된다.

20 법정 감염병이 아닌 것은?
① 아니사키스 ② 콜레라
③ 장티푸스   ④ 파라티푸스

> **해설**
> 아니사키스는 고래, 돌고래, 물개 등 포유류의 위 내에서 기생하는 회충이다.

21 인수공통감염병에 대한 설명 중 틀린 것은?
① 탄저, 파상열, 결핵, Q열 등이 있다.
② 오염된 우유나 유제품을 통해 감염된다.
③ 동물과 동물 간에 서로 전파되는 병원체에 의해 감염된다.
④ 예방하기 위해서는 BCG 접종 및 우유의 살균이 필요하다.

> **해설**
> 동물과 사람이 같은 병원체에 의하여 발생하는 감염병이다.

정답 14 ④ 15 ② 16 ④ 17 ② 18 ③ 19 ④ 20 ① 21 ③

22 인수공통감염병과 감염원이 잘못된 것은?

① 결핵 – 소
② 일본뇌염 – 작은 빨간집 모기
③ SARS – 낙타
④ 공수병 – 개

> 해설
> 중증급성호흡기증후군(SARS)는 조류인플루엔자 바이러스의 인체 감염에 의한 급성호흡기감염병으로 닭이나 오리와 같은 가금류에 의해 전파된다.

23 제1, 2급 감염병에 대한 신고의무자의 보고·신고 의무 위반, 거짓 보고·신고자에 대한 벌금은?

① 100만원 이하 ② 200만원 이하
③ 300만원 이하 ④ 500만원 이하

> 해설
> 감염병 신고의무자의 보고·신고 의무 위반, 거짓 보고·신고 및 보고·신고 방해자에 대한 벌칙은 제1, 2급 감염병일 경우 벌금 500만 원 이하, 제3, 4급 감염병일 경우 벌금 300만 원 이하이다.

24 다음 중 제1급 감염병인 것은?

① 콜레라
② 중동호흡기증후군(MERS)
③ 장티푸스
④ 지카바이러스 감염증

> 해설
> 콜레라, 장티푸스는 제2급 감염병이고, 지카바이러스 감염증은 제3급 감염병이다.

25 곡류를 오염시켜 식중독을 일으키는 곰팡이독의 종류가 아닌 것은?

① 시큐톡신   ② 황변미독
③ 아플라톡신 ④ 맥각독

> 해설
> 독미나리에 들어있는 독성분은 시큐톡신(cicutoxin)이다.

26 식품의 독성분과 연결이 틀린 것은?

① 목화씨 – 고시풀
② 복어 – 테트로도톡신
③ 감자 – 셉신
④ 독보리 – 테트라민

> 해설
> 독보리–테뮬린(temuline)
> 고동·소라–테트라민(tetramine)

27 미나마타병의 원인 물질은?

① 비소
② 수은
③ 카드뮴
④ 납

> 해설
> 수은 중독 증상은 손의 지각 이상, 언어장애, 반사신경마비를 일으킨다.

28 이타이이타이병의 원인 물질은?

① 납
② 수은
③ 카드뮴
④ 주석

> 해설
> 이타이이타이병은 '아프다 아프다'라는 의미로 1912년 일본 도야마현에서 대량의 카드뮴이 뼈에 축적되어 발생한 공해병이다.

정답 22 ③ 23 ④ 24 ② 25 ① 26 ④ 27 ② 28 ③

29 식품포장지나 냅킨을 사용 시 폐암을 일으킨다는 논란이 있어 사용을 금지하고 있는데 이 유해물질은?

① 형광증백제
② 주석
③ 납
④ 산화방지제

> **해설**
> 형광증백제는 청색이나 자색의 형광에 의해 종이 또는 섬유의 황색을 희게 보이게 하는 무색의 화합물이다. 형광표백제를 사용 시에는 식품에 접촉되는 면을 합성수지로 코팅하여 용출되지 않게 사용해야 한다.

30 다음 중 우리나라에서 감염률이 가장 높으며, 인분(人糞)을 비료로 사용하여 발생하는 기생충은?

① 편충
② 요충
③ 구충
④ 회충

> **해설**
> 요충은 항문 주위에 산란하여 항문소양증을 일으키며, 구충(십이지장충)은 급성위장증상을 일으킨다.

31 소독제와 살균제의 구비조건으로 틀린 것은?

① 안전성이 있고, 용해도가 높은 것
② 사용한 후에 냄새가 쉽게 증발 되는 것
③ 살균력이 약한 것
④ 소독 대상물에 손상을 입히지 않고 사용법이 간편한 것

> **해설**
> 소독·살균제는 살균력과 침투력이 강하고 사용 후에는 냄새가 쉽게 제거되어야 한다.

32 다음과 같은 특성을 지닌 살균소독제는?

- 소독제의 살균력을 나타내는 기준으로 사용된다.
- 살균력이 강하고 유기물에도 소독력이 떨어지지 않는다.
- 냄새, 독성이 강하여 피부 점막을 자극하고 금속 부식성이 있다.
- 변소, 하수도, 오물 소독에 사용한다.

① 승홍수
② 역성비누
③ 석탄산
④ 크레졸

> **해설**
> • 승홍수 : 금속 부식이 있어 주방에 부적합하며 손, 피부 소독에 사용한다.
> • 역성비누 : 무색, 무취, 무미하며 침투력이 강하다.
> • 크레졸 : 석탄산보다 소독력이 2배 강하다.

33 떡을 취급하는 손 소독에 가장 적합한 것은?

① 크레졸
② 역성비누
③ 수제비누
④ 메탄올

> **해설**
> 역성비누는 침투력과 살균력이 강하고 냄새가 없으며 손소독, 조리기구, 식기류 등을 소독한다.

34 살균법 중 비열 처리법에 해당되지 않는 것은?

① 세균 여과법
② 방사선 살균법
③ 자외선 살균법
④ 자비소독

> **해설**
> 자비소독은 열탕소독으로 끓는 물(100℃)에서 15~20분간 가열하는 방법이다.

정답 29 ① 30 ④ 31 ③ 32 ③ 33 ② 34 ④

35 식품위생법의 목적으로 틀린 것은?

① 식품으로 인하여 생기는 위생상의 위해를 방지
② 소비자와 판매자를 보호하기 위해서
③ 식품에 관한 올바른 정보를 제공
④ 식품영양의 질적 향상을 도모

> **해설**
> 식품위생법의 목적은 식품으로 인한 위생상의 위해 방지, 식품영양의 질적 향상 도모, 식품에 관한 올바른 정보를 제공하여 국민보건 증진을 위함이다.

36 식품위생법상의 용어 설명이 맞는 것은?

① 표시 : 식품, 식품첨가물, 기구 또는 용기 · 포장에 적는 문자, 숫자
② 집단급식소 : 영리를 목적으로 불특정 다수인에게 음식물을 판매하는 음식점
③ 산화방지제 : 식품에 첨가되는 첨가물로 증점제라 한다.
④ 발색제 : 식품 본래의 맛을 더욱 강화시킨다.

> **해설**
> 집단급식소는 비영리를 목적으로 한다. 산화방지제는 항산화제라고도 하며 식품이 변질, 변색 또는 영양가 감소되는 것을 방지하기 위한 목적으로 사용한다. 발색제는 가열 조리하는 과정에서 색이 산화 또는 변색을 방지할 목적으로 첨가하는 것이다.

37 식품위생법상 '식품위생'의 대상만 바르게 묶은 것은?

① 식품첨가물, 용기, 기구, 포장, 소분식품
② 식품, 식품첨가물, 용기, 기구, 포장
③ 식품첨가물, 용기, 기구, 가공식품
④ 식품첨가물, 용기, 건강기능성 식품

> **해설**
> 식품위생이란 식품, 식품첨가물, 기구 또는 용기와 포장을 대상으로 하는 음식에 관한 위생이다.

38 식품이나 기구 또는 용기에 표시기준이 아닌 것은?

① 재질과 유통기한
② 업소명 및 소재지
③ 섭취량과 섭취방법
④ 성분명 및 주의사항

> **해설**
> 식품위생법상 업소명 및 소재지, 재질명, 유통기한, 성분명을 반드시 기재해야 한다.

39 식품 및 식품첨가물공전에서 떡류에만 해당되는 검사규격 항목은?

① 살모넬라
② 유산균수
③ 산가
④ 대장균

> **해설**
> 살모넬라는 크림을 도포 또는 충전 후 가열살균 하지 않고 그대로 섭취하는 빵류에 한한다. 유산균수는 유산균 함유 과자, 캔디류에 한한다. 산가는 유탕처리한 과자에 한한다.

40 우리나라의 식품위생행정업무를 담당하는 곳은?

① 관할경찰서
② 노동부
③ 식품의약품안전처
④ 보건복지부

> **해설**
> 식품의약품안전처는 국민보건을 위하여 식품위생행정업무를 담당하는 곳이다.

정답 35 ② 36 ① 37 ② 38 ③ 39 ④ 40 ③

41 식품위생법에 식품을 판매 금지하도록 명시된 항목 중 부정식품에 해당되는 것은?

① 상했거나 설익어서 인체의 건강을 해칠 우려가 있는 것
② 불결하거나 다른 물질이 섞이거나 첨가된 것
③ 안전성 평가 대상인 식품 중 안전성 심사를 받지 아니한 것
④ 영업자가 아닌 자가 제조·가공·소분한 것

🔎 해설
①, ②, ③은 불량식품에 해당된다.

42 식품위생법상 식품제조·가공업을 하는 자가 신규로 영업을 하고자 할 경우 식품위생교육 시간은?

① 8시간   ② 20시간
③ 10시간   ④ 30시간

🔎 해설
식품제조·가공업자가 현재 영업을 하고 있는 경우에는 3시간 식품위생 교육을 받아야 한다.

43 자가품질검사의 의무를 이행하지 않았을 때의 벌칙은?

① 1년 이하의 징역 또는 1천만원 이하의 벌금
② 3년 이하의 징역 또는 3천만원 이하의 벌금
③ 5년 이하의 징역 또는 5천만원 이하의 벌금
④ 10년 이하의 징역 또는 1억원 이하의 벌금

🔎 해설
3년 이하의 징역 또는 3천만원 이하의 벌금은 허위표시·과대광고·과대포장을 했을 때, 자가품질검사의 의무를 이행하지 않았을 때, 신고대상 영업을 신고 없이 영업을 했을 때 등이 해당된다.

44 HACCP의 준비단계 5절차의 순서가 바른 것은?

① HACCP팀 구성 → 제품설명서 작성 → 사용자 용도 확인 → 공장흐름도 현장 확인 → 공장흐름도 작성
② 사용자 용도 확인 → 공장흐름도 작성 → 공장흐름도 현장 확인 → HACCP팀 구성 → 제품설명서 작성
③ HACCP팀 구성 → 제품설명서 작성 → 사용자 용도 확인 → 공장흐름도 작성 → 공장흐름도 현장 확인
④ 공장흐름도 작성 → 공장흐름도 현장 확인 → HACCP팀 구성 → 제품설명서 작성 → 사용자 용도확인

🔎 해설
준비단계 5절차는 HACCP팀 구성 → 제품설명서 작성 → 사용자 용도 확인 → 공장흐름도 작성 → 공장흐름도 현장 확인이다.

45 HACCP의 7원칙에 해당되지 않는 것은?

① 중요관리점(CCP) 한계기준 설정
② 위해요소분석
③ 중요관리점(CCP) 결정
④ 회수명령의 기준설정

🔎 해설
※ HACCP의 7원칙
위해요소분석(원칙1), 중요관리점(CCP) 결정(원칙2), CCP 한계기준 설정(원칙3), CCP 모니터링 체계 확립(원칙4), 개선조치방법 수립(원칙5), 검증절차 및 방법 수립(원칙6), 문서화·기록유지방법 설정(원칙7)

정답 41 ④ 42 ① 43 ② 44 ③ 45 ④

46 HACCP에서 물리적 위해 요소가 아닌 것은?

① 유리　　② 중금속
③ 돌　　　④ 머리카락

> **해설**
> • 생물학적 위해요소 : 세균, 바이러스, 곰팡이, 기생충 등
> • 화학적 위해요소 : 중금속, 잔류농약, 환경호르몬 등
> • 물리적 위해요소 : 돌, 유리, 금속, 머리카락 등

47 작업자가 개인안전관리를 위하여 안전관리 점검표에 따라 매일 점검하고 기록·관리하여야 되는 사항이 아닌 것은?

① 점검일자
② 개선조치 사항
③ 제조공정별 개인안전관리 상태
④ 근무시간

> **해설**
> 안전점검표에 기록하고 관리해야 되는 사항은 점검일자, 점검자 및 승인자, 제조공정별 개인안전관리상태, 개선조치사항, 특이사항 등이다.

48 화상 발생 시 응급처치 요령으로 바르지 못한 것은?

① 화상을 당한 부위에 응급처치로 감자나 된장을 바른다.
② 약품에 의한 화상은 약품이 피부에 침투하기 전에 수돗물로 20분 이상 씻어 흐르게 한다.
③ 긴급히 의사의 치료를 받을 수 없는 경우에는 소독약으로 상처 부위 및 그 주위를 소독한다.
④ 가까이에 물이 없거나 병원으로 이송할 경우에는 깨끗한 냉수를 적신 수건을 15분 이상 대 준다.

> **해설**
> 화상을 당한 부위에 응급처치로 감자나 된장을 바르면 세균 감염을 일으킬 수 있으므로 절대로 해서는 안 된다.

49 떡 제조 시 개인안전 관련 주요 재해유형에 포함되지 않는 것은?

① 넘어짐, 화상, 근·골격계 질환
② 감김, 끼임, 찔림, 베임, 절단
③ 근·골격계 질환, 추락, 낙하
④ 충돌, 추락, 위장질환

> **해설**
> 개인안전 재해유형에 위장질환은 포함되지 않는다.

50 떡 제조 작업장에 기계와 설비의 재질 및 구조 요건으로 바르지 못한 것은?

① 식품과 접촉하는 기계와 설비는 인체에 무해한 내수성·내부식성 재질로 열탕, 증기, 살균제 등으로 소독·살균이 가능하여야 한다.
② 기계와 설비가 식품위생법상 적법한 신고업체에서 생산한 것이어야 하며, 기구·용기·포장의 재질 및 용출 규격에 적합한 것이어야 한다.
③ 기계와 설비의 표면은 평활하지 않고 각진 곳이 있어도 된다.
④ 수분이나 미생물이 내부로 침투하기 쉬운 목재는 가급적 사용하지 않는다.

> **해설**
> 기계와 설비의 표면은 미끄럽고 평평하며 세척·소독이 어려운 각진 곳이 없어야 관리하기가 좋다.

정답 46 ② 47 ④ 48 ① 49 ④ 50 ③

PART 04 우리나라 떡의 역사 및 문화

Chapter 1 떡의 역사

떡이란 곡식을 가루 내어 찌거나 삶거나 기름으로 지져서 만든 음식을 통틀어 이르는 말로 오랜 세월 동안 우리 생활에 밀착되어 각종 제례나 예식, 농경의례, 토속 신앙을 배경으로 한 각종 제사와 사람이 출생하여 성장하는 통과의례 및 명절의 행사 등에서 빼놓을 수 없는 우리나라 고유의 음식 중의 하나다.

1 떡의 어원

떡의 어원은 옛말의 동사 찌다가 명사가 되어 찌기 – 떼기 – 떠기 – 떡으로 변화하였다. 떡을 일컫는 한자어로는 병(餠), 고(餻), 이(餌), 자(瓷), 편(片, 䭏), 병이(餠餌), 탁(飥) 등이 있다.

2 시대별 떡의 역사

(1) 삼국시대 이전(상고시대)

떡을 언제부터 만들어 먹었는지 정확히 밝히기는 어려우나 삼국시대 이전 부족국가시대부터 떡을 만들어 먹었을 것으로 학자들은 추정한다.
① 떡의 재료가 되는 쌀을 비롯한 피, 기장, 조, 수수 같은 잡곡과 콩, 팥 등을 재배
② 곡물을 가루로 내는 갈돌, 돌확, 시루가 유물로 출토
　㉠ 신석기 유적지인 황해도 봉산 지탑리 : 갈돌 발견
　㉡ 무문토기시대 유적지인 경기도 북변리와 동창리 : 돌확 발견
　㉢ 청동기시대 유적인 나진 초도 패총 : 시루 발견

(2) 삼국 및 통일신라시대의 떡

삼국 및 통일신라시대에는 쌀을 중심으로 한 농업이 크게 확대되면서 떡은 한층 발달되었다. 고구려 벽화인 황해도 안악 제3고분의 벽화와 황해도 약수리 벽화에는 시루에서 음식을 찌고 있는 그림이 전해지고 있다. 시루는 바닥에 뚫린 구멍으로 솥에서 끓어오르는 증기를 이용해 곡물의 가루를 익히는 도구로 시루떡이나 쌀을 찐 다음 절구에서 쳐서 만든 치는 떡이 상용되었을 것으로 짐작할 수 있다.
① 「삼국유사」효소대왕(692~702) 죽지랑조에는 "…공사(公事)로 갔더니 응당 대접하리라 하고 설병(舌餠) 한 합과 술 한 병을 가지고…에서 설병이 어떤 떡인지는 확실히 알 수 없으나 '설(舌)'자가 '혀'를 의미하므로 혀의 모양처럼 생긴 인절미나 절편으로 추측할 수 있고, 그 음으로 미루어 설병 곧 설기떡으로 추측할 수 있다.
② 「삼국사기」제48권 백결선생조에 "…백결선생은 신라 자비왕 때 사람으로 세모가 되었을 때 이웃집에서 떡방아를 찧었으므로…" 등이 나오는데 집이 가난하여 떡을 치지 못함을 부인에게 미안하게 생각하여

거문고로 떡방아 소리를 만들어 부인을 위로했다는 기록으로 보아 절구에 친 인절미나 절편이었음을 알 수 있으며 이 시대에 이미 연말에 떡을 하는 절식(節食)풍속이 일반화되어 있었음을 알 수 있다.
③ 「삼국사기」신라본기 유리왕 원년조(298)에 남태왕이 돌아가자 태자 유리가 마땅히 왕위에 올라야 할 것인데 굳이 사양하고 석탈해(昔脫解)에게 양보하였다. 탈해는 지혜롭고 성스러운 사람은 이(齒)가 많다고 하니 시험하여 보고 결정하자고 제의하였다. 그리하여 떡을 깨물어 그 잇자국으로 치아 수를 헤아려서 마침내 유리가 왕위에 올랐다고 한다. 여기서 말하는 떡이 어떤 종류의 떡인지 정확히 알 수는 없지만 깨물어서 잇자국이 선명하게 날 정도라면 곡물을 쪄 다시 쳐서 만든 흰떡, 인절미, 절편 등을 생각할 수 있다.

(3) 고려시대의 떡 ★★★[기출문제]

고려시대에는 떡의 종류도 많아졌고 서민들의 생활과 밀접한 일상식으로 일반화되었음을 알 수 있다. 권농정책에 따른 양곡의 증산으로 경제적인 여유가 생기고, 불교의 융성으로 육식이 절제되고, 음다의 풍습이 생기면서 떡은 한층 더 발달하게 되었다.

① 「해동역사」: 고려율고(高麗栗糕)의 상세한 조리법이 수록
   율고란 밤가루와 쌀가루를 섞어 꿀물에 내려 시루에 찐 일종의 밤설기
② 「지봉유설」: 고려에서는 상사일(上巳日)이면 청애병(靑艾餠, 쑥설기)을 만들어 으뜸가는 음식으로 삼았다 하였다.
③ 「목은집」: 유두일에 수단을 만들고 '점서(粘黍)'라는 시에서 찰기장 전병을 소개하고 있다.
④ 「고려가요」: '쌍화점'이라는 가요로 보아 상화(밀가루를 발효시켜 부풀게 하여 만든 떡)를 파는 전방이 있었음을 말해주고 있으며, 당시에 떡이 상품화되어 일반에 널리 보급되었음을 알 수 있다.
⑤ 「고려사」(최승로조) : 광종이 내도장의 떡으로 걸인에게 시주하였다는 기록이 있다.
⑥ 「고려사」(신돈조) : 신돈이 부녀자에게 떡을 던져 주었다는 기록이 있다.

(4) 조선시대의 떡

고려시대에 발달된 떡은 조선시대로 이어지면서 농업기술, 조리가공법 등의 발달로 농산물 산출이 증대되면서 떡의 재료가 다양해지고 한층 화려해졌다. 유교의 영향으로 관혼상제의 풍습이 일반화되어 각종 의례와 잔치에 떡이 필수적으로 쓰였다.
찌는 떡은 백설기, 석이병, 무시루떡, 꿀찰편, 도행병, 녹두편, 깨찰편, 적복령떡, 승검초편, 호박편, 두텁떡, 혼돈병, 석탄병, 신과병, 잡과병 등의 다양한 시루떡이 있었다.
치는 떡인 인절미도 재료에 따라 쑥인절미, 대추인절미, 당귀잎인절미 등 색다른 맛을 음미하였고 조인절미라 하여 찹쌀에 기장조를 섞어 찌기도 하였다. 절편도 쑥절편, 수리취절편, 송기절편 등이 있었고 떡살로 무늬를 박아 모양과 색을 더욱 아름답게 하였다.
지지는 떡인 전병은 찰수수 전병 외에 더덕전병, 토란병, 산약병, 서여향병, 유병, 권전병, 송풍병 등으로 발전하였다. 「음식디미방」에는 '전화법'이라 하여 두견화, 장미꽃, 출단화의 꽃을 찰가루에 섞어 지져내는 떡이 소개되어 있는데 지금의 화전이다. 조선시대문헌인 「도문대작」, 「음식디미방」, 「증보산림경제」, 「규합총서」, 「동국세시기」, 「부인필지」, 「주방문」, 「시의방」, 「요록」, 「수문사설」, 「옹희잡지」, 「임원십육지」, 「역주방문」, 「군학회」, 「음식방문」, 「시의전서」등에 수록되어 있는 떡의 종류는 매우 다양하였다. ★★★[기출문제]

① 「도문대작」(1611년)은 우리나라 식품전문서로 가장 오래된 책으로 9종류의 떡이 기록되어 있다.
② 「음식디미방(1670년경)」: 일명 「규곤시의방」이라고 하며 우리나라에서 가장 오래된 한글요리서이다. 밤설기법, 석이편법, 잡과편법 등이 기록되어 있다.
③ 「요록」(1680년경) : 삶는 떡인 경단이 '경단병'으로 처음 등장한다. 「음식방문」, 「시의전서」 등 이후의 문헌에도 기록되어 있다. 찹쌀가루로 떡을 만들어 삶아 익힌 뒤 꿀물에 담궜다가 꺼내어 청향을 바르고 그릇에 담아 다시 그 위에 꿀을 더한다고 기록하였다.
④ 「수문사설」(1740년) : '조악전'이라 하여 백미가루를 설탕물로 반죽하여 설탕소를 넣고 빚어 기름에 지진다고 기록하였다.
⑤ 「증보산림경제」(1766년) : 단자는 '향애(香艾)단자'가 처음으로 등장하며 「규합총서」, 「임원십육지」, 「동국세시기」 등 이후 문헌에 여러 종류의 단자가 기록되어 있다.
⑥ 「규합총서」(1815년) : 석탄병(惜呑餠, 떡이 너무 맛있어서 차마 삼키기 안타깝다라는 의미), 토란병, 서여향병, 석이병 등의 다양한 떡이 기록되어 있다.

Chapter 2 떡의 문화

(1) 시식, 절식으로서의 떡

1) 설날(정월 초하루)

① 원단(元旦), 세수(歲首), 년수(年首), 신일(愼日)이라고도 한다.
② 설의 참뜻은 '삼가하다', '설다', '선다' 등으로 근신하여 경거망동을 삼간다는 뜻이다.
③ 흰 가래떡(흰떡)을 만들어 한해의 무사안녕과 재물이 넘쳐나길 기원하는 마음으로 엽전 모양처럼 둥글게 썰어 떡국을 끓여 먹는다.
④ 설날에는 차례상과 세배 손님 대접을 위해 여러 가지 음식을 준비하는데 이 음식을 세찬(歲饌)이라 한다.
⑤ 떡국을 먹음으로서 나이를 한 살 더 먹는다하여 '첨세병(添歲餠)'이라고도 한다. ★★★[기출문제]
⑥ 흰떡국은 천지만물이 새로 시작되는 날로 엄숙하고 정결해야 한다는 뜻이 담겨 있다.
⑦ 개성지방에서는 누에고치 모양으로 만든 떡을 넣어 만든 조랭이떡국을 먹었다.

> ● 조랭이 떡국의 유래
> ① 누에고치의 실처럼 한해의 일들이 술술 풀리기를 바라는 마음
> ② 이성계에 대한 고려 사람들의 원망
> ③ 아이들의 설빔에 주머니 끈이나 옷끈에 다는 조롱박이 액막이를 한다 하여 떡을 조롱박 모양으로 만듦

2) 정월대보름(음력 1월 15일)

① 상원(上元) 또는 한해의 첫보름이며, 가장 큰 보름이라는 뜻으로 대보름이라고도 한다.
② 묵은나물, 부럼, 귀밝이술, 약밥, 오곡밥 등을 먹는다.

> ● **약밥에 대한 유래** ★★★[기출문제]
> 「삼국유사」사금갑조에 신라 21대 소지왕 10년(488) 정월 대보름에 왕이 경주 남산의 천천정에 거동했을 때 갑자기 날아온 까마귀가 봉투 한 장을 떨어뜨리고 날아갔다. 신하가 서찰을 봤더니 "이걸 뜯어보면 두 사람이 죽고, 뜯지 않으면 한 사람이 죽는다"고 적혀 있었다. 신하는 한사람은 왕이라 생각하고 급히 서찰을 열어보니 "환궁하여 내전 별실에 있는 금갑을 쏘라"고 적혀 있었다. 이에 왕과 신하들은 급히 환궁하여 금갑에 활을 쏘니 그 안에 왕비와 내원의 분수승이 있었으며 왕을 죽일 모략을 하고 있었다. 왕은 두 사람을 주살하고 역모를 평정하게 되었다. 이후 왕은 까마귀의 덕에 화를 면했다고 정월 대보름을 오기일(烏忌日)로 정하고 생명을 구해준 까마귀의 은혜를 기리고자 이날에 까마귀의 털색을 닮은 약밥을 만들어서 제도 지내고 까마귀에게 먹이로 주었다는 일화가 전해진다.

3) 중화절(음력 2월 1일)

① 농사철의 시작을 기념하고 풍요로운 수확을 기원하는 날이다.
② 삭일, 노비일, 머슴날이라고도 한다.
③ 노비송편 : 한 해 농사를 시작하는데 수고해 달라고 일꾼들에게 술과 음식을 대접하고 커다란 송편을 빚어 노비에게 나이 수대로 나누어 주었다. 2월 초하룻날에 빚는다 하여 '삭일 송편'이라고도 하였다. ★★★[기출문제]
④ 조선시대 궁중에서는 왕이 신하들에게 중화척(中和尺)이라는 자를 나누어 주었다.

4) 삼짇날(음력 3월 3일)

① 답청절이라고도 하여 강남갔던 제비가 돌아온다는 날로 들판에 나가 꽃놀이를 하고 새 풀을 밟으며 봄을 즐기는 날이다.
② 진달래화전(두견화전), 쑥떡, 화면 등을 먹는다. ★★★[기출문제]

5) 초파일(음력 4월 8일)

① 석가모니가 태어난 날을 기념하기 위한 날이다.
② 느티떡(유엽병) : 느티나무에서 새싹이 나올 때이므로 연한 느티잎을 따다 씻어 멥쌀가루에 섞어 찐 떡이다. ★★★[기출문제]
③ 장미화전 : 찹쌀가루 반죽에 노란 장미꽃을 얹어 지진 떡이다.

6) 단오(음력 5월 5일)

① 천중절, 수릿날, 중오절이라고도 한다.
② 설, 추석과 함께 3대 명절이다.
③ 단오차사 : 거피팥시루떡을 만들어 천신
④ 앵두차사 : 앵두를 천신
⑤ 수리취절편(차륜병, 단오병) : 수리취를 넣고 만든 절편으로 둥근 수레바퀴 모양의 떡살로 문양을 찍어 만든다. 한 해가 수레바퀴처럼 잘 굴러가기를 바라는 의미가 담겨있으며 '차륜병(車輪餠)'이라고도 불린다. ★★★[기출문제]
⑥ 쑥떡, 쑥절편, 쑥인절미 등을 먹는다.

7) 유두일(음력 6월 15일)

① 농신께 풍년을 축원하는 날이다.
② 유두란 '동류두목욕(東流頭沐浴)'의 준말로 동쪽으로 흐르는 물에 머리를 감고 목욕을 하는 날로 상서롭지 못한 것을 쫓고 여름에 더위를 먹지 않게 하기 위한 세시풍속이다.
③ 상화병, 밀전병, 떡수단 등을 먹는다.

> ● **상화병**
> 밀가루를 막걸리로 반죽하여 꿀팥으로 만든 소를 넣고 찐 것을 말한다.
>
> ● **떡수단**
> 가래떡을 작게 경단크기로 썰어 녹말을 입힌 뒤 끓는 물에 데쳐 꿀물에 띄운 음료이다.

8) 삼복(음력 6월) ★★★[기출문제]

① 초복, 중복, 말복을 말하며 더위가 극에 달하는 날이다.
② 증편 : 멥쌀가루를 술로 반죽하여 발효시킨 후 찐 떡으로 더운 여름날에 쉽게 상하지 않는다.
③ 주악 : 찹쌀가루를 익반죽하여 소를 넣고 작은 조약돌 모양으로 빚어 기름에 지진 떡으로 여름철에 쉽게 상하지 않는다.

9) 칠석(음력 7월 7일)

① 견우와 직녀가 1년 만에 만나는 날이다.
② 밀전병, 밀국수 등을 먹는다.

10) 추석(음력 8월 15일)

① 한가위, 중추절, 가배일이라고도 한다.
② 오려송편 : 이르게 익는 벼, 곧 올벼(햅쌀)로 빚은 송편을 말한다. ★★★[기출문제]
③ 송편이라는 명칭은 떡을 찔 때 솔잎을 켜마다 깔고 찌기 때문에 붙여진 이름이다.

11) 중양절(음력 9월 9일) ★★★[기출문제]

① 추석 제사를 못 잡순 조상께 제사를 지내는 날이다.
② 야외로 나가서 시를 읊거나 그림을 그리면서 풍국놀이를 즐겼다.
③ 국화전 : 찹쌀가루에 황국 꽃잎을 섞어 반죽해서 기름에 지져 그 위에 국화꽃과 잎을 얹은 떡이다.
④ 밤떡 : 삶은 밤을 으깨어 쌀가루에 버무려 찐 떡이다.

12) 상달(음력 10월)

① 10월 길일을 택하여 당산제와 고사를 지내 마을과 집안의 풍요를 비는 달이다.
② 고사떡(붉은팥시루떡) : 쌀가루에 무채, 단호박고지를 섞어 시루에 붉은팥고물을 켜켜이 얹어가며 찐 떡이다. 붉은팥은 귀신이 붉은색을 기피한다는 속설에서 사용하였으며 장독대, 대청, 대문, 외양간 등에 놓아 고사를 지냈다.

13) 동짓날(음력 11월)

① 1년 중 밤의 길이가 가장 길고 낮의 길이가 가장 짧은 날이다.
② 아세(亞歲) 또는 작은설이라고 하여 팥죽을 쑤어 먹어야 나이를 한 살 더 먹는다고 하였다.
③ 새알 모양의 떡(새알심)을 넣은 팥죽을 쑤어 먹는데 나이수대로 넣어 먹었다.
④ 팥의 붉은색이 악귀를 쫓아내고 액운을 막아준다고 하여 팥죽을 대문이나 장독대 등 집안 곳곳에 뿌려 나쁜 액을 막았다.

14) 섣달 납일(음력 12월) ★★★[기출문제]

① 납일(臘日)은 동지 뒤 셋째 미일(未日)로 납평(臘平), 가평(嘉平), 가평절(嘉平節), 납향일(臘享日)이라고도 한다.
② 섣달을 납일이 있는 달이라 하여 납월(臘月)이라고 하며 골동반, 장김치 등과 함께 골무 모양으로 빚은 골무떡을 즐겨 먹었다.
③ 살아가는 데 도움을 준 천지신명에게 제사를 지내며 이것을 납향(臘享)이라 하였다.

15) 섣달 그믐(음력 12월 31일)

① 한 해의 마지막 날로 제석(除夕), 제야(除夜), 제일(除日), 세제(歲除), 세진(歲盡)이라고도 한다.
② 새해 액막이를 위해 온시루떡과 정화수를 떠놓고 고사를 지내고 색색의 골무떡을 빚어 나누어 먹었다.

> ● **골무떡**
> 멥쌀가루를 시루에 쪄 꽈리가 일도록 친 다음 가래떡처럼 가늘게 빚어 손을 세워 골무 모양으로 끊어 만든 떡이다.

(2) 통과의례와 떡

통과의례는 사람이 태어나 죽을 때까지 필연적으로 거치게 되는 중요한 의례를 말한다. ★★★[기출문제]

1) 출생

① 흰쌀밥과 미역국을 끓여 세 그릇씩을 준비하여 '삼신상(三神床)'에 올려 삼신에 대한 감사함과 아이와 산모의 건강을 기원하였다.
② '첫국밥'이라 하여 산모에게 흰밥과 미역국을 대접한다.
③ 출산과 동시에 대문에 금줄을 걸어 출생을 알리고, 외부로부터 부정을 막고 산모의 건강회복과 보호를 위하여 외부인의 출입을 금하였다.

2) 삼칠일

① 아기가 출생한지 7일이 되면 초이레, 14일이 되면 두이레, 21일이 되면 세이레라 하며 7이라는 숫자를 길(吉)한 수라고 여겼다.
② 삼칠일은 세이레를 말하며 대문에 걸어두었던 금줄을 떼고 외부인의 출입을 허용한다.
③ 삼칠일의 축의음식인 백설기는 산신(産神)의 보호아래 둔다는 신성의 의미를 담고 있다.
④ 백설기는 대문 밖으로 내보내지 않았으며 집안에서 가족과 가까운 친지 사이에서만 모여 축의를 나누는 것이 원칙이었다.

3) 백일
   ① 아기가 출생한지 100일째 되는 날로 백날이라고도 한다.
   ② 100이라는 숫자는 큰 수, 많은 수, 완전수를 뜻한다.
   ③ 백일상차림 : 백설기, 찰수수경단, 오색송편, 흰밥, 고기미역국, 푸른색의 나물 등을 차린다.
   ④ 백일떡 : 백 집에 나눠주어야 아이가 수명장수하고, 많은 복을 받을 수 있다고 믿었다. 아기의 백일떡을 받은 집에서는 그 그릇에 흰 무명실이나 흰쌀을 담아 보낸다.
   ⑤ 백설기 : 신성함, 정결함, 순진무구하게 자라라는 기원이 담겨있다. ★★★[기출문제]
   ⑥ 찰수수경단 : 붉은색의 찰수수와 붉은팥고물로 만드는 찰수수경단은 귀신이 적색을 피한다는 생각에서 잡귀가 붙지 못하도록 화를 미리 예방하는 의미가 있다. 10세가 될 때까지 매년의 생일마다 빼놓을 수 없는 '생일떡'으로 관례화되었다. ★★★[기출문제]
   ⑦ 오색송편 : 아기가 장성한 다음에도 생일 또는 책거리 때 해주는 떡으로 평상시에 만드는 송편보다 아주 작은 모양으로 예쁘게 빚어 만든다. 오색송편은 오행, 오덕, 오미와 같은 관념으로 '만물의 조화'라는 뜻으로 우주만물과 조화를 이루며 살아가라는 의미를 담고 있다. 송편은 속에 들어있는 소처럼 속이 꽉 차고 소를 감싸는 송편과 같이 뜻이 넓으라는 의미를 동시에 가진다. ★★★[기출문제]

4) 첫돌
   ① 아기가 출생한지 일 년이 되는 날로 초도일, 쉬일, 주일, 쉬 등으로 불리기도 한다.
   ② 아기의 장수복록을 축원하며, 아기에게 의복을 만들어 입히고 돌상을 차린다.
   ③ 돌상 : 백설기, 찰수수경단, 오색송편, 무지개떡, 인절미, 개피떡 등이며 그 가운데서도 백설기와 찰수수경단은 반드시 준비하며 과일도 계절에 따라 여러 색깔의 과일을 마련한다. ★★★[기출문제]

5) 책례 ★★★[기출문제]
   ① 아이가 서당에 다니면서 책을 한 권씩 뗄 때마다 행하던 의례로 축하, 격려의 의미가 담겨있다.
   ② 작은 모양의 오색송편과 기타 다른 음식을 푸짐하게 만들어 선생님, 친구들과 나누어 먹는다.

6) 성년례 ★★★[기출문제]
   어른으로부터 독립하여 자기의 삶은 자기가 갈무리하라는 책임과 의무를 일깨워 주는 의례이다.

7) 혼례
   ① 봉치떡(봉채떡) ★★★[기출문제]
      ㉠ 납폐 의례(신랑집에서 신부집에 함을 보내는 날)때 신부집에서 준비하는 대표적인 떡으로 '함떡'이라고도 한다.
      ㉡ 찹쌀 석 되, 팥 한 되로 찹쌀시루떡을 두 켜만 안치고 맨 위에 대추 7개를 돌려 담고 가운데에 밤 1개를 올려 찐다.
      ㉢ 찹쌀 : 부부의 금실이 찰떡처럼 화목하게 귀착되라는 뜻이다.
      ㉣ 떡을 2켜로 올리는 것 : 부부 한 쌍을 상징한다.
      ㉤ 붉은팥고물 : 화를 피하는 벽사(辟邪)의 의미이다.
      ㉥ 대추, 밤 : 대추는 아들 칠형제를 상징하고, 밤은 고명딸을 의미하는 것으로 자손번창을 기원한다.

② 혼례의례상에 올리는 달떡 : 둥글게 빚은 흰절편으로 보름달처럼 밝게 비추고 둥글게 채우며 잘 살도록 기원하는 의미이다.
③ 이바지음식으로 인절미와 절편을 담아 보낸다.

> 회혼례는 부부가 혼인한 지 예순돌을 기념하는 의례로 자손들이 부모를 위해 잔치를 연다. 부부는 혼례복을 입고 혼례의식을 다시 하며 자식과 친지들로부터 축하를 받는다.

8) 회갑

① 만 60세 생일을 회갑, 환갑, 주년, 화갑이라고 한다.
② 회갑연 때는 큰상을 차리는데 음식을 높이 고이므로 '고배상(高排床)' 또는 바라보는 상이라 하여 '망상(望床)'이라고도 한다. 한국의 상차림 중에 가장 화려하고 성대한 상으로 여러 가지 음식을 30~60cm 정도까지 원통형으로 고여 색상을 맞추어 2~3열로 배열한다. 주빈 앞으로는 그 자리에서 먹을 수 있는 장국상을 차린다.
③ 떡은 백편, 꿀편, 승검초편을 만들어 직사각형으로 크게 썰어 네모진 편틀에 차곡차곡 높이 쌓아 올린 각색편을 만들어 그 위에 주악, 부꾸미, 단자 등의 웃기를 얹는다.

9) 제례

① 자손들이 돌아가신 조상을 추모하기 위해 올리는 의례이다.
② 녹두고물편, 꿀편, 거피팥고물편, 흑임자고물편 등 편류를 준비하여 여러 개 포개어 고인다. 그 위에 웃기로 주악이나 단자를 올린다.
③ 제사때 쓰는 떡은 붉은팥고물은 쓰지 않으며, 고사떡에는 반드시 붉은팥을 사용한다.

(3) 향토떡 ★★★[기출문제]

향토떡은 그 지역에서 산출되는 재료를 사용하여 그 지역의 지형, 기후, 풍토 등 지역적 특성이 반영된 떡으로 그 지역만의 고유한 토착떡을 말한다.

지역별	특 징	종류
서울, 경기도	떡이 화려하고 떡의 종류가 많다.	개성우메기(개성주악), 색떡, 근대떡, 개성경단, 개떡, 여주산병, 각색경단, 우찌지, 쑥갠떡, 쑥버무리, 백령도김치떡, 수수도가니, 수수지지미, 개성조랭이떡
강원도	잡곡으로 만드는 떡이 많고 소박한 맛과 모양이다.	감자떡, 감자경단, 감자시루떡, 감자녹말송편, 메밀전병(총떡), 댑싸리떡, 메싹떡, 옥수수보리개떡, 옥수수설기, 각색차조인절미, 팥소흑임자떡, 방울증편, 무송편, 도토리송편, 칡송편, 언감자떡
충청도	다양한 곡물을 이용하며 담백하고 구수하다.	수수팥떡, 감자송편, 도토리떡, 볍씨쑥버무리떡, 약편, 해장떡, 햇보리개떡, 쇠머리떡, 꽃산병, 곤떡, 칡개떡, 감자떡, 호박송편, 막편, 사과버무리떡, 호박떡, 장떡
전라도	다른 지역에 비해 매우 호화롭고 떡의 종류가 많다.	감단자, 감고지떡, 감인절미, 섭전, 전주경단, 우찌지, 나복병, 삐삐떡(삘기송편), 감시리떡, 고치떡, 송피떡, 복령떡, 수리취떡, 해남경단, 차조기떡, 꽃송편, 모시송편, 주악

경상도	고장마다 풍성하게 수확한 농산물을 이용한 떡을 만들며 사치스럽지 않고 소담하다.	감단자, 상주설기, 밀비지, 만경떡, 부편, 잡과편, 잣구리, 감자송편, 모시잎송편, 칡떡, 쑥굴레, 모듬백이, 망개떡, 쑥떡, 결명자찹쌀부꾸미
제주도	다른 지방에 비해 떡의 종류가 적으며 잡곡을 이용한 떡이 많다.	빙떡, 오메기떡, 돌레떡, 상애떡(상화), 침떡(좁쌀시루떡), 속떡(쑥떡), 은절미, 차좁쌀떡, 빼대기(감제떡), 조침떡, 달떡
황해도	쌀과 잡곡이 풍부하여 떡이 다양하게 발달하였고 소박하고 구수하다.	오쟁이떡, 혼인인절미(연안인절미), 큰송편, 잡곡부치기, 닭알떡, 수리취인절미, 꿀물경단, 무설기떡, 우기, 징편(증편), 좁쌀떡, 닭알범벅, 찹쌀부치기
평안도	곡식이 비교적 잘되며 떡을 먹음직스럽게 크고 푸짐하게 많이 만든다.	송기떡, 꼬장떡, 노티(놋치), 뽕떡, 골미떡, 니도래미, 찰부꾸미, 무지개떡, 조개송편, 감자시루떡, 강냉이골무떡
함경도	밭곡식이 많으며 매우 차지고 맛이 구수하다. 떡도 기교를 부리지 않고 소박하고 구수하다.	언감자떡, 오그랑떡, 달떡, 괴명떡, 곱장떡, 찹쌀구이, 찰떡인절미, 기장인절미, 콩떡, 귀리절편, 깻잎떡, 감자찰떡

● **해장떡**
찹쌀가루를 쪄서 인절미처럼 안반에 놓고 친 다음 두툼한 모양으로 썰어 팥고물을 입혀 만든 떡으로 뱃사람들이 아침에 일 나가기 전 뜨끈한 해장국과 함께 먹었다하여 붙여진 이름으로 충청도 향토떡이다. ★★★[기출문제]

● **오쟁이떡**
찹쌀가루를 쪄서 안반에 놓고 쳐 인절미처럼 만든 다음 팥소를 넣고 네모지게 오쟁이 모양으로 큼직하게 빚어 콩가루를 묻혀 만든 떡으로 황해도 지방의 향토떡이다. ★★★[기출문제]

● **노티**
찰기장가루, 찰수수가루, 찹쌀가루를 섞어 익힌 다음 엿기름으로 삭혀서 기름에 지져낸 떡으로 평안도 지방의 향토떡이다. 달콤새콤하면서 쫄깃쫄깃한 맛이 특징이며 저장성이 좋아 몇 달이 지나도 상하지 않는다. ★★★[기출문제]

PART 04 출제예상문제

01 떡 어원의 변천을 바르게 나타낸 것은?
① 찌기 → 떠기 → 떡기 → 떡
② 떠기 → 때기 → 떼기 → 떡
③ 찌기 → 떼기 → 떠기 → 떡
④ 찌기 → 때기 → 떼기 → 떡

> **해설**
> 떡이 처음 나온 것은 동사 '찌다'에서 명사로 변천되었다.

02 삼국시대 이전부터 떡을 먹기 시작한 것으로 추정되는 내용으로 틀린 것은?
① 시루 출토
② 불교문화의 영향으로 차 문화 발달
③ 갈판, 갈돌, 돌확 출토
④ 곡물이 생산되기 시작

> **해설**
> 떡을 언제부터 먹기 시작했는지 정확히는 알 수 없지만 갈판, 갈돌, 시루가 출토되는 것과 그 시대에 곡물이 생산된 것으로 보아 부족국가 시대부터 만들었을 것으로 추정하고 있다.

03 인조임금이 피난 중일 때 임씨라는 사람이 임금님께 진상한 떡은?
① 절편
② 고치떡
③ 인절미
④ 쑥단자

> **해설**
> 인절미의 속설로는 인조 임금이 피난 중 일 때 임씨라는 농부가 찰떡을 하여 임금님께 올렸는데 처음 먹어 보는 떡으로 임씨라는 농부를 찾았으나 찾지 못하여 임서방이 만든 절묘한 맛의 떡이란 의미로 '임절미'라 한 것이 오늘날 인절미로 바뀌었다고 한다.

04 떡을 깨물어 생긴 잇자국을 보고 치아 수가 많은 사람을 왕으로 삼았다는 기록이 있는 고서는?
① 삼국유사
② 지봉유설
③ 거가필용
④ 삼국사기

> **해설**
> 「삼국사기」 신라본기 유리왕 원년조에 기록되어 있다.

05 신라 자비왕대에 백결선생이 세모에 떡을 치지 못하여 거문고로 떡방아 소리를 내어 부인을 위로한 떡은?
① 도병(搗餠)
② 증병(甑餠)
③ 유전병(油煎餠)
④ 송편

> **해설**
> 도병(搗餠)은 치는 떡으로 흰떡(가래떡), 인절미, 절편 등이 있다.

06 「해동역사」에 고려시대 중국인이 칭송한 떡의 이름은?
① 청애병
② 율고
③ 석탄병
④ 무떡

> **해설**
> 청애병은 「지봉유설」, 석탄병과 무떡은 「규합총서」에 기록되어 있다.

07 떡을 의미하는 한자가 틀린 것은?
① 떡병(餠)
② 떡고(糕)
③ 떡편(扁)
④ 병이(餠餌)

> **해설**
> 떡편(䭏)

정답 1③ 2② 3③ 4④ 5① 6② 7③

PART 4 | 우리나라 떡의 역사 및 문화

08 개피떡은 다른 말로 무엇이라고 부르는가?
① 갑피병, 가피떡
② 가래떡, 가피떡
③ 곱장떡, 갑피병
④ 송병, 바람떡

🔎 해설
개피떡은 얇은 껍질로 소를 싸서 만들었다고 하여 갑피병(甲皮餠), 가피떡이라고 하였으며, 떡 속에 공기가 들어있다고 하여 바람떡이라고도 부른다.

09 약식의 유래와 관계가 없는 것은?
① 소지왕   ② 삼국사기
③ 까마귀   ④ 정월대보름

🔎 해설
약식의 유래는 「삼국유사」에 기록되어 있다.

10 「열양세시기」에 권모(拳摸)라 불리운 떡을 맞게 표현한 것은?
① 증병   ② 가래떡
③ 송병   ④ 가피떡

🔎 해설
가래떡은 흰떡, 권모라고도 한다. 길고 가늘게 만들어 식구들의 수명장수를 기원하는 의미이다.

11 궁중의 대표적인 떡인 두텁떡의 다른 이름이 아닌 것은?
① 봉우리떡   ② 합병(盒餠)
③ 후병(厚餠)   ④ 혼돈병

🔎 해설
두텁떡은 조선시대 궁중에서 왕의 탄신일에 만든 떡으로 봉우리떡, 합병, 후병이라고도 한다.

12 증편을 가리키는 명칭이 아닌 것은?
① 기정떡   ② 기주떡
③ 가랍떡   ④ 농병

🔎 해설
가랍떡은 수수가루 반죽을 떡갈나무 잎으로 싸서 쪄낸 떡이다.

13 「오주연문장전산고」에서 더덕을 맞게 표기한 것은?
① 준시(蹲柹)   ② 나복(蘿蔔)
③ 송기(松肌)   ④ 산삼(山蔘)

🔎 해설
준시(蹲柹)는 말린 감, 나복(蘿蔔)은 무, 송기(松肌)는 소나무의 속껍질을 의미한다.

14 쌀가루에 엿기름을 넣어 삭혀서 지진 떡으로 추운 지방에서도 쉽게 굳지 않는 떡은?
① 증편   ② 수수떡
③ 쇠머리떡   ④ 노티

🔎 해설
노티는 추석 전에 만들어 일 년 내내 두고 간식으로 먹는 떡으로 찰기장가루, 찰수수가루, 찹쌀가루를 쪄서 엿기름으로 삭혀서 기름에 지져낸 떡으로 평안도 지방의 향토떡이다.

15 향애(香艾)단자에 대한 설명으로 틀린 것은?
① 쌀가루에 쑥을 넣어 만들었다.
② 쑥구리단자라고 부른다.
③ 쑥갠떡이라고 부르기도 한다.
④ 1766년 「증보산림경제」에 처음으로 기록되었다.

🔎 해설
쑥갠떡은 멥쌀가루에 삶은 쑥을 넣어 반죽하여 빚은 떡이다.

정답 8 ① 9 ② 10 ② 11 ④ 12 ③ 13 ③ 14 ④ 15 ③

16 웃기떡을 맞게 설명한 것은?

① 떡을 그릇에 담고 그 위에 주악, 꽃전, 색절편 등을 얹어 예쁘게 장식하는 떡이다.
② 설날에 승려가 절에 온 사람들에게 주는 떡이다.
③ 녹두를 물에 불린 후 갈아서 기름에 지진 떡이다.
④ 수수나 좁쌀을 빻아 달걀 크기로 동그랗게 빚은 떡이다.

🔴 **해설**
웃기떡이란 떡을 담고 그 위에 장식으로 올리는 떡을 말한다.

17 떡의 어원에 대한 설명으로 틀린 것은?

① 석탄병은 '맛이 삼키기 안타깝다'는 뜻에서 붙여진 이름이다.
② 차륜병은 수리취절편에 수레바퀴 모양의 문양을 내어 붙여진 이름이다.
③ 약편은 멥쌀가루에 한약재를 넣고 쪄서 붙여진 이름이다.
④ 첨세병은 떡국을 먹음으로써 나이를 하나 더하게 된다는 뜻으로 붙여진 이름이다.

🔴 **해설**
약편은 멥쌀가루에 막걸리, 대추고를 섞어 체에 내려 시루에 고르게 펴 담고 대추채, 밤채, 석이채를 위에 골고루 얹어 찐 떡으로 대추편이라고도 한다.

18 꿀과 참기름을 넣어 만든 떡과 한과에 쓰는 한자는?

① 병(餅)   ② 약(藥)
③ 증(蒸)   ④ 포(包)

🔴 **해설**
약식, 약과와 같이 꿀과 참기름을 많이 넣은 음식에는 약(藥)자를 붙였다.

19 「규합총서」, 「임원십육지」에 기록된 무를 넣어 만든 떡의 이름은?

① 약편   ② 신과병
③ 나복병   ④ 남방감저병

🔴 **해설**
나복병(蘿蔔餅)은 멥쌀가루에 무를 섞어 붉은팥을 고물로 올려 찐 떡이다.

20 옥수수를 가리키는 용어는?

① 시설(枾雪)   ② 옥촉서(玉蜀黍)
③ 수시(水枾)   ④ 진피(眞皮)

🔴 **해설**
시설(枾雪)은 곶감의 하얀 분가루, 수시(水枾)는 단감을 말하며, 진피(眞皮)는 말린 귤껍질을 말한다. 「증보산림경제」에 옥수수를 옥촉서로 기록되어 있다.

21 석탄병(惜呑餅)을 만드는 재료가 아닌 것은?

① 대추, 밤
② 생강가루, 잣가루
③ 계피가루, 감가루
④ 승검초가루, 고구마가루

🔴 **해설**
석탄병은 삼키기가 아까울 정도로 맛이 좋아서 붙여진 이름이다.

22 「규합총서」, 「임원십육지」, 「부인필지」에 기록되어 있으며 고구마를 넣어 만든 떡은?

① 복령병   ② 남방감저병
③ 석탄병   ④ 구선왕도고

🔴 **해설**
감저(甘藷)는 고구마를 말하며, 고구마가 일본(남방)에서 들어왔다 하여 붙여진 이름이다.

정답 16 ① 17 ③ 18 ② 19 ③ 20 ② 21 ④ 22 ②

PART 4 | 우리나라 떡의 역사 및 문화

23 메밀가루를 이용하여 만든 떡이 아닌 것은?
① 겸절병 ② 빙떡
③ 총떡 ④ 노티

> **해설**
> 노티는 엿기름에 찹쌀가루, 찰기장가루, 찰수수가루를 넣어 삭혀 지진 떡이다.

24 곤떡을 바르게 설명한 것은?
① 개성지역의 서민들이 밀가루 반죽으로 쪄 먹는 떡이다.
② 보리가루에 파, 간장, 참기름을 반죽한 후 찐 떡이다.
③ 찹쌀가루를 익반죽하여 지치기름으로 지진 떡이다.
④ 멥쌀가루에 경아가루를 넣어 지진 떡이다.

> **해설**
> 화전을 만들 때 지치를 넣고 끓인 기름으로 지지면 떡의 색이 고운색이 되어 곤떡이라 부른다.

25 각색편에 대한 설명이 틀린 것은?
① 잔치상에 올리며 고명으로 석이, 대추, 잣, 밤을 올린다.
② 멥쌀이 주재료이며 각색으로 켜를 만들어 찐다.
③ 백편, 꿀편, 승검초편 등으로 켜를 지어 만든다.
④ 멥쌀가루에 가을에 나오는 여러 가지 과실을 넣고 만든다.

> **해설**
> 멥쌀가루에 여러 가지 과실을 넣고 찐 떡은 잡과병이다.

26 떡을 기록한 조선시대 문헌이 아닌 것은?
① 규합총서 ② 이조궁중요리통고
③ 음식디미방 ④ 증보산림경제

> **해설**
> 이조궁중요리통고는 1957년에 발간한 궁중음식 조리서이다.

27 새해 첫날 떡국을 끓여 먹는데 다른 말로 무엇이라고 부르는가?
① 첨세병 ② 삭일병
③ 차륜병 ④ 밀단고

> **해설**
> 첨세병(添歲餅)은 떡국을 먹음으로써 나이를 하나 더하게 된다는 뜻이다.

28 중화절의 특징으로 틀린 것은?
① 상전이 노비에게 새해 농사를 잘 지으라고 음식과 삭일송편을 대접한다.
② 오곡을 많이 넣은 약식을 만들어 준다.
③ 커다란 노비송편을 나이수대로 나누어 준다.
④ 마당에 세워 두었던 낟가릿대의 곡식으로 큰 송편을 만든다.

> **해설**
> 중화절은 2월 초하룻날로 노비들이 1년 동안 고생하므로 술과 음식을 대접한다. 약식은 정월 대보름에 먹는 절식이다.

29 진달래 화전은 언제 만들어 먹는 절식인가?
① 삼짇날 ② 중화절
③ 초파일 ④ 단오날

> **해설**
> 음력 3월3일 삼짇날은 답청절이라고도 하여 강남 갔던 제비가 돌아온다는 날로 들판에 나가 꽃놀이를 하며 봄을 즐기는 날이다.

정답 23 ④ 24 ③ 25 ④ 26 ② 27 ① 28 ② 29 ①

30 약식을 절식으로 해 먹는 날은?

① 초파일　　② 삼짇날
③ 정월대보름　④ 단오

> **해설**
> 약식은 신라의 소지왕이 대보름날 천천정에 나갔을 때 왕을 구해 준 까마귀의 은혜를 갚기 위해 검은 밥을 지어 까마귀에 먹였던 것에서 유래되었다.

31 음력 4월 8일 초파일 절식 음식이 아닌 것은?

① 장미화전　② 볶은 콩
③ 느티떡　　④ 수리취절편

> **해설**
> 수리취절편은 단오 절식이다.

32 창포 삶은 물로 머리를 감고 수리취절편을 해 먹는 날을 틀리게 표현한 것은?

① 단오　　② 천중절
③ 중오절　④ 중추절

> **해설**
> 음력 5월 5일 단오를 천중절, 중오절, 수릿날이라 부른다. 추석은 중추절이라 한다.

33 유두일 절식으로 바르게 묶은 것은?

① 상화병, 밀전병　② 떡수단, 삭일송편
③ 느티떡, 은절병　④ 차륜병, 떡수단

> **해설**
> 유두일에는 가래떡을 작게 경단크기로 썰어 녹말을 입힌 뒤 끓는 물에 데쳐 꿀물에 띄운 수단과 상화병, 밀전병을 만들어 먹는다.

34 삼복에 먹는 시절 떡은?

① 시루떡, 국화전　② 증편, 주악
③ 차륜병, 도행병　④ 느티떡, 쑥절편

> **해설**
> 삼복더위에는 쉽게 상하지 않는 증편과 주악을 만들어 먹었다.

35 막걸리를 이용한 떡은?

① 증편　　② 오메기떡
③ 산병　　④ 빙자병

> **해설**
> 멥쌀가루에 막걸리를 넣어 반죽하여 발효시켜 찐 증편은 더운 여름에 쉽게 상하지 않아 여름철에 즐겨 먹었다.

36 다음 중 절식 떡이 잘못 짝지어진 것은?

① 3월 삼짇날 - 진달래화전
② 10월 상달 - 붉은팥시루떡
③ 6월 유두일 - 상화병
④ 섣달 그믐 - 애단자

> **해설**
> 섣달 그믐에는 온시루떡을 하여 고사를 지내고 골무떡을 빚어 먹었다.

37 아이가 태어난 지 100일이 된 날 해주는 떡으로만 묶은 것은?

① 봉치떡, 오색송편, 용떡
② 백설기, 찰수수경단, 오색송편
③ 봉치떡, 개피떡, 달떡
④ 팥고물시루떡, 찰수수경단, 오색송편

> **해설**
> 백설기는 순진무구하게 자라라는 기원이 담겨있고, 찰수수경단은 잡귀들이 싫어하는 적색으로 아이를 보호한다는 의미이다. 오색송편은 만물의 조화를 뜻한다.

정답 30 ③　31 ④　32 ④　33 ①　34 ②　35 ①　36 ④　37 ②

PART 4 | 우리나라 떡의 역사 및 문화

38 아이가 태어나서 삼신이 아이를 지켜주라는 의미로 10세가 될 때까지 매년 생일날에 해주는 떡은?

① 깨찰편
② 찰수수경단
③ 찹쌀떡
④ 콩시루떡

🔴 해설
붉은팥고물을 입힌 찰수수경단은 붉은팥과 찰수수의 붉은색이 잡귀로부터 아이를 보호한다는 의미가 담겨있다.

39 돌상에 올리는 떡으로 틀린 것은?

① 오색송편
② 백설기
③ 찰수수경단
④ 달떡

🔴 해설
달떡은 둥글게 빚은 흰절편으로 보름달처럼 밝게 비추고 둥글게 채우며 잘 살도록 기원하는 의미로 혼례 의례상에 올린다.

40 책례에 대한 설명으로 틀린 것은?

① 떡과 음식을 푸짐하게 차려 선생님께 감사의 뜻을 전했다.
② 책을 한 권씩 끝낼 때마다 행하는 의례이다.
③ 떡은 오행과 오덕을 의미하는 오색 송편을 먹었다.
④ 책을 5권 이상씩 끝낼 때마다 행하는 의례이다.

🔴 해설
책례는 어려운 책을 한권씩 끝낼 때마다 자축, 축하하는 의미이다.

41 봉치떡에 대한 설명으로 틀린 것은?

① 떡을 2켜로 올리는 것은 부부 한 쌍을 상징한다.
② 붉은팥고물은 부부의 금실이 찰떡처럼 화목하게 되라는 뜻이다.
③ 납폐 의례 절차 중에 차려지는 대표적인 혼례음식으로 함떡이라고도 한다.
④ 밤과 대추는 자손번창을 기원한다.

🔴 해설
붉은팥고물은 화를 피하는 벽사(辟邪)의 의미가 있으며 찹쌀가루를 쓰는 것은 부부의 금실이 찰떡처럼 화목하게 되라는 뜻이다.

42 회갑 때 음식을 높이 고여 큰상을 차리므로 고배상이라고 하는데 다른 말로 무엇이라고 하는가?

① 진찬　　② 진연
③ 망상　　④ 입맷상

🔴 해설
망상(望床)은 바라보기만 한다 해서 붙여진 이름으로 잔치가 끝나면 잔치에 참석한 사람들에게 나누어 준다.

43 회혼례(回婚禮)를 맞게 설명한 것은?

① 100살이 되는 생신을 축하하는 의례
② 혼인한 지 70회를 축하하는 의례
③ 혼인한 지 60회를 축하하는 의례
④ 혼인한 지 80회를 축하하는 의례

🔴 해설
회혼례는 부부가 결혼 60년을 맞이하여 혼례와 똑같이 예를 올리며 친척을 초대하여 가무와 헌수를 하고 만수무강을 기원하는 행사이다.

정답　38 ②　39 ④　40 ④　41 ②　42 ③　43 ③

44 제례는 자손들이 고인에게 올리는 의식으로 떡을 올리는데 올리지 않는 떡은?
① 흑임자고물편　② 거피팥고물편
③ 녹두고물편　　④ 붉은팥고물떡

🔹**해설**
붉은팥고물은 귀신이 두려워한다하여 올리지 않는다.

45 차례나 제례를 지낼 때 떡을 담아 올리는 사각 모양의 떡 접시의 이름은?
① 사각접시　　② 유기그릇
③ 편틀　　　　④ 석작

🔹**해설**
편틀은 떡을 괴어 올릴 때 쓰는 굽이 높은 나무 그릇이다. 유기그릇은 놋그릇을 말하며 석작은 나뭇가지로 엮어서 만든 바구니이다.

46 제주도 오메기떡의 주재료는?
① 메조　　　② 차조
③ 찹쌀　　　④ 보리

🔹**해설**
오메기떡은 차조가루를 익반죽하여 도넛 모양으로 빚어 삶아서 콩가루나 팥고물을 묻힌 떡으로 제주도 향토떡이다.

47 충청도 지역의 향토떡에 대한 설명으로 틀린 것은?
① 감자와 옥수수가 풍부하여 감자떡과 옥수수떡을 많이 만들었다.
② 찹쌀, 호박, 콩을 넣어 쇠머리떡을 많이 만들었다.
③ 버섯, 취, 도토리를 이용하여 떡을 많이 만들었다.
④ 호박이 많아 호박을 이용하여 떡을 많이 만들었다.

🔹**해설**
강원도 지역은 감자, 옥수수가 많이 생산되어 감자떡, 감자송편, 옥수수설기 등을 많이 만들었다.

48 경기도 지역의 향토떡이 아닌 것은?
① 여주산병, 우메기　② 개성주악, 개떡
③ 각색경단, 근대떡　④ 해장떡, 쇠머리떡

🔹**해설**
해장떡, 쇠머리떡은 충청도 향토떡이다.

49 제주도 지역의 향토떡이 아닌 것은?
① 오쟁이떡　　② 상애떡
③ 돌레떡　　　④ 빙떡

🔹**해설**
오쟁이떡은 황해도 지역의 향토떡이다.

50 함경도 향토떡은?
① 조개송편　　② 닭알떡
③ 괴명떡　　　④ 도토리떡

🔹**해설**
• 조개송편-평안도
• 닭알떡-황해도
• 도토리떡-충청도
• 괴명떡-함경도
괴명떡은 찹쌀전병과 비슷한 떡으로 찹쌀가루를 익반죽하여 동그랗고 넓적하게 빚어 기름에 지진 다음 참기름을 바른 떡이다.

정답 44 ④　45 ③　46 ②　47 ①　48 ④　49 ①　50 ③

떡제조기능사
실전모의고사

제1회 실전모의고사

제2회 실전모의고사

제3회 실전모의고사

제4회 실전모의고사

제5회 실전모의고사

제6회 실전모의고사

실전모의고사 1회

01 다음 중 곡류에 대한 설명으로 틀린 것은?
① 곡류는 탄수화물을 다량 함유하고 있으며 수분과 단백질이 적어 저장성이 우수하다.
② 곡류는 성인 하루 필요 열량의 65%를 차지하여 주식으로 적합하다.
③ 곡류는 주로 낟알 그대로 조리해서 먹기도 하고 제분과정을 거쳐 가루로도 사용한다.
④ 모든 곡류는 곤충과 외부환경으로부터 보호하는 왕겨로 둘러싸여 있다.

02 다음 중 떡의 부재료가 아닌 것은?
① 녹두 ② 참깨
③ 찹쌀 ④ 동부

03 찹쌀가루에 요오드용액을 떨어뜨리면 무슨 색으로 변하는가?
① 청색 ② 자주색
③ 녹색 ④ 적갈색

04 떡 제조 시 소금은 쌀 무게의 몇 %를 넣는가?
① 0.5~0.6% ② 1.2~1.3%
③ 1.8~2%   ④ 0.7~0.8%

05 찹쌀을 빻는 방법으로 옳은 것은?
① 거칠게 한 번만 빻는다.
② 곱게 두 번 빻는다.
③ 물을 넣고 빻는다.
④ 아주 곱게 만들기 위해 3번 빻는다.

06 떡의 부재료 손질방법으로 바르지 못한 것은?
① 쑥은 끓는 소금물에 데쳐 찬물에 헹군다.
② 토란은 수산칼슘과 호모겐티스산이 있으므로 쌀뜨물이나 소금물에 데쳐서 사용한다.
③ 호박은 삶는 것보다 찜기에 쪄서 사용한다.
④ 호두는 중조를 넣은 뜨거운 물에 데쳐 속껍질을 제거한다.

07 다음 중 지용성 발색제인 것은?
① 비트 ② 지초
③ 강황 ④ 송기

08 두류에 대한 설명으로 틀린 것은?
① 팥을 삶을 때 소다를 넣고 삶으면 영양가 손실이 적다.
② 조리 시 수침과정을 거친 뒤 삶으면 조리 시간이 단축된다.
③ 대두의 주단백질은 글리시닌이며 수용성이다.
④ 대두에는 소화를 저해하는 트립신저해 물질이 있다.

09 소금에 대한 설명으로 틀린 것은?

① 미생물의 발육을 억제시키는 방부작용을 한다.
② 열 응고성을 높여 조직을 단단하게 만든다.
③ 탄력성을 증진시켜 면이나 빵류에 사용한다.
④ 정제염은 Nacl 농도가 약 80% 정도이다.

10 필수지방산에 대한 설명으로 틀린 것은?

① 체내에서 합성할 수 없는 지방산으로 음식에서 반드시 섭취해야 한다.
② 종류로는 리놀레산, 리놀렌산, 아라키돈산 등이 있다.
③ 체내에서 면역기능에 중요한 역할을 하며 결핍 시 마라스무스병이 나타난다.
④ 세포막을 구성하는 인지질에 들어있다.

11 팥이나 녹두의 껍질을 벗기는 것을 무엇이라고 하는가?

① 홍피   ② 거피
③ 재피   ④ 종피

12 석이버섯에 대한 설명으로 틀린 것은?

① 검은색이 연하고 얇은 것이 좋다.
② 식이섬유와 무기질이 풍부하다.
③ 석이단자, 석이병을 만들 때 사용한다.
④ 암벽의 바위에 붙어 사는 버섯이다.

13 발색제의 색깔이 잘못 연결된 것은?

① 분홍색 : 오미자, 비트, 지치
② 노란색 : 치자, 울금, 송화가루
③ 검은색 : 흑미, 석이가루, 흑임자
④ 보라색 : 승검초, 모시잎, 송기

14 물에 담근 곡식을 일면서 떠내는 도구는?

① 체   ② 조리
③ 채반   ④ 이남박

15 멥쌀 1kg을 불리면 무게는 몇 kg 인가?

① 1.2~1.3kg   ② 1.4~1.5kg
③ 1.5~1.7kg   ④ 1.7~1.8kg

16 떡 제조 시 소금을 넣는 시기는?

① 기계에 2차 빻을 때
② 떡을 찌기 직전에
③ 기계에 1차 빻을 때
④ 설탕을 넣을 때

17 떡의 제조 과정으로 틀린 것은?

① 쌀가루에 수분을 맞추고 설탕을 섞은 후에 실온에 두었다 찌면 떡이 질어지므로 설탕을 섞은 후에는 바로 쪄야 된다.
② 쑥설기는 멥쌀가루에 연한 쑥을 넣고 잘 섞어 김 오른 찜기에 20분 정도 찐 후 5분간 뜸 들인다.
③ 콩설기는 멥쌀가루에 풋콩을 넣고 잘 섞어 김 오른 찜기에 20분 정도 찐 후 5분간 뜸 들인다.
④ 백설기는 쌀가루에 물과 설탕을 함께 넣고 체에 내린 후 실온에 두었다 찐다.

18 찹쌀은 멥쌀보다 거칠게 빻는 이유는 무슨 성분 때문인가?

① 아밀로펙틴   ② 아밀로오스
③ 갈락토오스   ④ 글루테닌

19 콩설기떡은 백설기에 비해 강화되는 영양소는 무엇인가?
① 칼슘 ② 비타민
③ 단백질 ④ 무기질

20 쌀가루에 막걸리를 넣고 발효시켜 찐 떡은?
① 색편 ② 상화
③ 증편 ④ 재증병

21 떡의 종류로 틀린 것은?
① 찌는 떡 : 설기떡, 두텁떡, 약식, 석탄병, 증편
② 치는 떡 : 절편, 개피떡, 인절미, 가래떡, 단자
③ 지지는 떡 : 화전, 주악, 수수부꾸미, 노티, 웃지지
④ 빚어 찌는 떡 : 송편, 쑥개떡, 오색경단, 산승, 빙자병

22 콩설기를 만드는 방법으로 틀린 것은?
① 쌀가루에 수분을 맞추고 체에 내린 후 설탕을 섞는다.
② 불린 서리태는 설탕을 넣고 1시간 정도 조린다.
③ 설탕 섞은 쌀가루에 서리태를 섞는다.
④ 김 오른 찜기에 15~20분 찐 후 5분간 뜸 들인다.

23 봉치떡 제조 시 들어가는 재료가 아닌 것은?
① 콩 ② 찹쌀
③ 붉은팥 ④ 대추

24 석이병을 만드는 방법으로 틀린 것은?
① 석이버섯은 미지근한 물에 불려 이끼와 배꼽은 떼어 내고 말린다.
② 석이가루는 동량의 물에 불려 꿀과 참기름을 넣어 섞는다.
③ 석이병은 잣가루를 넣으면 질척해지므로 통잣을 넣는다.
④ 쌀가루에 꿀과 참기름을 섞은 석이가루를 넣고 체에 내린다.

25 잡과병 제조 시 들어가는 재료가 아닌 것은?
① 밤, 대추 ② 멥쌀가루, 꿀
③ 곶감, 유자 ④ 거피팥, 찹쌀가루

26 삼색무리병을 바르게 설명한 것은?
① 멥쌀가루에 3가지 색깔을 넣어 찐 설기떡으로 축하용 떡으로 이용하기도 한다.
② 멥쌀가루에 3가지 색깔을 넣고 거피팥으로 고물을 넣어 만든 켜떡이다.
③ 멥쌀가루에 3가지 고물을 넣고 만든 켜떡이다.
④ 멥쌀가루에 3가지 과일을 넣고 만든 설기떡이다.

27 멥쌀가루에 대추고와 막걸리를 넣고 체에 내려 찌는 떡은?
① 대추주악 ② 대추인절미
③ 약편 ④ 구선왕도고

28 떡을 기계로 포장 후에 마지막으로 하는 작업은?
① 열 접합 부위 상태 점검
② 금속 검출기 통과
③ 식품표시사항 부착
④ 제조일자 표시 점검

29 냉동실에 급랭한 떡을 꺼내두면 다시 말랑말랑한 이유는 무엇인가?
① 떡 포장지가 수분이 빠져 나가는 것을 방지하기 때문이다.
② 냉동실에서 수분이 증발되지 않았기 때문이다.
③ 급랭할 때 수분이 천천히 빙결정되도록 했기 때문이다.
④ 수분이 빙결정 상태로 되어 전분입자가 재결정화되는 현상을 방해하기 때문이다.

30 떡 제조 시 작업자의 복장에 대한 설명으로 틀린 것은?
① 의사소통을 위해 마스크는 착용하지 않는다.
② 작업 변경 시마다 위생장갑을 교체한다.
③ 신발은 외부용 신발과 구분 착용한다.
④ 모자는 귀와 머리카락이 보이지 않게 착용한다.

31 식품의 포장에 표시사항이 아닌 것은?
① 원재료명
② 식품의 유형
③ 용기와 포장 재질
④ 제조자와 업주명

32 위생관리의 목적이 아닌 것은?
① 쓰레기와 폐기물의 안전한 처리
② 음식물의 위생적 처리
③ 식품첨가물과 기구 및 포장의 제조와 가공에 관한 위생 관련 업무
④ 의약품의 올바른 섭취정보

33 식품 등의 공전을 작성·보급하는 사람은?
① 환경부장관
② 식품의약품안전처장
③ 보건소장
④ 보건복지부장관

34 식품이 부패되면서 생성되는 불쾌한 냄새물질이 아닌 것은?
① 포르말린   ② 인돌
③ 암모니아   ④ 황화수소

35 부패의 의미를 바르게 설명한 것은?
① 비타민 식품이 광선에 의해 분해되는 상태
② 단백질 식품이 미생물에 의해 분해되는 상태
③ 유지 식품이 산소에 의해 산화되는 상태
④ 탄수화물 식품이 발효에 의해 분해되는 상태

36 식품의 변질에 관계하는 세균의 발육을 억제하는 조건은?
① 중성의 pH   ② 40℃ 이상의 온도
③ 10% 이하의 수분 ④ 풍부한 단백질

37 병원체인 프리온(prion)이 뇌를 스펀지 모양의 구멍을 형성하여 피부감각 이상, 운동신경 이상, 정신 착란, 치매 증세 등을 일으키는 병은?
① 공수병
② 브루셀라증
③ Q열
④ 변종크로이츠펠트–야콥병

38 살모넬라에 오염되기 쉬운 대표적인 식품은?
① 과실류   ② 통조림
③ 난류   ④ 해조류

39 황색포도상구균의 특징이 아닌 것은?
① 감염형 식중독을 일으킨다.
② 내열성 독소를 생성한다.
③ 손에 상처가 있으면 식품 오염 확률이 높다.
④ 주증상은 급성 위장염이다.

40 일반적으로 식중독을 방지하는 데 기본적으로 가장 중요한 사항은?
① 취급자의 마스크 사용
② 감염자의 예방접종
③ 식품의 냉장과 냉동보관
④ 위생복의 착용

41 곡류를 오염시켜 식중독을 일으키는 곰팡이독의 종류가 아닌 것은?
① 시큐톡신   ② 황변미독
③ 아플라톡신   ④ 맥각독

42 장염비브리오 식중독 예방법이 아닌 것은?
① 6~10월 어패류 생식 금지
② 쥐, 파리, 바퀴벌레 등의 위생해충 구제
③ 60℃에서 5분, 55℃에서 10분 가열로 사멸
④ 조리대, 도마, 행주, 식칼 소독 및 청결관리

43 식품위생법규상 우수업소의 지정기준으로 틀린 것은?
① 건물은 작업에 필요한 공간을 확보하여야 하며 환기가 잘 되어야 한다.
② 원료처리실·제조가공실·포장실 등 작업장은 분리·구획되어야 한다.
③ 작업장·냉장시설·냉동시설 등에는 온도를 측정할 수 있는 계기는 눈에 잘 보이지 않는 곳에 설치되어야 한다.
④ 작업장의 바닥·내벽 및 천장은 내수처리를 하여야 하며, 항상 청결하게 관리되어야 한다.

44 살균·소독을 하는데 있어서 소독약의 살균력을 나타내는 기준이 되는 것은?
① 포름알데히드   ② 역성비누
③ 생석회   ④ 석탄산

45 HACCP의 개념을 기존 위생관리방법과 비교하여 바르게 설명한 것은?
① 식품재료의 생산에서부터 소비자가 소비할 때까지 발생할 수 있는 모든 위해요소를 예측하고 대응할 수 있다.
② 식품으로 인한 위생상의 위해요소를 방지하고, 식품영양의 질적 향상을 도모한다.
③ 식품첨가물, 기구, 식품을 위생적으로 관리한다.
④ 식품에 관한 올바른 정보를 제공하여 국민 보건에 증진한다.

46 구선왕도고에 대한 설명으로 맞는 것은?
① 멥쌀가루에 백복령, 산약, 율무, 백변두, 능인 등의 가루를 넣어 찐 떡이다.
② 찹쌀가루에 대추고와 팥가루를 넣어 찐 떡이다.
③ 멥쌀가루에 여러 가지 과일을 넣어서 찐 떡이다.
④ 멥쌀가루에 감가루를 섞어 찐 떡이다.

47 백일에 아기가 순수무구하게 잘 자라기를 기원하는 떡은?
① 수수경단   ② 오색송편
③ 백설기   ④ 붉은팥시루떡

48 추석에 빚는 송편을 무엇이라고 하는가?
① 꽃송편   ② 삭일송편
③ 오색송편   ④ 오려송편

49 「부인필지」에 '강렬한 맛이 차마 삼키기 아깝다'고 기록되어 있는 떡의 이름은?
① 약식　　② 석탄병
③ 석이병　　④ 꿀찰떡

50 제사상에 올리지 않는 떡은?
① 붉은팥시루떡　　② 증편
③ 인절미　　④ 거피팥시루떡

51 삭일송편을 만들어 상전이 노비에게 대접하는 날은?
① 정월 대보름　　② 2월 중화절
③ 4월 초파일　　④ 섣달 납일

52 봉치떡을 만들 때 찹쌀가루로 2켜로만 만드는 이유는?
① 장수하라는 의미　　② 부부 한 쌍을 의미
③ 자손번창 의미　　④ 건강의 의미

53 혼례, 회갑연 또는 희수연에 차리는 상으로 음식을 높이 고여 차리는 상의 이름은?
① 교자상　　② 잔치상
③ 다과상　　④ 고배상

54 생후 일주년이 되는 돌상에 올리는 떡이 아닌 것은?
① 백설기　　② 수수경단
③ 오색송편　　④ 용떡

55 증편을 다른 말로 틀리게 표현한 것은?
① 술떡　　② 기주떡
③ 부편　　④ 기정떡

56 왕의 생명을 구한 까마귀에 대한 감사함을 표시하기 위해서 약식을 해먹는 절기는?
① 3월 삼짇날　　② 정월 대보름
③ 2월 중화절　　④ 정조다례

57 3월 삼짇날에 제비가 다시 돌아오는 날로 집안의 우환을 없애고 소원성취를 빌면서 해먹는 떡은?
① 느티떡　　② 증편
③ 무지개떡　　④ 진달래 화전

58 옥수수보리개떡과 감자떡은 어느 지역의 떡인가?
① 평안도　　② 강원도
③ 제주도　　④ 전라도

59 추석 제사를 못 잡순 조상께 제사를 지내며 가양주와 국화전을 만들어 먹은 날은?
① 섣달 납일　　② 동짓날
③ 중양절　　④ 10월 상달

60 서울과 경기도지역의 떡으로만 묶은 것은?
① 개성주악, 색떡, 근대떡, 각색경단, 여주산병
② 장떡, 조개송편, 찰부꾸미, 노티, 송기떡
③ 골미떡, 뽕떡, 무지개떡, 찰부꾸미, 감자시루떡
④ 인절미, 달떡, 오그랑떡, 찹쌀구이, 꼽장떡

실전모의고사

01 쌀의 설명으로 맞는 것은?
① 인디카형은 밥의 점성이 강하다.
② 자포니카형은 쌀알이 굵고 짧아 단립형이라고도 한다.
③ 쌀 단백질은 호르데인(hordein)이다.
④ 찹쌀은 아밀로오스 함량이 20% 정도이다.

02 떡의 부재료가 아닌 것은?
① 호두, 잣   ② 토란, 마
③ 동부, 팥   ④ 차조, 찹쌀

03 수수에 대한 설명으로 틀린 것은?
① 탄닌 성분을 함유하고 있어 물을 여러 번 갈아 주며 씻어야 한다.
② 탄수화물이 70% 차지하고 있다.
③ 찰수수와 메수수로 나뉘며, 찰수수의 전분은 100% 아밀로펙틴이다.
④ 메수수는 주로 떡 제조하는데 사용하며 찰수수는 사료용으로 쓰인다.

04 팥을 삶을 때 식소다를 넣고 삶으면 파괴되는 영양소는?
① 비타민 B_1 ② 단백질
③ 무기질   ④ 지방

05 녹두에 대한 설명으로 틀린 것은?
① 떡고물, 떡소, 녹두죽, 빈대떡으로 많이 이용한다.
② 청포묵은 녹두전분으로 쑨 묵이다.
③ 녹두껍질을 벗길 때 불린 물에서 비벼가며 벗겨야 잘 벗겨진다.
④ 몸을 따뜻하게 하는 성질이 있다.

06 단백질, 무기질, 지질, 섬유소 등 영양성분은 우수하나 섬유소가 많아 소화율이 낮은 쌀은?
① 강화미   ② 현미
③ 향미   ④ 7분도미

07 당류에 대한 설명으로 틀린 것은?
① 설탕은 당의 감미 표준물질이다.
② 맥아당은 유당과 포도당이 결합한 당이다.
③ 당류를 너무 많이 섭취하면 충치의 원인이 된다.
④ 과당은 꿀에 많으며 천연 당질 중 단맛이 가장 강하다.

08 마에 함유되어 있는 점액성의 물질은 무엇인가?
① 글리아딘   ② 이포마인
③ 뮤신   ④ 투베린

09 소금에 대한 설명으로 틀린 것은?

① 천일염 : 바닷물을 햇빛으로 증발시켜 만든 소금으로 무기질이 풍부하다.
② 꽃소금 : 천일염을 물에 녹여 불순물을 제거하여 다시 결정화시킨 것이다.
③ 죽염 : 대나무 통에서 구운 소금으로 대나무의 유효 성분이 들어 있다.
④ 맛소금 : 꽃소금을 건조시켜 고운 가루로 만든 것이다.

10 발색제에 대한 설명으로 틀린 것은?

① 백년초가루 : 열에 불안정하므로 찌는 떡보다 색을 내는 절편에 사용 한다.
② 코치닐 색소 : 선인장에 기생하는 연지벌레에서 추출한 것으로 열에 불안정하다.
③ 승검초가루 : 당귀잎을 말려서 가루로 만든 것이다.
④ 지치 : 기름에 넣고 가열하면 붉은색 기름이 된다.

11 부재료의 전처리 방법으로 틀린 것은?

① 거피팥은 5시간 이상 불려서 깨끗이 씻으면서 겉껍질을 제거한다.
② 호두는 끓는 물에 데쳐 속껍질을 제거한다.
③ 호박고지는 끓는 물에 삶는다.
④ 잣은 고깔을 떼고 마른 면포로 닦아 다져 기름을 뺀다.

12 쌀을 저장 시 적당한 수분 함량은?

① 5% 이하 ② 10% 이하
③ 15% 이하 ④ 25% 이하

13 떡 제조 시 호화에 대한 설명으로 올바른 것은?

① 설탕의 첨가량이 20% 이상 첨가하면 호화를 억제한다.
② 가열온도가 낮을수록 호화가 빨라진다.
③ 수분을 적게 첨가해야 호화가 빨라진다.
④ 전분의 입자가 작을수록 팽윤이 빠르고 호화온도가 낮다.

14 떡의 노화를 억제하는 방법으로 바르지 못한 것은?

① 냉장고 보관 ② 냉동실 보관
③ 상온 보관 ④ 유화제 첨가

15 전분에 물 없이 몇도 이상으로 가열하여야 호정화가 되는가?

① 70~80℃ ② 100~110℃
③ 160~180℃ ④ 200~210℃

16 떡 조리과정의 특징으로 맞는 것은?

① 펀칭공정을 거치는 치는 떡은 시루에 찌는 떡보다 노화가 빠르게 진행된다.
② 쌀가루는 고울수록 자체 수분 보유율이 있어 떡을 만들 때 호화도가 더 좋다.
③ 찌는 떡은 찹쌀가루보다 멥쌀가루를 사용할 때 물을 더 보충하여야 한다.
④ 찹쌀은 조직이 단단하여 두 번 빻는다.

17 떡 제조 시 쌀을 깨끗이 씻어야 하는 이유는?

① 빨리 노화되는 것을 방지한다.
② 쌀겨의 잡냄새가 제거되어 떡이 맛이 있고 쉽게 변패되지 않는다.
③ 비타민 B_1이 손실되는 것을 방지한다.
④ 떡을 찌는 시간이 길어진다.

18 쌀의 수침 시 수분 흡수율에 영향을 주는 요인이 아닌 것은?
① 쌀의 저장 기간 ② 쌀의 품종
③ 수침 시 물의 온도 ④ 수침 시 물의 경도

19 쌀가루에 찬물을 넣고 하는 반죽은?
① 익반죽 ② 냉반죽
③ 날반죽 ④ 물내리기

20 찹쌀을 불리면 물에 불리기 전보다 무게가 몇 배로 증가하는가?
① 0.8배 ② 2배
③ 1배   ④ 1.4배

21 다음 중 계량하는 방법으로 틀린 것은?
① 점성이 있는 고추장, 흑설탕은 계량컵에 살짝 담아 계량한다.
② 밀가루나 설탕 등의 가루재료는 흔들거나 눌러 담지 않으며, 체에 쳐서 덩어리가 없게 고루 수평이 되도록 깎아 담는다.
③ 입자형태의 곡류는 컵에 가득 담아 살짝 흔들어 윗면이 수평이 되도록 한다.
④ 물이나 기름 등의 액체식품은 표면장력이 있으므로 계량컵의 눈금을 눈높이와 맞추어 계량한다.

22 쇠머리떡 만드는 방법으로 틀린 것은?
① 호박고지는 미지근한 물에 살짝 불려 건져 물기를 제거한다.
② 서리태는 불려서 15~20분 정도 삶아 물기를 제거한다.
③ 찹쌀가루에 밤, 대추, 검정콩, 불린 호박고지를 넣고 버무려 쌀가루를 살짝 쥐어 안쳐 김 오른 찜기에 30분 정도 찐다.
④ 찹쌀가루에 설탕을 넣고 체에 내린 후 밤, 대추, 검정콩, 불린 호박고지를 넣고 버무린다.

23 복령조화고 제조 시 들어가는 재료가 아닌 것은?
① 연육   ② 차조
③ 백복령 ④ 산약

24 켜떡으로 가장 많이 해 먹는 우리나라의 대표적인 떡은?
① 꿀찰떡   ② 신과병
③ 붉은팥시루떡 ④ 쑥설기

25 치는 떡에 해당하지 않는 것은?
① 석이단자 ② 쑥갠떡
③ 꽃절편   ④ 인절미

26 두텁떡을 만드는 재료가 아닌 것은?
① 거피팥   ② 진간장
③ 유자청   ④ 참기름

27 떡의 분류와 떡의 연결이 잘못 연결된 것은?
① 지지는 떡 – 각색주악
② 치는 떡 – 인절미
③ 빚는 떡 – 개피떡
④ 찌는 떡 – 신과병

28 굵은 체라고도 불리우며 떡고물을 내릴 때 사용하는 도구는?
① 어레미 ② 조리
③ 키   ④ 돌확

29 식품의 변질 중에서 미생물이 없어도 일어나는 변질 현상은?
① 변패　② 발효
③ 산패　④ 부패

30 다음 중 세균성 식중독 중 감염형이 아닌 것은?
① 병원성대장균 식중독
② 살모넬라 식중독
③ 보툴리누스균 식중독
④ 장염비브리오 식중독

31 파리가 매개하는 질병이 아닌 것은?
① 발진열　② 장티푸스
③ 세균성 이질　④ 콜레라

32 식품 등의 위생적 취급에 관한 기준으로 틀린 것은?
① 식품 등을 취급하는 원료보관실·제조가공실·포장실 등의 내부는 항상 청결하게 관리하여야 한다.
② 식품 등의 원료 및 제품 중 부패·변질이 되기 쉬운 것은 냉동·냉장시설에 보관·관리하여야 한다.
③ 식품 등의 제조·가공·조리 또는 포장에 직접 종사하는 자는 위생모를 착용하는 등 개인위생관리를 철저히 하여야 한다.
④ 유통기한이 경과된 식품 등은 전시하여 진열·보관하여도 된다.

33 병원성 미생물의 크기가 큰 순서로 나열한 것은?
① 효모 > 스피로헤타 > 세균 > 곰팡이
② 세균 > 리케차 > 바이러스 > 스피로헤타
③ 곰팡이 > 스피로헤타 > 리케차 > 바이러스
④ 바이러스 > 리케차 > 세균 > 스피로헤타

34 식재료의 위생관리 방법으로 올바르지 않은 것은?
① 유통기간, 보존 상태 확인 후 구입한다.
② 식재료는 주방 바닥에 내려놓지 않는다.
③ 통조림의 경우 찌그러짐이나 팽창 확인은 반드시 한다.
④ 통조림은 개봉 후 사용하고 남으면 그대로 두고 접시로 덮어 둔다.

35 황색포도상구균에 대한 설명으로 맞는 것은?
① 화농성질환자에 의해 오염된 식품에 의해 중독을 일으킨다.
② 12~36시간으로 잠복기가 가장 길다.
③ 원인독소는 뉴로톡신(Neurotoxin)이다.
④ 살균이 덜 된 통조림, 햄, 소지지 가공품이 원인이다.

36 식품첨가물의 사용 목적이 아닌 것은?
① 식품의 부패와 변질을 방지
② 기생충 감염예방
③ 식품의 기호 및 관능 만족
④ 식품의 품질유지와 개량

37 다음 중 식품위생법에서 식품위생의 대상이 올바른 것은?
① 식품, 식품첨가물, 기구, 포장용기
② 식품, 의약품, 기구, 화학적 합성품
③ 화학적 합성품, 조리인, 기구, 의약품
④ 의약품, 단체급식, 식품, 식품첨가물

38 물의 소독 중 물리적 소독 방법이 아닌 것은?
① 열 처리법　② 표백분
③ 오존(O_3)　④ 자외선

39 안전사고 발생 시 응급조치로 맞지 않는 것은?
① 구조자 자신의 안전보다는 동료의 구조가 중요하다.
② 현장의 안전 상태와 위험요소를 파악한다.
③ 현장의 응급상황을 전문 의료기관에 알린다.
④ 응급환자를 처치할 때 원칙적으로 의약품을 사용하지 않는다.

40 떡을 취급하는 손 소독에 가장 적합한 것은?
① 크레졸   ② 석탄수
③ 역성비누   ④ 메탄올

41 곡류나 건조식품에 가장 많이 번식하는 미생물은?
① 곰팡이   ② 효모
③ 바이러스   ④ 기생충

42 식중독 발생 시 즉시 취해야 할 행정적 조치인 것은?
① 원인식품 폐기   ② 역학조사
③ 식중독 발생 신고 ④ 방역소독

43 법정감염병 중 제1급 감염병에 속하지 않는 것은?
① 야토병   ② 디프테리아
③ 탄저   ④ 콜레라

44 소화기 보관법이 잘못된 것은?
① 소화기는 사람이 많이 있는 곳에는 위험하므로 창고에 안전하게 보관한다.
② 직사광선, 온도가 높은 곳은 피한다.
③ 습기가 많은 곳은 피한다.
④ 소화기 내부의 약제가 굳어지지 않게 한 달에 한 번 정도 뒤집어서 흔들어 준다.

45 HACCP의 의무대상 품목이 아닌 것은?
① 어묵
② 껌류
③ 면류
④ 레토르트식품

46 느티나무의 새싹으로 느티떡을 해 먹는 날은?
① 초파일
② 단오
③ 유두일
④ 삼짇날

47 유두일에 아침 일찍 나가 농신께 풍년을 빌며 해 먹은 떡은?
① 팥시루떡   ② 상화병
③ 오색송편   ④ 유자단자

48 개성지방에서 정초의 뜻을 기리기 위해서 깨끗한 흰빛인 떡을 누에고치 모양으로 만들어 먹은 떡은?
① 가래떡   ② 백설기
③ 나복병   ④ 조랭이떡

49 「삼국유사」에 기록되어 있으며 찹쌀을 찐 것에 간장, 밤, 대추, 잣 등을 넣고 다시 찌는 떡은?
① 두텁떡   ② 부편
③ 약식   ④ 찹쌀부꾸미

50 정조다례에 흰 가래떡으로 떡국을 끓여 먹는데 다른 말로 무엇이라고 부르는가?
① 첨세병   ② 떡만둣국
③ 빙떡   ④ 꼬장떡

51 책례에 대한 설명으로 맞는 것은?
① 떡을 만들어 선생님과 함께 간식으로 먹었다.
② 명절에 선생님께 떡을 만들어 드렸다.
③ 서당에 다닐 때 책을 한권 씩 뗄 때마다 축하의 떡과 음식을 즐겼다.
④ 서당에서 떡을 만들어 학생들에게 나누어 주었다.

52 동지가 지나고 셋째 미일인 섣달 납일에 천지신명께 제사를 지내면서 만드는 떡은?
① 골무떡   ② 인절미
③ 구선왕도고   ④ 증편

53 떡이란 단어를 최초로 사용한 문헌은?
① 조선무쌍신식요리제법
② 음식디미방
③ 규합총서
④ 역주방문

54 우리나라에서 처음으로 떡을 먹은 시기는?
① 부족국가시대   ② 통일신라시대
③ 고려시대   ④ 신라시대

55 삼월 3일 삼짇날에 고려에서 '상사일에 청애병(靑艾餠)을 해 먹는다'고 하였다. 청애병을 맞게 설명한 것은?
① 쌀가루에 어린 상추를 넣어 만든 떡
② 쌀가루에 승검초가루를 섞어서 만든 떡
③ 쌀가루에 모싯잎을 데쳐 넣어 만든 떡
④ 어린 쑥을 쌀가루에 섞어서 만든 떡

56 삼국시대 이전에 떡을 만드는 데 필요한 유물로만 묶은 것은?
① 조리, 체, 쳇다리, 주걱
② 이남박, 갈돌, 조리, 맷돌
③ 돌확, 갈돌, 갈판, 시루
④ 갈판, 시루, 맷돌, 맷방석

57 다음 중 절식 떡의 설명이 틀린 것은?
① 느티떡 : 유엽병이라고 불리며 사월 초파일에 먹는 절식으로 느티나무잎을 쌀가루에 넣고 거피팥고물을 얹어가면서 쪄낸 떡이다.
② 차륜병 : 5월 단오에 먹는 떡으로 멥쌀가루에 수리취를 넣어 만들어 수레바퀴 모양의 떡살로 눌러 만든 떡이다.
③ 고사떡 : 10월 상달에 만드는 떡으로 쌀가루에 무채, 단호박고지를 섞어 시루에 붉은팥고물을 켜켜이 얹어가며 찐 떡이다.
④ 골무떡 : 중양절에 먹는 떡으로 찹쌀가루를 익반죽하여 국화꽃을 얹은 떡이다.

58 다음 중 떡 이름과 부재료의 연결이 틀린 것은?
① 승검초편 – 당귀잎
② 산약병 – 토란
③ 상자병 – 도토리
④ 유엽병 – 느티잎

59 다음 중 통과의례에 속하지 않는 의례는?
① 빈례   ② 혼례
③ 책례   ④ 제례

60 오메기떡은 어느 지역의 떡인가?
① 전라북도   ② 경상남도
③ 제주도   ④ 함경도

실전모의고사

01 곡류의 일반적인 특징이 아닌 것은?
① 생명을 유지하는데 필요한 중요한 에너지원으로 이용된다.
② 곡류 입자의 구조는 외피, 배아, 배유로 구성된다.
③ 배아는 다량의 전분을 함유하며 주로 식용하는 부분이다.
④ 대부분 영양소가 탄수화물인 전분으로 구성되어 있다.

02 멥쌀가루에 요오드용액을 떨어뜨리면 무슨 색으로 변하는가?
① 청자색　　② 갈색
③ 적갈색　　④ 보라색

03 쌀에 대한 설명으로 틀린 것은?
① 쌀은 형태에 따라 자포니카형, 자바이카형, 인디카형으로 나뉜다.
② 자포니카형은 쌀알의 크기가 짧고 둥글 둥글하다.
③ 자바이카형은 자포니카형과 인디카형의 중간 형태이다.
④ 인디카형은 자포니카형에 비해 끈기가 많다.

04 벼를 도정하여 백미로 만들 때 거치는 과정이 아닌 것은?
① 정제　　② 탈각
③ 탈곡　　④ 정백

05 떡의 재료 중 떫은맛이 있어 깨끗이 씻은 후 수시로 물을 갈아주면서 불려야 하는 재료는?
① 동부　　② 수수
③ 기장　　④ 팥

06 떡 제조 시 가장 많이 이용하는 버섯은?
① 상황버섯　　② 표고버섯
③ 송이버섯　　④ 석이버섯

07 쌀에 부족한 단백질을 보충해 주고 떡의 맛을 좋게 해주는 부재료는?
① 서류　　② 견과류
③ 두류　　④ 난류

08 옥수수에 함유된 단백질의 이름은 무엇인가?
① 제인　　② 튜베린
③ 호르데인　　④ 글루텐

09 메밀에 대한 설명으로 틀린 것은?
① 메밀가루에 밀가루를 넣고 메밀주악을 만든다.
② 혈관강화작용이 있는 루틴(rutin) 성분이 있다.
③ 메밀가루는 글루텐이 있어 빵을 만들기에 적합하다.
④ 메밀은 척박한 땅에서도 잘 자란다.

10 검은콩은 수용성 안토시아닌 색소가 많아 산성에서는 적색을 띠는데 알칼리성에서는 무슨 색으로 변하는가?
① 보라색　　② 진한 검은색
③ 청색　　　④ 노랑색

11 팥에 대한 설명으로 틀린 것은?
① 탄수화물이 64%이며 대부분이 전분이다.
② 팥은 빨리 무르지 않으므로 12시간 불려서 사용한다.
③ 비타민 B_1 함량이 높으므로 떡에 이용하면 각기병 예방에 좋다.
④ 단백질은 20% 함유되어 있으나 지방 함량은 낮다.

12 녹색채소를 데치는 방법으로 틀린 것은?
① 소금을 넣고 데치면 채소의 색을 선명하게 한다.
② 채소의 5배 이상의 충분한 끓는 물에 데친다.
③ 뚜껑을 열고 데쳐야 유기산이 공기 중에 휘발된다.
④ 색이 휘발되지 못하도록 소량의 물에 뚜껑을 닫고 데친다.

13 토란의 설명으로 틀린 것은?
① 토란의 껍질을 벗기면 미끈미끈한 물질은 갈락탄이다.
② 토란을 우자, 토련, 토지라고도 한다.
③ 끓는 물에 데치면 영양성분이 다 용출되므로 데치지 않고 사용한다.
④ 수산칼슘과 호모젠티스산이 있어 손으로 만지면 가렵다.

14 떡을 만들 때 기본적으로 사용하며 단맛을 더 잘 느끼게 하는 재료는?
① 꿀　　　② 효소
③ 조청　　④ 소금

15 떡의 부재료에 대한 설명으로 맞는 것은?
① 호박오가리는 삶아서 사용한다.
② 붉은팥은 12시간 이상 불려서 삶아야 한다.
③ 볶은 땅콩은 지방을 많이 함유하고 있으므로 냉동실에 보관한다.
④ 쑥은 데친 후 찬물에 헹구지 말고 꼭 짜서 냉장실에 보관한다.

16 엿기름을 이용하여 전분을 당화시켜 만든 제품으로만 묶은 것은?
① 미숫가루, 엿, 조청
② 식혜, 엿, 조청
③ 콘시럽, 과편, 엿
④ 식혜, 녹말편, 조청

17 감자의 껍질을 제거하면 산소와 접촉하여 갈색으로 변하는데 이 물질은 무엇인가?
① 멜라닌(melanin)
② 티로신(tyrosine)
③ 티로시나아제(tyrosinase)
④ 글로불린(globulin)

18 당류의 강도를 바르게 나열한 것은?
① 설탕 〉 과당 〉 포도당 〉 맥아당 〉 갈락토오스 〉 유당
② 설탕 〉 과당 〉 포도당 〉 맥아당 〉 유당 〉 갈락토오스
③ 과당 〉 설탕 〉 포도당 〉 유당 〉 갈락토오스 〉 맥아당
④ 과당 〉 설탕 〉 포도당 〉 맥아당 〉 갈락토오스 〉 유당

19 다음 발색제 중 같은 색으로 묶은 것은?
① 계핏가루, 석이버섯
② 송화가루, 치자
③ 승검초, 비트
④ 지치, 대추고

20 탄수화물에 대한 설명으로 틀린 것은?
① 탄소, 수소, 산소로 구성되어 있다.
② 곡류와 고구마, 감자 등의 서류와 설탕에 많이 함유되어 있다.
③ 1g당 9kcal의 열량을 내며 소화가 잘 되고 에너지원으로 쓰인다.
④ 단당류, 이당류, 올리고당, 다당류, 식이섬유로 분류된다.

21 쌀을 지나치게 문질러서 씻을 때 가장 손실이 큰 비타민은?
① 비타민 B_1 ② 비타민 C
③ 비타민 A ④ 비타민 E

22 쑥을 데쳐서 냉동시키는 이유로 바르지 않은 것은?
① 부피를 감소시키기 위해
② 부패되는 것을 방지하기 위해
③ 효소를 파괴시켜 변색을 방지하기 위해서
④ 비타민 C 파괴를 방지하려고

23 발색제 사용방법으로 바르지 못한 것은?
① 승검초가루 : 당귀잎을 그늘에 말린 가루로 물에 불려 사용한다.
② 오미자 : 오미자를 끓는 물에 오래 삶아 우려낸 물을 사용한다.
③ 홍화 : 잇의 꽃인 홍화를 냉수에 우려 사용한다.
④ 감가루 : 생감을 말려 빻은 것으로 쌀가루에 섞어 사용한다.

24 멥쌀로 떡을 만들 때 여름철 수침시간이 맞는 것은?
① 3시간~4시간 ② 7시간~8시간
③ 10시간~12시간 ④ 12시간 이상

25 쌀가루를 체에 내리는 이유로 틀린 것은?
① 공기가 쌀가루에 잘 혼입되므로 공기층이 생겨 쌀가루 사이로 수증기가 잘 통과된다.
② 쌀가루 입자가 고르게 되어 떡이 잘 쪄지고 촉감도 부드러워진다.
③ 쌀가루 입자가 고르게 되어 떡이 단단해진다.
④ 발색제를 첨가할 경우 균일한 색상과 맛을 낼 수 있다.

26 가래떡 만드는 방법으로 틀린 것은?
① 불린 멥쌀은 롤밀러에 2번 빻아서 쌀가루를 만든다.
② 멥쌀가루에 소금물을 넣고 반죽하여 김 오른 찜기에 20분간 찐다.
③ 찐 떡을 절구에 넣고 소금물을 묻히면서 방망이로 친 후 가래떡 모양을 만든다.
④ 멥쌀가루에 뜨거운 물로 익반죽하여 김 오른 찜기에 40분 찐다.

27 다음 중 치는 떡이 아닌 것은?
① 꽃절편, 개피떡 ② 산병, 인절미
③ 빙자병, 노티 ④ 은행단자, 골무떡

28 밀가루에 술을 넣고 반죽하여 발효시켜 만든 떡은?
① 상화병 ② 율고
③ 설병 ④ 꽃산병

29 상추시루떡을 만드는 방법으로 틀린 것은?
① 거피팥은 찜기에 쪄서 어레미에 내린다.
② 상추는 끓는 물에 데쳐서 물기를 제거한다.
③ 쌀가루에 수분을 맞춘 후 설탕을 넣고 자른 상추를 넣어 섞는다.
④ 찜기에 젖은 면포를 깔고 거피팥고물, 상추 섞은 쌀가루, 거피팥고물 순서로 안쳐 김 오른 찜기에 20분 찐다.

30 각색편을 만들 때 고물 대신 사용하는 재료가 아닌 것은?
① 대추채   ② 밤채
③ 석이채   ④ 무화과채

31 찹쌀을 이용하여 만든 떡으로만 묶은 것은?
① 약식, 녹두찰편, 대추단자
② 무지개떡, 구름떡, 쑥갠떡
③ 절편, 두텁떡, 콩찰편
④ 여주산병, 상화, 쇠머리떡

32 다음 중 떡 이름과 부재료의 연결이 틀린 것은?
① 산약병 – 마   ② 와거병 – 모싯잎
③ 상자병 – 도토리 ④ 유엽병 – 느티잎

33 산삼병에 대한 설명으로 맞는 것은?
① 산삼을 말려 가루로 만들어 쌀가루에 넣고 찐 설기떡이다.
② 더덕을 껍질 벗겨 소금물에 쓴맛을 제거하고 찹쌀가루를 발라 끓는 기름에 튀긴다.
③ 인삼을 잘라서 쌀가루에 섞어 고물로 켜를 만들어 찐 켜떡이다.
④ 산삼을 말려 가루로 만들어 익반죽하여 지진 떡이다.

34 식품위생관리의 목적이 아닌 것은?
① 식품에 관한 올바른 정보제공
② 식품영양의 질적 향상 도모
③ 식품산업의 세계화
④ 국민보건 증진에 이바지

35 보툴리누스균 식중독에 대한 설명으로 잘못된 것은?
① 살균이 덜 된 통조림, 햄, 소지지 가공품에서 원인을 찾을 수 있다.
② 발병 후 1~2일 경과 후 자연치유 된다.
③ 원인독소는 뉴로톡신(Neurotoxin)이다.
④ 12~36시간으로 잠복기가 가장 길다.

36 식품의 위생과 관련된 곰팡이의 특징이 아닌 것은?
① 생육속도가 세균에 비하여 빠르다.
② 생육에 산소를 요구하는 절대 호기성 미생물이다.
③ 견과류에 아플라톡신을 생성한다.
④ 건조식품을 잘 변질시킨다.

37 모든 미생물을 제거하여 무균상태로 하는 조작은?
① 소독   ② 살균
③ 멸균   ④ 정균

38 식품위생법상 조리사가 식중독이나 그 밖의 위생과 관련한 중대한 사고 발생의 직무상 책임에 대한 1차 위반 시 행정처분기준은?
① 시정명령   ② 업무정지 1개월
③ 업무정지 2개월 ④ 면허취소

39 인수공통감염병에 속하지 않는 것은?
① 공수병
② 탄저
③ 동물인플루엔자인체감염증
④ 백일해

40 식품위생법령상 영업허가 대상인 업종은?
① 일반음식점영업
② 식품조사처리업
③ 식품소분판매업
④ 즉석판매 제조가공업

41 식품위생 대책에 대한 설명으로 틀린 것은?
① 한 번 가열 조리된 식품은 저장 시 미생물의 오염 염려가 없다.
② 젖은 행주에는 공기 중의 세균이나 곰팡이가 오염되어 온도가 높아지면 미생물이 증식하기 쉬우므로 사용 중에도 건조한 상태를 유지하도록 한다.
③ 식품 찌꺼기는 위생해충의 서식에 이용될 수 있으므로 철저히 처리한다.
④ 식품 취급자의 손은 식중독과 경구감염병균의 침입 경로가 되므로 손의 수세 및 소독에 유의한다.

42 집단 식중독 발생 시 처치사항으로 잘못된 것은?
① 원인식을 조사한다.
② 구토물 등의 원인균 검출에 필요하므로 버리지 않는다.
③ 해당 기관에 즉시 신고한다.
④ 위장약을 복용시킨다.

43 식품 위생의 대상에 해당되지 않는 것은?
① 과자봉지   ② 라면
③ 철분영양제 ④ 감미료

44 다음 물질 중 소독의 효과가 가장 낮은 것은?
① 석탄산   ② 중성세제
③ 크레졸   ④ 알코올

45 장염 비브리오 식중독에 대한 설명으로 틀린 것은?
① 3~4%의 식염농도에서 잘 자라는 호염성 세균이다.
② 원인균은 비브리오균이다.
③ 쥐, 파리, 바퀴벌레에 의해 오염시키는 균이다.
④ 예방으로는 여름철 어패류 생식을 금지하여야 한다.

46 HACCP의 준비 5단계의 순서가 맞는 것은?
① HACCP 팀구성 → 제품에 대한 기술 → 사용자 의도의 식별 → 공정도의 작성 → 공정도의 현장검증
② HACCP 팀구성 → 제품에 대한 기술 → 사용자 의도의 식별 → 공정도의 현장검증 → 공정도의 작성
③ 제품에 대한 기술 → 사용자 의도의 식별 → 공정도의 현장검증 → 공정도의 작성 → HACCP 팀구성
④ HACCP 팀구성 → 제품에 대한 기술 → 공정도의 현장검증 → 공정도의 작성 → 사용자 의도의 식별

47 HACCP 7원칙이 아닌 것은?
① 위해요소분석   ② 중요관리점 결정
③ CCP 모니터링 ④ 제품에 대한 기술

48 돌상에 올리는 떡의 종류가 아닌 것은?
① 오색송편   ② 붉은팥고물시루떡
③ 백설기   ④ 찰수수경단

49 차조가루를 익반죽하여 도넛 모양으로 만들어 삶아 고물을 묻힌 떡의 이름은?
① 빙떡 ② 오그랑떡
③ 오메기떡 ④ 상애떡

50 사람이 태어나서 생을 마칠 때까지 반드시 거치게 되는 몇 차례의 중요한 의례를 무엇이라고 하는가?
① 통과의례 ② 성년의례
③ 관례 ④ 상례

51 수리취로 만든 수레바퀴 모양의 떡을 다른 말로 무엇이라고 하는가?
① 빙자병 ② 나복병
③ 댑싸리떡 ④ 차륜병

52 부편에 대한 설명이 틀린 것은?
① 찹쌀가루를 익반죽하여 소를 넣고 빚어 대추나 곶감채를 얹어 거피팥고물을 뿌려 찐 떡이다.
② 웃기떡으로 이용한다.
③ 찹쌀가루를 익반죽하여 누에고치 모양으로 만들어 삶아 잣가루를 묻힌 떡이다.
④ 밀양지방의 향토떡이다.

53 남방감저병에 들어가는 재료가 아닌 것은?
① 찹쌀가루 ② 고구마가루
③ 대추 ④ 감자가루

54 원나라의 문헌인 「거가필용」에도 소개되어 중국에까지 알려진 밤으로 만든 떡은?
① 고려율고 ② 상실편
③ 남방감저병 ④ 상자병

55 회갑잔치 때 올리는 떡이 아닌 것은?
① 주악, 부꾸미
② 인절미, 시루편
③ 오색송편, 무지개떡
④ 백편, 꿀편, 승검초편

56 음력 9월 9일 중양절에 먹는 시절떡은?
① 오색송편 ② 신과병
③ 증편 ④ 국화전

57 황해도 지역의 향토떡이 아닌 것은?
① 오쟁이떡 ② 해장떡
③ 연안인절미 ④ 닭알떡

58 경상도 지역의 향토떡에 대한 설명으로 틀린 것은?
① 홍시와 건시를 이용하여 떡을 만들었다.
② 모싯잎을 이용하여 떡을 만들었다.
③ 송편을 만들어 망개잎에 싸서 만들었다.
④ 화려한 떡을 많이 만들었다.

59 「주례」에 찹쌀밥을 찐 후 쳐서 만든 떡에 콩가루를 묻힌 것으로 지금의 인절미와 비슷한 떡은?
① 혼돈(餛飩)
② 구이분자(糗餌粉餈)
③ 박탁(餺飥)
④ 교이(餃餌)

60 「조선무쌍신식요리제법」에 기록되어 있는 찹쌀가루에 승검초가루, 꿀, 계핏가루, 생강가루로 반죽하여 황률로 소를 넣어 둥글게 만든 떡은?
① 유병 ② 당궤
③ 혼돈병 ④ 두텁떡

실전모의고사 4회

01 왕겨를 제거한 곡립의 특징으로 맞는 것은?
① 외피, 배유 및 배아로 구성되어 있다.
② 외피는 주로 전분으로 되어 있다.
③ 배유는 섬유질로 구성되어 있고, 비타민이 풍부하다.
④ 배아는 가장 큰 비율을 차지하고 칼슘이 풍부하다.

02 다음 중 가장 찰기가 높은 쌀은?
① 중립종　　② 장립종
③ 단립종　　④ 파보일드 쌀

03 떡의 부재료에 해당되지 않는 것은?
① 팥　　② 콩
③ 현미　　④ 녹두

04 찹쌀로 만든 떡이 멥쌀로 만든 떡보다 더 늦게 굳는 이유는?
① 아밀로오스 함량이 높아서
② 아밀로펙틴의 함량이 높아서
③ 전분입자가 커서
④ 전분의 구조가 직선상의 구조로 되어 있어서

05 옥수수에 함유되어 있는 주단백질은?
① 리신(lycin)　　② 멜라닌(melanin)
③ 뮤신(mucin)　　④ 제인(zein)

06 토란의 아린 맛 성분은 무엇인가?
① 호모젠티스산　　② 리나마린
③ 이눌린　　④ 이포메인

07 콩에 대한 설명으로 틀린 것은?
① 콩에 함유되어 있는 사포닌은 장을 자극하여 설사의 원인이 된다.
② 콩에는 당질 함량이 높아 주식으로 이용된다.
③ 콩은 가공에 의해 소화율이 높아지는데 삶은콩은 70%, 볶은콩은 60%이다.
④ 노란콩은 두부, 콩가루, 과자, 콩기름 등을 만든다.

08 감이 들어가지 않는 떡은?
① 석탄병　　② 신과병
③ 상주설기　　④ 두텁떡

09 천일염의 염화나트륨 함량은 몇 %인가?
① 45%　　② 80%
③ 90%　　④ 98%

10 엿당(맥아당)을 가수분해하여 포도당으로 만드는 효소는?
① 아밀라아제　　② 셀룰라아제
③ 말타아제　　④ 리파아제

11 알칼리성 식품을 바르게 설명한 것은?

① 나트륨, 칼륨, 마그네슘, 칼슘 등의 금속 원소를 많이 함유한 식품이다.
② 곡류는 대부분 알칼리성 식품이다.
③ 생선이나 육류는 알칼리성 식품이다.
④ 황, 인, 염소 등의 금속 원소를 많이 함유한 식품이다.

12 전분의 호정화에 대한 설명으로 틀린 것은?

① 전분을 160~180℃에서 물 없이 가열하면 덱스트린으로 분해된다.
② 호정화된 전분은 갈색으로 변하고 맛도 좋다.
③ 대표식품으로는 뻥튀기, 미숫가루, 팝콘 등이 있다.
④ 전분이 당화효소에 의해 가수분해 되어 올리고당, 이당류, 단당류로 된다.

13 떡의 노화와 관계가 없는 요인은?

① 전분의 종류   ② 염도
③ 온도   ④ 수분

14 떡은 몇 ℃ 이상에서 보관해야 노화가 잘 일어나지 않는가?

① 30℃   ② 45℃
③ 50℃   ④ 60℃

15 쌀가루 만드는 방법으로 맞지 않는 것은?

① 불린 쌀을 빻을 때 주로 호렴으로 간을 한다.
② 멥쌀은 2번, 찹쌀은 1번 빻는다.
③ 불린 멥쌀은 무게가 1.2~1.3배 정도가 되고, 찹쌀은 무게가 1.4배 정도가 된다.
④ 쌀 불리는 시간은 계절의 변화와 상관 없다.

16 떡의 분류에 속하지 않는 것은?

① 치는 떡   ② 찌는 떡
③ 성형 떡   ④ 지지는 떡

17 막걸리가 들어가지 않은 떡은?

① 주악   ② 증편
③ 약편   ④ 개성주악

18 다음 중 증병류(蒸餅類)에 속하는 떡으로만 묶은 것은?

① 증편, 켜떡, 설기떡, 인절미
② 가래떡, 절편, 켜떡, 단자
③ 송편, 증편, 켜떡, 설기떡
④ 증편, 켜떡, 설기떡, 경단

19 떡이 익기 위해서는 적당한 수분을 주어 체에 내리는데 이 과정을 무엇이라고 하는가?

① 날반죽   ② 익반죽
③ 물내리기   ④ 체질하기

20 증편의 특징에 대한 설명으로 틀린 것은?

① 재료의 양, 부재료의 종류, 발효 조건 등 제조 여건에 따라 다양하게 제조할 수 있다.
② 발효 과정 중 생성된 젖산, 초산 등의 유기산에 의해 신맛과 단맛이 난다.
③ 발효에 의해 pH 4~5정도로 잡균이 성장하기 어려워 저장성이 우수한 대표적인 여름떡이다.
④ 증편용 찹쌀가루는 체로 곱게 내려 사용한다.

21 떡을 찔 때 시루에 시루번을 붙이는 이유로 틀린 것은?

① 시루에 수분이 차는 것을 방지하기 위해
② 떡을 빨리 찌기 위해
③ 수증기가 시루 밖으로 새는 것을 방지하기 위해
④ 떡의 호화를 도와주기 위해

22 떡 만드는데 사용하는 도구가 아닌 것은?

① 이남박
② 갈퀴
③ 쳇다리
④ 조리

23 체에 대한 설명으로 틀린 것은?

① 체의 굵기에 따라 어레미, 중간체, 고운체로 나누어진다.
② 중간체는 쌀가루를 내리거나 밤고물을 내릴 때 사용한다.
③ 고운체는 팥앙금을 내릴 때 사용한다.
④ 어레미는 고운 쌀가루를 내릴 때 사용한다.

24 저울 사용방법에 대한 설명이 틀린 것은?

① 측량 전 저울의 '0'점을 확인하고, 용기를 얹은 후 '0'점 조정 후에 계량한다.
② 정확한 계량을 위하여 1회 계량에 적합한 오차 범위의 저울인지 확인한다.
③ 저울이 수평으로 설치 되었는지를 확인하고 계량한다.
④ 저울접시의 가장자리에 식품을 올려놓고 계량한다.

25 계량컵과 계량스푼의 용량 표시가 틀린 것은?

① 계량컵 1컵=200cc
② 1작은술=5cc
③ 계량컵 1컵=16큰술
④ 1큰술=15cc

26 수수가루를 만들기 위한 전처리 방법으로 맞는 것은?

① 수수는 탄닌의 떫은맛을 제거하기 위해 자주 물을 갈아주면서 불린다.
② 수수는 살살 문질러 씻어 2시간 불린 후 빻는다.
③ 불린 수수는 물을 빼고 다시 말려 빻아 수수가루를 만들어 떡을 만들어야 한다.
④ 수수는 뜨거운 물에 30분만 불려 빻아 수수가루를 만든다.

27 다음 중 다른 색을 나타내는 재료는?

① 승검초가루
② 송화가루
③ 모시잎
④ 파래가루

28 가래떡의 종류가 아닌 떡은?

① 떡국떡
② 조랭이떡
③ 떡볶이떡
④ 단자

29 거피팥 고물을 냉각시키는 방법으로 틀린 것은?

① 선풍기를 틀어서 수분을 날려 준다.
② 수분을 날릴 때는 주걱으로 자주 뒤집어 주면서 식혀준다.
③ 찜기에 찐 거피팥은 그대로 실온에 5시간 이상 식혀준다.
④ 냉장고에 넣어 재빨리 냉각한다.

30 떡을 제조하기 전에 손을 씻는 방법으로 틀린 것은?

① 물의 온도는 차갑게 한 후 씻는다.
② 손을 20초 동안 서로 문지르면서 회전하는 동작으로 씻는다.
③ 손가락과 손톱 주위를 깨끗이 씻고 손톱은 브러쉬로 씻는다.
④ 손을 말릴 때는 깨끗한 일회용 휴지를 사용한다.

31 교차오염을 예방하는 방법을 틀리게 설명한 것은?
① 칼, 도마, 볼 등은 깨끗이 세척하고 소독한 후 사용한다.
② 도마, 칼, 조리기구는 식품군별로 분류하여 사용한다.
③ 오염물질이 있는 생식품을 사용한 행주나 수세미는 소독하여 사용한다.
④ 채소류나 가공된 식품을 사용한 조리 기구는 행주로 닦아서 사용한다.

32 미생물 중 크기가 가장 작아 세균여과기를 통과하며 천연두, 인플루엔자, 소아마비, 일본뇌염의 병원체인 것은?
① 효모   ② 바이러스
③ 세균   ④ 리케차

33 실내 공기오염의 지표로 이용되는 기체는 무엇인가?
① 이산화탄소   ② 질소
③ 대기오염   ④ 산소

34 멸균하는 방법에 대한 설명이 맞는 것은?
① 직접 균을 사멸시키지 않고 미생물의 증식을 정지시킨 것
② 세균, 효모, 곰팡이 등의 영양세포를 정지시키는 것
③ 아포를 포함한 모든 균을 파괴하는 것
④ 병원균을 억제시키는 것

35 대장균의 최적 증식의 온도는?
① 0~10℃   ② 10~15℃
③ 30~40℃   ④ 60~70℃

36 다음 중 세균성 식중독 중 감염형이 아닌 것은?
① 보툴리누스균 식중독
② 살모넬라 식중독
③ 병원성대장균 식중독
④ 장염비브리오 식중독

37 독버섯의 감별법으로 틀린 것은?
① 모양   ② 색깔
③ 냄새   ④ 맛

38 경구감염병에 대한 설명으로 틀린 것은?
① 2차 감염이 일어난다.
② 미량의 미생물균으로는 감염되지 않는다.
③ 면역성이 있는 경우가 많다.
④ 잠복기가 길다.

39 쌀에 기생하여 황변미 중독을 일으키는 원인 곰팡이는?
① 에르고톡신   ② 아트로핀
③ 페니실륨   ④ 테물린

40 수은이나 카드뮴의 중금속 오염 가능성이 높은 식품은?
① 병과류   ② 소세지류
③ 빵류   ④ 어패류

41 식품위생의 정의를 바르게 설명한 것은?
① 식품, 식품첨가물, 기구 또는 용기·포장을 대상으로 하는 음식에 관한 위생
② 식품첨가물, 식품을 대상으로 하는 음식에 관한 위생
③ 식품의 생산부터 제조까지의 위생
④ 식품의 제조로부터 안전성, 무결성을 확보하기 위한 수단

42 식품위생법상 영업 시 신고 업종 대상이 아닌 것은?
① 즉석판매제조가공업
② 단란주점영업
③ 식품제조업
④ 일반음식점

43 HACCP의 7원칙 중 5번째에 해당되는 것은?
① 개선조치   ② CCP모니터링
③ 위해요소분석   ④ 한계기준설정

44 원·부재료 입고 및 보관 단계에서 주요 위험·위해 요소 및 예방 조치가 바르지 못한 것은?
① 미끄럼을 예방하기 위해 바닥의 물기 및 기름기를 제거한다.
② 통행로를 정리정돈하고 장애물을 제거한다.
③ 무거운 원재료는 이동 대차를 사용하는 것보다 등에 지고 간다.
④ 팔레트 파손부 점검 및 강도를 보완한다.

45 관혼상제의 풍습이 일반화되어 각종 의례와 세시행사에 떡이 필수적으로 쓰인 시기는?
① 삼국시대   ② 통일신라시대
③ 고려시대   ④ 조선시대

46 떡이 처음 만들어진 시기를 상고시대에 만들어 졌을 것이라고 추정하는 이유로 맞는 것은?
① 삼국시대 이전의 유적지에서 갈판과 갈돌, 시루가 유물로 출토되었다.
② 한 아낙이 오른손에 큰 주걱을 든 채 왼손으로 떡을 찔러보는 그림이 있다.
③ 죽지랑조에 설병이라는 떡의 이야기가 있다.
④ 「거가필용」에 고려율고라는 떡이 나온다.

47 상사일(上巳日)에는 집안에 뱀이 들어온다 하여 이를 방지하기 위해 해 먹은 떡은?
① 승검초편   ② 국화전
③ 청애병   ④ 상화병

48 고려시대에 쌍화점에서 팔던 밀가루로 만든 떡으로 오늘날 찐빵과 비슷한 떡은?
① 청애병   ② 서여향병
③ 상화병   ④ 혼돈병

49 1670년경 우리나라 최초의 한글 조리서인 「음식디미방」을 쓴 사람은?
① 안동장씨   ② 이색
③ 장지연   ④ 율고

50 신라 소지왕 488년에 행차 시 까마귀가 편지를 전하여 왕의 생명을 구해주었다. 이에 왕이 까마귀에게 보답하기 위해 약식을 만들어 주었다는 유래를 기록한 책은?
① 해동역사   ② 성호사설
③ 삼국유사   ④ 삼국사기

51 산승에 대하여 틀리게 설명한 것은?
① 찹쌀가루에 꿀을 넣고 익반죽한 뒤 세뿔 모양으로 둥글게 빚어 기름에 지진 떡이다.
② 「음식방문」, 「시의전서」에 만드는 방법이 기록되어 있다.
③ 독특한 형태의 전병으로 잔치 산승은 작게 만들었다.
④ 찹쌀가루에 된장과 깨소금, 후추 등으로 양념하여 지진 떡이다.

52 떡에 들어가는 재료와 연결이 틀린 것은?

① 남방감저병 - 고구마
② 빙자병 - 녹두
③ 겸절병 - 서리태
④ 도행단자 - 살구

53 「조선무쌍신식요리제법」에 상추떡은 느티떡과 같은 방법으로 하라는 기록이 있으며 아주 귀해서 상추라 부르지 않고 다른 이름으로 불렀는데 무엇이라 불렀는가?

① 시설(柹雪)
② 천금채(千金菜)
③ 나복병(蘿蔔餠)
④ 감저(甘藷)

54 「규곤시의방(閨壼是議方)」의 규곤의 뜻을 바르게 표현한 것은?

① 여자들이 거처하는 안방
② 여자들이 요리하는 부엌
③ 여자들이 떡을 찌는 방법
④ 여자들이 공부하는 방

55 중화절의 특징으로 틀린 것은?

① 상전이 노비에게 새해 농사를 잘 지으라고 음식과 삭일송편을 대접한다.
② 오곡을 많이 넣은 약식을 만들어 준다.
③ 커다란 노비송편을 나이수대로 나누어 준다.
④ 마당에 세워 두었던 낟가릿대의 곡식으로 큰 송편을 만든다.

56 '차륜병'은 어떤 떡을 말하는가?

① 꽃절편
② 수리취절편
③ 인절미
④ 가래떡

57 추석에는 올벼로 빚은 송편을 빚는데 이 송편을 무엇이라고 부르는가?

① 삭일송편
② 이른송편
③ 오려송편
④ 노비송편

58 아이가 태어난 지 세이레가 되면 산모의 노고와 새로운 생명을 축하하기 위해 해주는 떡은?

① 백설기
② 봉치떡
③ 달떡
④ 용떡

59 봉치떡의 의미가 틀린 것은?

① 찹쌀 : 부부의 금실이 찰떡처럼 화목하게 귀착되라는 뜻
② 떡을 2켜로 올리는 것 : 두 집안의 화합을 의미
③ 붉은팥고물 : 화를 피하는 벽사(辟邪)의 의미
④ 대추, 밤 : 아들 칠형제를 상징, 밤은 고명딸을 의미, 자손번창을 기원

60 강원도 지역의 향토떡에 대한 설명으로 틀린 것은?

① 잡곡이 풍부하여 조, 수수, 메밀, 옥수수를 이용하여 떡을 만들었다.
② 산채와 밭작물을 이용하여 떡을 많이 만들었다.
③ 쌀이 풍부하여 쌀을 이용한 떡을 많이 만들었다.
④ 감자떡을 많이 만들었다.

실전모의고사 5회

01 곡류를 저장하는 방법으로 틀린 것은?
① 쌀은 수분 함량이 적을수록 장기간 저장이 가능하나 맛이 떨어진다.
② 쌀에 곰팡이 나는 것을 방지하기 위하여 햇볕이 드는 곳에 보관한다.
③ 곡류는 해충의 피해를 막기 위해 건조 후 밀봉 포장하여 서늘한 곳에 보관한다.
④ 벼는 왕겨가 보호막 구실을 하므로 해충에 의한 손상이 적다.

02 현미에 대한 설명으로 맞는 것은?
① 곰팡이가 생기는 것을 방지하기 위해 햇볕이 들어오는 곳에 보관한다.
② 현미는 백미보다 영양가도 높고 소화율도 높다.
③ 지방을 함유한 배아가 있음으로 냉장보관이 안전하다.
④ 현미의 도정율이 증가할수록 영양성분은 높아진다.

03 곡물 도정의 원리에 해당되지 않는 것은?
① 충격   ② 마쇄
③ 마찰   ④ 절삭

04 보리에 대한 설명으로 틀린 것은?
① 겉보리는 보리차를 만들거나 엿기름으로 이용한다.
② 가뭄, 추위, 열악한 토지에서도 잘 자란다.
③ 인, 칼륨이 많고 비타민 B_1, B_2가 많다.
④ 할맥은 보리를 쪄서 기계로 눌러 만든다.

05 외피에 탄닌과 색소가 있어 떫은맛이 있고 소화가 잘 안 되므로 이를 제거하기 위해 깨끗이 씻은 후 떡을 만드는 재료는?
① 토란   ② 차조
③ 수수   ④ 거피팥

06 조에 대한 설명으로 옳지 않은 것은?
① 주식으로 섭취하면 펠라그라병에 걸린다.
② 메조는 노란색, 차조는 푸른색을 띤다.
③ 장기간 보관해도 변하지 않으며 병충해의 피해도 적다.
④ 곡류 중에서 알이 가장 작고 저장성이 강하다.

07 다음 중 서류에 속하지 않는 것은?
① 감자   ② 무
③ 고구마 ④ 토란

08 산성 식품과 알칼리성 식품을 나누는 기준은 무엇인가?
① 지방   ② 탄수화물
③ 무기질 ④ 유기산

09 다음 중 다른 색을 나타내는 재료는?
① 울금   ② 송화가루
③ 지치   ④ 치자

10 잣에 대한 설명으로 틀린 것은?

① 불포화지방산의 함량이 높아 성인병 예방에 좋다.
② 칼륨, 인, 철을 다량 함유하고 있다.
③ 잣가루는 기름이 많아 떡을 할 때 쌀가루에 섞어 찌면 떡이 부드럽다.
④ 잣은 건조식품이므로 실온에 장기간 보관해도 된다.

11 과당에 대한 설명 중 틀린 것은?

① 설탕보다 단맛이 떨어진다.
② 흡수성이 있는 흰색 결정이다.
③ 천연당 중 단맛이 가장 강하다.
④ 꿀에 많이 함유되어 있다.

12 쌀가루 1kg일 때 소금의 양은 어느 정도가 적당한가?

① 5g   ② 7g
③ 12g ④ 20g

13 찹쌀로 떡을 하는 방법 중 설명이 맞는 것은?

① 찹쌀은 쌀가루를 빻을 때 곱게 빻기 위해 꼭 2번 빻는다.
② 찹쌀로 떡을 찔 때는 멥쌀보다 물을 더 넣는다.
③ 찹쌀로 떡을 할 때 체로 2번 내려서 찌면 잘 익는다.
④ 찹쌀은 쌀가루를 빻을 때 약간 거칠도록 1회만 빻는다.

14 다음 떡의 종류 중 만드는 방법이 다른 떡은?

① 팥시루떡   ② 주악
③ 무지개떡   ④ 콩설기

15 찹쌀가루를 익반죽하여 지진 후 팥소를 넣어 반으로 접어 고명을 얹은 떡은?

① 개피떡   ② 절편
③ 부꾸미   ④ 두텁떡

16 다음 중 무거리를 맞게 설명한 것은?

① 곡류를 빻아 체에 쳐서 가루를 내고 남은 찌꺼기
② 불린 쌀을 물과 함께 갈아 가라앉힌 앙금
③ 쌀을 불려 물과 함께 갈아서 끓인 풀
④ 여물지 않아서 물기가 많은 곡식알

17 떡의 제조원리 과정에 대한 설명이 맞는 것은?

① 멥쌀의 최대 수분 흡수율은 40%이다.
② 쌀 불리는 시간은 계절과 상관없이 동일한 시간으로 불린다.
③ 도정한지 오래된 쌀에는 고미취가 난다.
④ 쌀 씻는 과정에서는 물이 흡수되지 않는다.

18 전분의 호화에 대한 설명으로 틀린 것은?

① 호화된 전분은 질감이 부드럽고 소화가 잘 된다.
② 전분을 알칼리 용액에 담그면 이중결합을 잃으면서 풀어진다.
③ 아밀로펙틴 함량이 많을수록 호화가 빠르다.
④ 전분에 물을 넣고 가열하면 입자가 팽윤된다.

19 떡의 노화와 관계되는 요인이 아닌 것은?

① 온도   ② 압력
③ 전분의 종류 ④ 수분

20 전분의 호정화를 이용한 제품은?

① 호박식혜   ② 고추장
③ 부풀린 찐빵 ④ 보리 뻥튀기

21 떡의 노화를 방지하는 방법으로 틀린 것은?
① 떡을 찐 후 비닐에 싸서 냉장실에 보관한다.
② 설탕이나 꿀을 많이 넣어 전분을 고정화하여 노화를 지연시킨다.
③ 떡을 찐 후 노화가 덜 된 상태에서 냉동실에 보관하다.
④ 유화제를 첨가하여 굳어지는 속도를 지연시킨다.

22 이남박에 대한 설명으로 맞는 것은?
① 떡을 담거나 약식을 찔 때 양념을 하여 재워 중탕을 할 때 사용한다.
② 체를 받치거나 곡물을 내릴 때 사용한다.
③ 그릇 안에 턱이 있어 곡물을 씻을 때 사용한다.
④ 떡을 찔 때 찜통처럼 사용한다.

23 재료 계량에 대한 설명으로 맞는 것은?
① 고체지방은 계량컵에 잘게 잘라 담아 계량한다.
② 저울을 사용할 때는 평평한 곳에서 0점을 맞춘 후 사용한다.
③ 액체 재료는 불투명한 재질로 만들어진 계량컵을 사용하는 것이 좋다.
④ 계량단위 1큰술의 부피는 20mL이다.

24 녹두고물 제조 과정에 대한 설명이 맞는 것은?
① 녹두는 물에 씻어 불리지 않고 바로 찐다.
② 껍질이 있는 녹두를 맷돌에 타서 물에 충분히 불린 후 거피하여 쪄서 고물로 사용한다.
③ 껍질을 거피한 것보다 거피하지 않은 것이 잘 쪄진다.
④ 녹두를 물에 씻어 5배의 물에 30분 정도 삶아 준다.

25 무지개떡을 만들 때 예쁜 색을 만들기 위해 사용하는 첨가물은?
① 발색제   ② 항산화제
③ 보존제   ④ 방부제

26 지치의 설명으로 틀린 것은?
① 지치를 기름에 넣고 끓이면 붉은색의 기름이 된다.
② 한약재의 하나로 식용과 염료로 이용한다.
③ 주악은 지치기름으로 지진 떡이다.
④ 지초, 자초라고도 한다.

27 백설기를 제조하는 과정에 대한 설명이 맞는 것은?
① 불린 멥쌀은 물을 넣어 한 번만 빻는다.
② 쌀가루에 뜨거운 물을 넣고 체에 내린다.
③ 물을 넣은 쌀가루는 주먹으로 쥐어가면서 시루에 안친다.
④ 김이 오른 찜기에 20분 정도 찐 후 5분간 뜸 들인다.

28 팥시루떡을 만들기 위해 팥을 삶는 방법으로 맞는 것은?
① 처음부터 팥의 10배의 물을 넣고 푹 무르게 삶는다.
② 팥의 색을 보존하기 위해서 식초를 넣고 삶는다.
③ 처음 2배의 물에 살짝 삶은 후 물을 버리고 새물을 부어 삶는다.
④ 팥의 사포닌 성분을 제거하기 위해 물에 오래 불려준다.

29 켜떡 포장하는 방법으로 틀린 것은?

① 내용물을 충분히 보호할 수 있는 포장재를 사용하며 포장 상태가 양호해야 한다.
② 켜떡은 가래떡보다 유통 기한이 길어 PE재질로 포장한다.
③ 포장이 끝난 제품은 외관 검사와 함께 법적인 표시 사항이 기록되었는지를 확인한다.
④ 소량을 포장할 때는 PE봉투에 계량하여 포장한 후 진공 밴드 실러를 사용하여 포장한다.

30 손세척·소독에 대한 설명으로 틀린 것은?

① 원·부재료를 취급하고 가공 제품을 만질 때는 세척 또는 소독을 하지 않아도 된다.
② 음식을 먹거나 마신 후 세척 또는 소독하여야 한다.
③ 머리, 얼굴, 신체 부위를 만진 후 세척 또는 소독하여야 한다.
④ 오염된 도구나 장비를 만진 후 세척 또는 소독하여야 한다.

31 미생물 증식에 필요한 조건이 아닌 것은?

① 온도　　② 수분
③ 영양소　④ 기압

32 다음 중 식품이 부패되면서 생성되는 물질이 아닌 것은?

① 트리메틸아민　② 인돌
③ 니토로사민　　④ 암모니아

33 식품 오염상의 지표가 되는 균은?

① 황색포도상구균　② 대장균
③ 보툴리누스균　　④ 노로바이러스

34 식품 첨가물에 대하여 바르게 설명한 것은?

① 비싼 재료는 최대한 많은 양을 사용하여도 된다.
② 독성이 없으면 무엇이든 식품첨가물로 사용이 가능하다.
③ 식품을 제조하거나 보존함에 있어 식품에 첨가·혼합·침윤 기타의 방법으로 사용되는 물질이다.
④ 식품의 외관, 향미, 저장성을 향상시키기 위하여 많은 양을 첨가하는 비영양성 물질이다.

35 8~9월에 3~4%의 식염농도에서 집중적으로 발생하는 식중독은 무엇인가?

① 장염비브리오 식중독
② 살모넬라 식중독
③ 황색포도상구균 식중독
④ 웰치균 식중독

36 감염형 식중독에 속하는 식중독은?

① 노로바이러스 식중독
② 보툴리누스균 식중독
③ 살모넬라 식중독
④ 황색포도상구균 식중독

37 황색포도상구균 식중독에 대한 설명으로 틀린 것은?

① 화농성 질환의 대표적인 원인균이다.
② 신경독소인 뉴로톡신을 생성한다.
③ 도시락, 김밥, 떡, 빵 등이 원인식품이다.
④ 잠복기가 식후 3시간으로 가장 짧다.

38 식중독 중에서 심한 발열을 일으키는 식중독은?
① 독버섯 식중독
② 장염비브리오 식중독
③ 보툴리누스균 식중독
④ 살모넬라 식중독

39 청매실에 함유되어 있는 청산배당체는 무엇인가?
① 아미그달린   ② 아세트 알데하이드
③ 엑티니딘   ④ 브로멜라인

40 식품을 100℃로 끓여서 섭취했는데도 식중독이 발생했으면 무슨 균인가?
① 대장균   ② 살모넬라균
③ 황색포도상구균 ④ 비브리오균

41 황변미 중독을 일으키는 균은 무엇인가?
① 비소   ② 세균
③ 곰팡이   ④ 효모

42 진공포장식품이나 통조림식품에서 주로 일어나는 식중독은?
① 황색포도상구균 식중독
② 보툴리누스균 식중독
③ 살모넬라 식중독
④ 로타바이러스 식중독

43 식품위생법상의 용어에 대하여 틀리게 표현한 것은?
① '식품위생'이란 식품, 식품첨가물, 기구 또는 용기를 대상으로 하는 음식에 관한 위생이다.
② '표시'란 식품, 식품첨가물, 기구 등의 포장에 기재하는 숫자 또는 도형을 뜻한다.
③ '집단 급식소'란 20인 이상에게 영리를 목적으로 판매하는 시설이다.
④ '식품'이란 의약으로 섭취하는 것 외의 모든 음식물을 말한다.

44 HACCP 적용 업소에 대하여 바르게 설명한 것은?
① HACCP을 적용·준수하여 제조만 하는 업소를 말한다.
② 식품의 원료, 관리, 제조, 조리의 과정에서 위해한 물질이 오염되는 것을 방지하는 업소를 말한다.
③ HACCP을 적용·준수하여 식품을 제조·가공·조리·소분·유통하는 업소를 말한다.
④ HACCP을 적용·준수하여 식품을 조리하는 업소를 말한다.

45 떡 제조 시 기계와 설비의 사용 요건으로 바르지 못한 것은?
① 도구와 용기는 일반 작업 구역용과 청결 작업 구역용, 채소류용, 가공식품용 등 용도별로 구분하여 사용·보관한다.
② 도구와 용기는 바닥에 놓고 사용한다.
③ 기계와 설비는 깨지거나 금이 가거나 하는 등 파손된 상태가 없어야 한다.
④ 기계와 설비는 고장 나지 않고 항상 작동할 수 있는 상태를 유지하도록 관리한다.

46 밀가루를 부풀려 채소로 만든 소와 팥소를 넣고 만든 상화가 도입된 시대는 언제인가?
① 상고시대   ② 통일신라시대
③ 고려시대   ④ 조선시대

47 죽지랑이 설병 한 합과 술 한 병을 가지고 노복을 거느리고 떡과 술을 먹었다는 이야기가 나오는 고서는?
① 음식디미방   ② 규합총서
③ 삼국유사   ④ 증보산림경제

48 고려시대 떡의 기록이 틀린 것은?
① 「고려사」에 광종이 걸인에게 떡을 시주한 기록이 있다.
② 「해동역사」에 고려인이 율고를 잘 만들었다는 기록이 있다.
③ 「목은집」에 수수전병을 만든 기록이 있다.
④ 「역주방문」에 잣과 대추를 넣어 유고를 만든 기록이 있다.

49 백결선생 집이 가난하여 부인이 떡을 못하는 아내를 위로하기 위해 거문고로 떡방아 찧는 소리를 내었다는 기록을 적은 고서는?
① 해동역사   ② 삼국사기
③ 삼국유사   ④ 성호사설

50 삼국시대 이전 우리 민족에 무천, 영고, 동맹과 같은 제천의식에서 사용되어진 떡이 아닌 것은?
① 시루떡   ② 지지는 떡
③ 치는 떡   ④ 수단

51 도토리로 만든 떡의 이름은?
① 상자병(橡子餠)   ② 감저병(甘藷餠)
③ 재증병(再蒸餠)   ④ 황량병(黃粱餠)

52 「동의보감」, 「규합총서」에 한약재료인 백복령, 연육, 의이인, 산약초, 맥아초, 능인, 백변두, 시상, 사탕을 넣어 만든 떡의 이름은?
① 나복병   ② 구선왕도고
③ 조침떡   ④ 신선부귀병

53 메밀을 넣고 만든 떡은?
① 부편   ② 겸절병
③ 구름떡   ④ 석탄병

54 「조선요리제법」에 조와 기장을 빻은 가루에 설탕, 밤, 대추를 넣어서 찐 떡의 이름은?
① 상주떡   ② 조침떡
③ 구선왕도고   ④ 서속떡

55 다음 중 의미가 다른 날은?
① 중화절   ② 머슴날
③ 노비일   ④ 정월대보름

56 초파일에 먹는 절식 떡은?
① 느티떡   ② 진달래화전
③ 수리취절편   ④ 오려송편

57 다음 중 절식 떡이 틀리게 연결된 것은?
① 섣달 그믐 – 온시루떡
② 유두일 – 약식
③ 5월 단오 – 차륜병
④ 중양절 – 국화전

58 아이가 태어난 것을 축하하며 아이와 산모가 속인의 세계와 섞지 않고 잘 자라라는 의미로 삼칠일과 백일에 해주는 떡은?
① 인절미   ② 석탄병
③ 백설기   ④ 오색송편

59 통과의례(通過儀禮)에서 혼례와 관련된 떡의 종류가 아닌 떡은?
① 쑥개떡   ② 용떡
③ 봉치떡   ④ 달떡

60 충청도 지역의 향토떡이 아닌 것은?
① 꽃산병, 약편
② 쇠머리떡, 호박송편
③ 상주설기, 방울증편
④ 햇보리개떡, 도토리떡

실전모의고사

01 쌀에 대한 설명으로 틀린 것은?
① 쌀에는 단백질이 있으나 필수아미노산인 리신이 부족하다.
② 쌀 단백질은 오리제닌(oryzenin)이다.
③ 아시아지역에서 전 세계 쌀의 약 90% 이상을 생산한다.
④ 멥쌀은 아밀로펙틴 100%로 구성되어 있다.

02 현미는 벼의 어느 부위를 벗긴 것인가?
① 겨층과 호분층   ② 배유와 배아
③ 과피   ④ 왕겨

03 아밀로펙틴에 대한 설명으로 틀린 것은?
① α-1,6결합
② 찹쌀, 찰옥수수
③ 가지 구조
④ 요오드정색반응-청색

04 다음 중 떡의 부재료가 아닌 것은?
① 동부   ② 콩
③ 차조   ④ 참깨

05 보리에 함유되어 있는 단백질은?
① 호르데인(hordein)
② 베타글루칸(betaglucan)
③ 튜베린(tuberin)
④ 이포메인(ipomain)

06 메밀에 많이 함유된 성인병 예방에 좋은 성분은?
① 사포닌   ② 루틴
③ 글로불린   ④ 트립신

07 떡의 재료로 많이 사용하는 콩 단백질의 주성분은?
① 글로불린   ② 글리아딘
③ 글루텐   ④ 글리시닌

08 분질감자의 특성으로 틀린 것은?
① 비중이 1.09~1.12이다.
② 전분입자의 크기가 크며 전분 함량이 높고 과육이 희다.
③ 찌면 건조한 흰색의 포실포실한 가루가 일고 파삭파삭하다.
④ 기름으로 볶는 요리, 조림의 용도로 사용한다.

09 다음 중 색을 내는 재료가 틀리게 연결된 것은?
① 검은색 - 석이버섯
② 갈색 - 송기
③ 붉은색 - 송화
④ 노란색 - 울금

10 다음 중 단당류가 아닌 것은?
① 유당   ② 포도당
③ 과당   ④ 갈락토오스

11 멥쌀과 찹쌀을 각각 1kg씩 불렸을 때의 불린 멥쌀과 찹쌀의 무게를 바르게 나타낸 것은?

① 멥쌀 1kg, 찹쌀 1.2~1.25kg
② 멥쌀 1.2~1.25kg, 찹쌀 1.2~1.25kg
③ 멥쌀 1.2~1.25kg, 찹쌀 1.35~1.45kg
④ 멥쌀 1.5~1.55kg, 찹쌀 1.35~1.45kg

12 찌는 떡이 아닌 것은?

① 두텁떡　　② 송편
③ 잡과병　　④ 골무떡

13 생마를 썰어 쪄서 꿀을 바른 후 찹쌀가루를 묻혀 기름에 지진 후 잣가루를 묻힌 떡은?

① 흰무리병　　② 서여향병
③ 빈자병　　④ 상화병

14 다음 보기를 보고 찰시루떡 만드는 공정을 바르게 나열한 것은?

㉠ 쌀 씻기	㉡ 쌀 불리기
㉢ 물 빼기	㉣ 소금 첨가하기
㉤ 1차 분쇄	㉥ 물 혼합하기
㉦ 2차 분쇄	㉧ 체 치기
㉨ 설탕 첨가	㉩ 시루에 고물 뿌리기
㉪ 쌀가루 안치기	㉫ 찌기

① ㉠ → ㉡ → ㉢ → ㉣ → ㉤ → ㉥ → ㉦ → ㉧ → ㉩ → ㉫
② ㉠ → ㉡ → ㉢ → ㉣ → ㉤ → ㉥ → ㉧ → ㉦ → ㉨ → ㉪ → ㉫
③ ㉠ → ㉡ → ㉢ → ㉣ → ㉤ → ㉥ → ㉦ → ㉧ → ㉨ → ㉪ → ㉫
④ ㉠ → ㉡ → ㉢ → ㉣ → ㉤ → ㉥ → ㉦ → ㉧ → ㉩ → ㉪ → ㉫

15 증편 제조 시 이스트를 넣어서 만드는 방법으로 틀린 것은?

① 막걸리와 이스트를 병행 사용하면 막걸리만 사용하는 것보다 발효시간을 대폭 줄일 수 있다.
② 이스트 사용량은 생이스트, 건조이스트, 인스턴트 이스트의 양은 똑같다.
③ 이스트를 지나치게 많이 사용하면 특유의 이취를 발생시키므로 주의한다.
④ 반죽 혼합 시 인스턴트 이스트를 소량의 물에 미리 섞어 사용한다.

16 쌀 불리는 과정 설명이 틀린 것은?

① 여름철에는 3~4시간 정도 담근다.
② 여름철에는 실온에 하룻밤을 재우면서 불려야 한다.
③ 겨울철에는 7~8시간 불리는데 쌀이 얼지 않도록 주의해야 한다.
④ 불린 쌀은 한 번 더 깨끗한 물로 세척하고 30분 정도 물기를 뺀 후에 사용한다.

17 전분의 노화가 가장 빨리 일어나는 수분 함량은?

① 10~20%　　② 15%~20%
③ 20~30%　　④ 30~60%

18 호화와 노화에 대하여 맞게 설명한 것은?

① 감자, 고구마와 같이 전분 입자가 클수록 호화가 느리다.
② 전분의 노화는 아밀로펙틴 함량이 높을수록 노화가 빨리 일어난다.
③ 쌀가루에 설탕을 첨가하면 노화를 지연시킨다.
④ 쌀과 보리전분은 물을 넣지 않아도 호화가 잘 된다.

19 쑥이나 수리취를 넣은 떡이 노화가 지연되는 이유를 바르게 설명한 것은?
① 당분 함량이 높아서
② 알칼리성 식품이어서
③ 식이섬유소가 많아서
④ 무기질 함량이 높아서

20 떡 장비의 설명으로 틀린 것은?
① 쌀세척기는 다량의 쌀을 단시간에 세척할 수 있으며 소음과 진동이 없다.
② 메시(mesh)는 체망의 가로와 세로 각각 5cm의 면적에 들어 있는 체눈의 수를 의미한다.
③ 롤러밀은 쇳가루나 녹물이 나오지 않는 화강암 재질로 많이 제작한다.
④ 체 재질은 강철, 스테인리스, 청동, 구리, 니켈 등을 사용한다.

21 자배기에 대한 설명으로 맞는 것은?
① 쌀을 물에 담궈 불릴 때 사용하는 질그릇의 일종이다.
② 돌이나 불순물을 분리시킬 때 사용한다.
③ 쌀가루나 고물을 곱게 내릴 때 사용한다.
④ 떡을 찔 때 찜기처럼 사용한다.

22 갖가지 모양과 무늬를 새긴 판 또는 도장처럼 새긴 것으로 떡에 문양을 찍을 때 사용하는 도구는?
① 떡메   ② 떡살
③ 이남박 ④ 안반

23 붉은팥시루떡 만드는 과정을 틀리게 설명한 것은?
① 붉은팥을 삶아 뜨거울 때 소금을 넣고 대강 찧는다.
② 시루밑을 깔고 팥고물, 쌀가루, 팥고물 순으로 켜켜이 안친다.
③ 쌀가루에 물을 주고 비벼서 체에 내린 후 설탕을 고루 섞는다.
④ 붉은팥은 하루 전날 물에 불려서 살짝 삶는다.

24 다음 중 캐러멜화와 가장 관계있는 것은?
① 단백질   ② 당질
③ 무기질   ④ 섬유질

25 폴리에틸렌 포장지에 대한 설명으로 틀린 것은?
① 90℃ 이상의 식품을 오래 담아 두면 코팅이 벗겨진다.
② 변색, 변형에 강하여 장기간 보관도 용이하다.
③ 산성성분에 사용 시 화학물질이 녹아 나온다.
④ 전자레인지에 사용해도 된다.

26 떡 제조 시 개인위생 수칙으로 틀린 것은?
① 반지, 팔찌, 시계 등은 하지 않는다.
② 위생복과 위생모는 항상 깨끗하게 착용한다.
③ 손톱은 짧고 깨끗하게 하고 매니큐어는 바르지 않는다.
④ 식품을 취급하면서 껌은 씹어도 된다.

27 식품의 부패 판정에 대한 설명이 틀린 것은?
① 화학적 검사는 식품의 점성, 색, 탄성, 탁도 등을 측정하는 방법이다.
② 식품 1g당 생균수가 $10^7 \sim 10^8$인 경우 초기부패로 판정한다.
③ 관능검사는 시각, 촉각, 미각, 후각 등을 이용하는 방법이다.
④ 트리메틸아민은 어류의 신선도 검사로 4~6mg%이면 초기부패로 판정한다.

28 다음 중 식품 및 기구의 살균제가 아닌 것은?
① 차아염소산나트륨 ② 과산화수소
③ 아질산나트륨 ④ 표백분

29 단백질 식품이 미생물에 의하여 분해되어 악취가 나고 인체에 유해한 물질이 생성되는 현상을 무엇이라 하는가?
① 변패 ② 산패
③ 부패 ④ 발효

30 감염병 발생의 요인으로 틀린 것은?
① 감염원 ② 감염경로
③ 숙주 ④ 환경

31 결합수에 대한 설명이 틀린 것은?
① 0℃ 이하에서 동결되지 않는다.
② 용매로 작용하지 않는다.
③ 미생물 생육에 이용한다.
④ 화학반응에 관여하지 않는다.

32 다음 중 세균에 의한 감염병이 아닌 것은?
① 콜레라 ② 장티푸스
③ 디프테리아 ④ 소아마비

33 살모넬라 식중독과 관계가 있는 식품은?
① 고등어 ② 난류
③ 소시지 ④ 통조림

34 인수공통감염병에 속하는 것은?
① 탄저 ② 장티푸스
③ 백일해 ④ 피부사상균

35 이타이이타이병을 유발시키는 중금속은?
① 납 ② 안티몬
③ 카드뮴 ④ 수은

36 식품과 독성분의 연결이 틀린 것은?
① 땅콩 – 아플라톡신
② 독미나리 – 시큐톡신
③ 목화씨 – 고시폴
④ 수수 – 테뮬린

37 통조림을 다량 섭취 후 복통이나 구토 증상을 일으키는 이 물질은?
① 크롬 ② 납
③ 주석 ④ 수은

38 유독한 색소를 생산하며 황변미의 원인이 되는 독소는?
① 에르고톡신 ② 듀린
③ 시트리닌 ④ 아플라톡신

39 과대광고나 허위표시에 해당되지 않는 것은?
① 다른 업장의 식품을 비방하는 표시나 광고
② 정부표창 규정에 따라 제품과 직접 관련된 상장과 사진을 이용하는 광고
③ 외국어를 사용하여 외국제품으로 혼동할 우려가 있는 표시나 광고
④ 식품으로 병을 치료나 예방하는 효능이 있다는 표시나 광고

40 떡 제조 시 도구와 장비를 사용하는 방법이 바르지 못한 것은?

① 원·부재료를 투입할 때는 손이 아닌 투입봉 등의 기구를 활용한다.
② 장비의 정비 시간이 짧은 경우에도 반드시 전원 스위치를 끈다.
③ 이물질을 제거 시에는 동력을 정지 시키지 않는다.
④ 젖은 손으로 장비 스위치 조작을 금지한다.

41 다음 중 HACCP를 수행하는 단계에 있어서 가장 먼저 실시하는 것은?

① 중점 관리점 규명
② 관리기준의 설정
③ 기록유지 방법의 설정
④ 식품의 위해요소를 분석

42 떡이란 명사가 처음 기록된 문헌은?

① 규합총서　　② 증보산림경제
③ 삼국사기　　④ 목은집

43 상고시대 떡을 해서 먹은 기록을 유물에서 확인할 수 있는 것으로 거리가 먼 것은?

① 갈돌　　② 갈판
③ 떡살　　④ 시루

44 「지봉유설」에 기록된 떡 중 청애병(靑艾餠)은 무엇으로 만든 떡인가?

① 쑥　　② 석이버섯
③ 무　　④ 송기

45 다음 중 지지는 떡에 속하는 떡은?

① 깨찰편　　② 주악
③ 구름떡　　④ 차륜병

46 몽고와의 교류로 고려음식이 많은 영향을 받았는데 특히 밀가루를 술에 부풀려 채소로 만든 소와 팥소를 넣어 만든 떡은?

① 혼돈병　　② 상화병
③ 빙자병　　④ 합병

47 떡의 맛이 좋아 삼키기 아까운고로 석탄병이라고 기록되어 있는 책은?

① 규합총서　　② 거가필용
③ 목은집　　　④ 고려사

48 계면떡을 바르게 설명한 것은?

① 집안의 평안을 위하여 만든 떡이다.
② 멥쌀가루를 쪄서 한 덩어리로 만드는 떡이다.
③ 계피가루를 뿌린 웃기떡이다.
④ 무당이 굿을 끝내고 구경 온 사람들에게 나누어 주는 떡이다.

49 「동국세시기」에 떡국을 다른 말로 맞게 표현한 것은?

① 떡병　　② 합병
③ 병탕　　④ 백병

50 가래떡에 대한 설명으로 틀린 것은?

① 백병이라고 불리우며 길고 가늘게 만들어 식구들의 수명장수를 기원한다.
② 농기구인 '가래'에서 가래줄을 보고 떡을 길게 만들었다는 설이 있다.
③ 가래떡을 엽전 모양으로 썰어 재복을 기원한다.
④ 가래떡은 오방색으로 흰색, 황색, 녹색, 적색, 검은색으로 표현한다.

51 메밀가루에 물을 넣고 반죽하여 전병을 부친 후 안에 무채를 넣어 만든 떡은?

① 오메기떡　② 빙떡
③ 돌레떡　④ 조침떡

52 다음 중 유전병(油煎餠)에 속하는 떡으로만 묶은 것은?

① 화전, 주악, 개피떡
② 개성경단, 부꾸미, 주악
③ 신과병, 주악, 산승
④ 화전, 부꾸미, 주악

53 신과병에 대한 설명으로 맞는 것은?

① 멥쌀가루에 당귀가루와 참기름을 섞어서 찐 떡이다.
② 멥쌀가루에 막걸리를 넣어 부풀려 찐 떡이다.
③ 멥쌀가루에 햇과일을 섞어 녹두고물을 올려 찐 떡이다.
④ 멥쌀가루에 무를 섞어서 팥고물을 올려서 찐 떡이다.

54 절기와 떡의 연결이 틀린 것은?

① 2월 중화절 – 노비송편
② 4월 초파일 – 느티떡
③ 6월 유두 – 떡수단
④ 9월 중양절 – 깨찰떡

55 백일상, 돌, 책례 때 해주는 오색송편의 의미를 맞게 설명한 것은?

① 오행(五行), 오덕(五德)을 갖춘 아이로 속이 꽉 찬 아이로 자라라는 의미이다.
② 잡귀가 접근하지 못하도록 액을 막는다는 의미이다.
③ 산모를 속인의 세계와 섞이지 않도록 보호하는 의미이다.
④ 수명장수하고 큰 복을 받으라는 의미이다.

56 혼례 때 찹쌀로 만들며 부부의 금실이 찰떡처럼 귀착되라는 뜻을 의미하며 떡을 2켜로 올려 부부 한 쌍을 상징하는 떡은?

① 쇠머리떡　② 애단자
③ 봉치떡　④ 깨찰편

57 백일상차림에 올리는 떡의 종류가 아닌 것은?

① 백설기　② 찰수수경단
③ 오색송편　④ 붉은팥고물시루떡

58 통과의례(通過儀禮) 중에 제례와 관련된 떡의 종류로만 묶은 것은?

① 백설기, 찰수수경단, 오색송편
② 붉은팥시루떡, 화전, 승검초편
③ 꿀편, 거피팥시루떡, 녹두찰편
④ 무지개떡, 붉은팥시루떡, 달떡

59 뱃사람들이 아침에 일 나가기 전 뜨끈한 해장국과 함께 먹었다하여 붙여진 이름으로 충청도 향토떡은?

① 만경떡　② 해장떡
③ 닭알떡　④ 오그랑떡

60 경상도 지역의 향토떡으로 틀린 것은?

① 상주설기, 감단자　② 부편, 만경떡
③ 잣구리, 모듬백이　④ 꽃송편, 복령떡

제1회 실전모의고사 정답 및 해설

01	02	03	04	05	06	07	08	09	10
④	③	④	②	①	④	②	①	④	③
11	12	13	14	15	16	17	18	19	20
②	①	④	②	①	③	④	①	③	③
21	22	23	24	25	26	27	28	29	30
④	②	①	③	④	①	③	②	④	①
31	32	33	34	35	36	37	38	39	40
④	④	②	①	②	③	④	③	①	③
41	42	43	44	45	46	47	48	49	50
①	②	③	④	①	①	③	④	②	①
51	52	53	54	55	56	57	58	59	60
②	②	④	④	③	②	④	②	③	①

01 쌀, 보리, 귀리는 왕겨로 둘러싸여 있고, 옥수수는 왕겨가 없이 열매가 그대로 노출되어 있다.

02 찹쌀은 떡의 주재료로 사용한다.

03 찹쌀가루에 요오드 용액을 떨어뜨리면 적갈색, 멥쌀가루는 청자색으로 변한다.

04 소금(천일염) 양은 보통 불린 쌀무게의 1.2~1.3%를 넣는다.

05 찹쌀은 아밀로펙틴을 함유하고 있어 너무 고우면 쌀가루 사이로 수증기의 통과가 어려워 호화가 잘 안 될 수 있어 한 번만 빻는다.

06 호두 속껍질을 벗길 때는 따뜻한 물에 불려 벗긴다.

07 지초는 자초, 지치라고도 불리우는 한약재로 천연 색소로 이용한다. 지초의 적색색소는 지용성으로 기름에 넣으면 붉은색이 우러나온다. 곤떡은 지초기름으로 지진 화전이다.

08 팥에 소다를 넣고 삶으면 조리 시간은 단축되나 비타민 B_1이 파괴된다.

09 정제염의 NaCl 농도는 약 99% 정도이다.

10 필수지방산이 부족 시에는 성장장애와 피부염이 발생하고 마라스무스병은 단백질 부족 시 유아기 때 나타나는 질환이다.

11 거피는 팥이나 녹두의 껍질을 벗긴 것으로 주로 고물을 만든다.

12 석이버섯은 검은색이 진하고 두껍고 큰 것이 최상품이다.

13 보라색은 자색고구마, 백년초, 복분자 등이 있다.

14 물에 가라 앉아 있는 곡식에는 모래나 돌이 있을 수 있으므로 조리로 일구어 제거한다.

15 멥쌀 1Kg을 깨끗이 씻어 불리면 1.2~1.3kg이 된다.

16 불린 쌀을 30분 동안 물 빼기를 한 후 기계에 1차 빻을 때 소금을 넣고 2차 빻을 때는 물을 넣어 수분을 맞춘다.

17 백설기는 쌀가루에 물을 섞어 체에 내린 후 설탕을 넣고 섞은 후 김 오른 찜기에 20분 정도 찐 후 5분간 뜸 들인다. 실온에 두었다 찌면 설탕이 녹아 떡이 질척해진다.

18 찹쌀은 아밀로펙틴 함량이 100%이므로 끈기와 점성이 있어 쌀가루 사이로 수증기가 잘 통과되지 않아 익지 않을 수 있으므로 거칠게 빻는다.

19 쌀에 부족한 단백질을 보완하기 위해서 밥이나 떡에 콩을 넣는다.

20 증편은 막걸리를 넣고 발효시켜 잘 쉬지 않으므로 여름에 먹는 떡으로 기주, 술떡이라고도 부른다.

21 산승과 빙자병은 지지는 떡이다.

22 불린 서리태는 15~20분 정도 삶는다. 너무 오래 삶으면 메주 냄새가 난다.

23 봉치떡의 재료는 찹쌀, 붉은팥, 대추, 밤이다.

24 석이병은 「음식디미방」에 멥쌀 1말에 찹쌀 2되를 섞고, 고물은 잣가루를 쓰는 가장 별미의 떡이라 기록되어 있다.

25 잡과병(雜果餅)은 멥쌀가루에 여러 가지 과일을 섞어 찐 떡이다.

26 삼색무리병은 멥쌀가루를 3등분하여 각각 색을 들이고 고명을 얹어 찐 설기떡이다.

27 약편은 대추를 푹 삶아 내린 대추고와 막걸리를 넣고 찐 떡으로 대추가 내장을 튼튼하게 해주는 기능이 있어 약편 또는 대추편이라고 부른다.

28 떡을 기계로 포장 후에는 금속류가 검출되는지 확인해야 한다.

29 식품의 빙결점(-2℃ 정도) 이하로 온도가 내려가 -20~-30℃에 이르러 냉동된 상태가 되면 물분자 간의 수소결합이 안정화되어 전분분자의 자유로운 운동이 억제되기 때문에 전분의 노화가 억제된다. 급속 동결을 하여 식품 중의 물이 많은 수의 미세한 빙결정을 형성하도록 하여야 조직의 손상이 적다.

30 떡 제조 작업자는 코까지 덮는 마스크를 착용한다.

31 제조자와 업주명은 표시사항이 아니다.

32 의약품은 위생관리의 목적에 해당되지 않는다.

33 식품의약품안전처장은 식품 등의 기준 규격을 수록한 '식품 등의 공전'을 작성·보급한다.

34 포르말린은 메틸알코올을 산화하여 만든 수용액으로 독성을 지닌 유해화학물질이다.

35 부패란 단백질 식품이 미생물, 특히 혐기성 세균의 번식에 의해 분해를 일으켜 인체에 유해한 물질이 생성되는 것이다.

36 세균은 습한 곳에서 잘 생육하나 10% 이하에서는 발육이 억제된다.

37 변종크로이츠펠트-야콥병은 광우병이 사람에게 전염된 것으로, 일명 '인간광우병'으로 불리며, 광우병에 걸린 소의 고기나 그 추출물로 만든 식품 섭취 시 발병한다.

38 살모넬라 식중독은 쥐, 파리, 바퀴벌레 등에 의해 오염되며 원인식은 육류, 우유, 난류이다.

39 황색포도상구균 식중독은 화농성 질환의 대표적인 원인균으로 독소에 의해 일어나며 증상은 구토, 복통, 설사를 한다.

40 식중독은 식중독균에 의해 발생되므로 식품을 냉장이나 냉동 보관 시 위생적으로 보관해야 한다.

41 시큐톡신은 독미나리에 들어있는 독성분이다.

42 쥐, 파리, 바퀴벌레 등의 위생해충구제는 살모넬라 식중독 예방법이다.

43 온도를 측정하는 계기는 항상 잘 보이는 곳에 설치하여야 수시로 식품을 관리할 수 있다.

44 석탄산 계수는 소독약의 살균력을 나타내는 기준이다. 살균력이 안전하고 유기물에도 소독력이 약화되지 않는다.

45 HACCP의 개념은 식품의 생산·유통·소비의 전 과정을 지속적으로 관리하여 최종 생산되는 식품 또는 음식의 안전성을 확보하고 보증하는 예방 차원이다.

46 구선왕도고는 대표적인 약떡의 하나로 한약재가루를 넣어 찐 떡이다.

47 백설기는 신성함, 정결함, 순진무구하게 자라라는 기원이 담겨있다. 백일에는 백설기, 오색송편, 찰수수경단 등을 한다.

48 가장 먼저 수확한 쌀로 만든 송편을 오려 송편이라 한다.

49 「부인필지」, 「규합총서」, 「조선무쌍신식요리제법」에 석탄병이 소개되어 있다.

50 붉은팥시루떡은 귀신이 붉은색을 싫어하므로 올리지 않는다.

51 음력 2월 1일을 노비일(중화절)이라 하여 주인이 새해 농사를 잘 지으라고 송편을 크게 만들어 노비의 나이수대로 나누어 준 날로 노비송편 또는 삭일송편이라고 한다.

52 찹쌀가루는 부부의 금실이 찰떡처럼 화목하게 잘 합쳐지라는 뜻이며, 떡을 2켜로 올린 것은 부부 한 쌍을 의미한다.

53 큰상을 고배상이라고도 하며 바라만 본다 해서 망상(妄想)이라고도 한다. 잔치가 끝나면 손님들에게 음식을 나누어 준다.

54 용떡은 혼례 때 교배상에 올리는 용틀임 모양으로 빚어서 만든 떡이다.

55 부편은 찹쌀가루를 익반죽 한 뒤 볶은 콩가루에 꿀과 계핏가루를 섞어 소로 넣고 둥글게 빚어 위에 대추나 곶감채를 얹고 거피팥고물을 뿌려 찌는 떡으로 경상도 지방의 떡이다.

56 정월 대보름에 귀밝이술, 묵은 나물, 복쌈, 약식 등을 만들어 즐겨 먹었다.

57 「동국세시기」에 삼짇날 음식은 진달래 화전과 화면이 으뜸이라고 기록되어 있다.

58 강원도는 옥수수와 감자를 이용하여 다양한 떡을 만든다.

59 중양절은 추석 제사를 못 잡순 조상께 제사를 지내는 날이며 국화전과 밤떡을 만들어 풍국 놀이를 즐겼다.

60 서울·경기도 떡은 멋을 부려 화려하고 떡의 종류가 많다.

제2회 실전모의고사 정답 및 해설

01	02	03	04	05	06	07	08	09	10
②	④	④	①	④	②	②	③	④	②
11	12	13	14	15	16	17	18	19	20
③	③	①	①	③	③	②	④	③	④
21	22	23	24	25	26	27	28	29	30
①	④	②	③	②	④	③	①	③	③
31	32	33	34	35	36	37	38	39	40
①	④	③	④	①	②	①	②	①	③
41	42	43	44	45	46	47	48	49	50
①	③	④	①	②	①	②	④	③	①
51	52	53	54	55	56	57	58	59	60
③	①	③	①	④	③	④	②	①	③

1 인디카형은 밥의 점성이 약하며, 쌀 단백질은 오리제닌(oryzenin)이다. 찹쌀은 아밀로펙틴으로만 구성되어 있다.

2 곡류는 떡의 주재료로 이용된다.

3 찰수수는 주로 떡 제조 하는데 사용하며 메수수는 사료용으로 쓰인다.

4 팥에 식소다(중조)를 넣고 삶으면 팥의 헤미셀로오스와 펙틴질을 연화시켜 부드럽게 삶아지나 비타민 B_1이 파괴되는 단점이 있다.

5 녹두는 성질이 차가우므로 몸이 냉한 사람은 다량 복용하는 것을 피하고 해열작용, 소염작용을 하는 것으로 알려져 있다.

6 현미는 겨층이 있어 영양성분은 우수하나 수분 침투가 어려워 전분의 호화가 잘 일어나지 않고 소화율이 낮다.

7 맥아당은 포도당과 포도당이 결합된 당이다.

8 당단백질인 뮤신은 단백질을 흡수하고 α-아밀라아제 등 효소를 함유하고 있어 소화를 촉진시켜 위장을 보호하는 효능이 있다.

9 맛소금은 정제염에 조미료를 넣고 만든 소금이다.

10 코치닐 색소는 열에 안정하여 색이 변하지 않는 장점이 있다.

11 호박고지는 미지근한 물에 10분 정도 담근 후 물기를 제거한다.

12 곡류 보관 시 저장성을 높이기 위해서는 수분은 15% 이하, 저장 온도는 15℃, 습도는 70% 이하로 저장하여야 한다.

13 설탕의 소량 첨가는 호화에 영향을 미치지 않으나 20% 이상 사용 시 호화를 억제시킨다. 가열온도가 높을수록, 수분을 많이 첨가할수록 호화가 잘 된다. 전분의 입자가 클수록 호화온도가 낮다.

14 떡의 노화가 잘 일어나는 온도는 0~4℃인 냉장고 온도이다.

15 전분의 호정화란 전분에 물을 넣지 않고 160~180℃으로 가열하여 전분이 덱스트린으로 분해되는 것으로 뻥튀기, 팝콘, 미숫가루 등을 만든다.

16 쌀을 수침하면 멥쌀은 최대수분 흡수율이 25%이고, 찹쌀은 최대수분 흡수율이 37~40%로 찌는 떡을 할 때 멥쌀가루에 물을 더 보충하여 호화가 잘 되게 해야 한다.

17 쌀을 깨끗이 씻어 쌀가루를 빻으면 훨씬 더 희고 고우며 빨리 변패되는 것을 방지할 수 있다.

18 쌀의 수분 흡수율은 쌀의 품종, 쌀의 저장기간, 수침 시 물의 온도에 따라 달라진다.

19 - 날반죽 : 쌀가루에 찬물을 넣고 반죽하는 것
   - 익반죽 : 쌀가루에 뜨거운 물을 넣고 반죽하는 것

20 쌀을 불리면 멥쌀은 무게가 1.2~1.3배, 찹쌀은 무게가 1.4배 정도가 된다.

21 고추장, 된장, 흑설탕은 계량컵에 눌러 담아 윗면을 깎아 내고, 계량기구에 남아 있는 잔량은 훑어내고 계량한다.

22 찹쌀가루에 설탕을 넣고 체에 내리면 설탕이 녹아 쌀가루가 질어져 김이 잘 통과를 못하게 된다.

23 복령조화고는 한약재가루인 연육, 산약, 백복령, 검인 등으로 찐 약떡이다.

24 붉은팥시루떡은 잡귀로부터 보호하기 위해서 봉치떡, 고사떡으로 많이 하는 떡으로 액을 막아 준다는 의미로 먹는 켜떡이다.

25 쑥갠떡은 멥쌀가루에 삶은 쑥을 넣고 익반죽하여 둥글납작하게 빚어 찐 떡이다.

26 두텁떡은 봉우리떡, 합병, 후병이라고 불리우며 재료는 찹쌀가루, 거피팥고물, 진간장, 설탕, 유자청, 꿀, 잣, 밤, 대추 등이다.

27 개피떡은 치는 떡으로 멥쌀가루를 쪄서 안반에 놓고 친 다음 얇게 밀어 소를 넣고 공기가 들어가게 반으로 접어 반달 모양으로 찍어 낸 떡이다. 일명 바람떡이라고도 부른다.

28 - 조리 : 쌀에 있는 돌이나 모래를 일구는 댓가지로 만든 국자 모양의 도구
   - 키 : 곡식에 있는 뉘, 껍질, 쭉쟁이 등의 이물질을 골라내는 기구
   - 돌확 : 곡식의 껍질을 벗기거나 찧을 때 사용하는 기구

29 산패란 유지식품이 공기 중의 산소, 일광, 금속에 의해 분해되어 불쾌한 냄새를 내는 현상이다.

30 보툴리누스균 식중독은 독소형 식중독이다.

31 발진열은 벼룩, 쥐가 매개하는 질병이다.

32 유통기한이 경과된 식품은 전시, 판매하여서는 안된다.

33 미생물의 크기는 곰팡이 〉 효모 〉 스피로헤타 〉 세균 〉 리케차 〉 바이러스 이다.

34 통조림 재질인 알루미늄은 공기와 접촉하면 빨리 부식되므로 개봉 후 남은 재료는 다른 용기에 담아 냉장 보관해야 한다.

35 황색포도상구균은 화농성질환자에 의해 오염된 식품에 의해 중독을 일으키며 원인독소는 엔테로톡신(Enterotoxin)으로 잠복기가 평균 3시간으로 가장 짧다.

36 식품첨가물의 사용 목적은 식품의 부패와 변질을 방지, 식품의 기호 및 관능 만족, 식품의 품질유지와 개량이다.

37 식품위생법에서 식품위생의 대상은 식품, 식품첨가물, 기구, 포장용기 등의 음식에 대한 전반적인 것이다.

38 화학적 소독-염소(수돗물), 표백분(우물)

39 구조자 자신의 안전 여부를 확인 후 주변 사람을 돕도록 한다.

40 역성비누는 침투력과 살균력이 강하고 냄새가 없으며 손소독, 조리기구, 식기류 등을 소독한다.

41 곰팡이는 건조식품이나 곡물에 잘 증식한다.

42 식중독 발생 신고를 가장 먼저 해야 한다.

43 2020년에 결핵, 수두, 홍역, 콜레라, 장티푸스, A형감염, 폴리오 등이 제2급감염병으로 분류되었다.

44 소화기는 눈에 잘 띄는 곳에 보관한다.

45 HACCP 대상 식품은 어묵, 냉동피자, 냉동 만두, 면류, 레토르트식품, 과자류, 빵류, 떡류, 빙과류 등이다.

46 4월 초파일은 석가모니의 탄생을 축하하는 날로 느티떡과 장미화전을 만들었다.

47 유두일은 밀을 거두는 때여서 절식으로 상화병과 밀전병을 만들었다.

48 조랭이떡은 고려의 수도인 개성지방에서 사무친 원한을 풀기 위해 가래떡 끝을 비비 틀어서 만들기 시작한데서 유래되었다.

49 약식은 약반, 약밥이라고 불리우며 신라시대부터 먹어 온 것으로 기록되어 있다.

50 떡국을 먹음으로써 나이를 하나 더한다 하여 첨세병(添歲餠)이라 한다.

51 서당에서 어려운 책을 끝내면 자축 및 격려와 축하의 의미로 선생님과 함께 먹었다.

52 섣달 납일에 한 해 동안 도와주신 신께 골무떡과 온시루떡을 해 놓고 제사를 지냈다.

53 1800년대의 「규합총서」에 무떡, 복령떡이라는 단어를 처음으로 사용하였다.

54 부족국가시대에 곡물이 생산되고 있었고 곡물의 껍질을 벗기고 가루로 만드는데 쓰이는 갈돌과 갈판의 유물이 출토되었으며 양쪽에 손잡이가 달리고 바닥에 구멍이 있는 시루가 발견되었다.

55 청애병은 쑥떡을 말하며 뱀이 들어오는 것을 방지하기 위하여 만들어 먹었다.

56 삼국시대 이전 유적지에서 곡물을 가루로 내는 갈돌, 돌확과 시루가 유물로 출토되었다.

57 골무떡은 멥쌀가루를 시루에 쪄 꽈리가 일도록 친 다음 가래떡처럼 가늘게 빚어 손을 세워 골무 모양으로 끊어 만든 떡이다.

58 산약병은 찹쌀가루에 마가루를 넣고 동그랗게 빚어 삶아 낸 떡이다.

59 빈례란 군주와 신하가 만나는 의례 또는 외국에서 온 사신을 접대하는 의례이다.

60 오메기떡은 차조를 빻아 익반죽하여 도너츠 모양으로 만들어 삶아 콩가루나 팥고물을 묻힌 떡이다. 제주도는 쌀보다 잡곡이 많아 잡곡을 이용한 떡이 많이 발전하였다.

제3회 실전모의고사 정답 및 해설

01	02	03	04	05	06	07	08	09	10
③	①	④	①	②	④	③	①	③	③
11	12	13	14	15	16	17	18	19	20
②	④	③	④	③	②	①	④	②	③
21	22	23	24	25	26	27	28	29	30
①	④	②	①	③	④	③	①	②	④
31	32	33	34	35	36	37	38	39	40
①	②	③	③	②	①	③	②	④	②
41	42	43	44	45	46	47	48	49	50
①	④	③	②	③	①	④	②	③	①
51	52	53	54	55	56	57	58	59	60
④	③	④	①	③	④	②	④	②	③

1 배아는 단백질, 지질, 무기질 함량이 높으며 도정과정에서 쉽게 떨어져 나간다.

2 찹쌀가루는 적갈색, 멥쌀가루는 청자색이 된다.

3 인디카형은 자포니카형에 비해 끈기가 적어 밥을 하면 부슬부슬하다.

4 벼를 탈곡(벼이삭을 털어서)하여 탈각(벼 껍질 벗기기) 후 정백(현미를 백미로 만듦)하면 백미가 된다.

5 수수는 떫은맛의 탄닌을 함유하고 있어 깨끗이 씻어 물을 자주 갈아주면서 불린다.

6 석이버섯은 떡의 검은색 재료로 많이 쓰이며 석이단자, 석이병 등을 만든다.

7 두류는 많은 양의 단백질을 함유하고 있다.

8 감자의 단백질은 튜베린, 보리의 단백질은 호르데인, 밀의 단백질은 글루텐이다.

9 메밀가루는 글루텐이 없어 밀가루를 넣어야 빵을 제조할 수 있다.

10 안토시아닌 색소는 알칼리성에서는 청색을 띠고 산성에서는 적색을 띤다.

11 팥은 오래 담가두면 붉은색이 물에 용출되고 껍질이 갈라지므로 불리지 않고 삶는다.

12 채소는 충분한 물에 데쳐야 물에 용출된 유기산의 농도가 희석되고, 뚜껑을 열고 데쳐야 유기산이 공기 중에 휘발되어 채소의 푸른색이 유지된다.

13 토란은 끓는 물에 데쳐서 점질물질을 제거 한 후에 조리해야 맛의 침투 효과가 좋다.

14 맛의 대비 현상으로 서로 다른 맛 성분들이 혼합되었을 때 주된 성분의 맛이 강하게 느껴지는 것을 말한다. 예를 들어 단팥죽에 소금을 약간 넣으면 단맛이 더욱 강하게 느껴진다.

15 호박오가리는 미지근한 물에 불려서 사용해야 한다. 붉은팥은 불리지 않고 삶아 사용한다. 쑥은 데친 후 찬물에 헹궈서 사용하며 오래 보관 할 경우 냉동보관 한다.

16 엿기름은 전분을 맥아당으로 분해하여 단맛을 증가시키며 식혜, 조청, 엿을 만드는데 이용한다.

17 감자는 껍질을 제거하면 티로신이 티로시나아제에 의해 산화되어 멜라닌이 형성된다.

18 설탕은 가장 많이 사용하는 당으로 감미도는 100으로 당의 감미 표준물질로 쓰인다.

19 송화가루, 치자, 단호박가루는 노란색을 나타낸다.

20 탄수화물은 1g당 4kcal의 열량을 낸다.

21 쌀을 너무 문질러 씻으면 수용성 비타민 B₁의 손실이 커진다.

22 쑥을 데쳐서 냉동시키는 이유는 효소를 불활성화시켜서 변색을 방지하고 부패를 방지하기 위함이다.

23 오미자는 뜨거운 물에 우리거나 삶으면 떫은맛과 쓴맛이 나므로 찬물에 우려 사용한다.

24 쌀은 여름에는 3~4시간, 겨울에는 7~8시간 불린다.

25 떡 제조 시 체로 치는 이유는 공기가 쌀가루에 잘 혼입되어 떡이 잘 쪄지고 촉감도 부드럽게 하기 위함이다.

26 가래떡은 치는 떡으로 찬물로 반죽하여야 하며 절구에 오래 쳐 줘야 부드럽고 쫄깃한 맛이 난다.

27 빙자병과 노티는 지지는 떡이다.

28 상화병은 밀가루에 술을 넣고 반죽하여 발효시켜 안에 팥이나 만두소를 넣고 찐 만두와 비슷한 떡이다.

29 상추는 데치지 않고 생 상추를 손으로 뜯어서 사용한다.

30 각색편은 멥쌀가루에 넣은 재료에 따라 이름을 붙이는데 3가지 다른 색으로 만들어 위에 고물 대신 대추, 밤, 석이버섯을 채 썰어 올리는 떡이다.

31 무지개떡, 쑥갠떡, 절편, 여주산병은 멥쌀로 만든 떡이고, 상화는 밀가루에 막걸리를 넣어 발효시킨 떡이다.

32 와거병은 멥쌀가루에 상추를 넣고 찐 상추시루떡을 말한다.

33 산삼병은 「음식디미방」에 더덕을 산삼이라 기록하였으며 더덕에 찹쌀가루를 묻혀서 넉넉한 기름에 지져낸 것으로 지지는 떡에 속한다.

34 식품으로 인해 생기는 위생상의 위해 방지, 식품에 관한 올바른 정보제공, 식품영양의 질적 향상 도모, 국민보건 증진에 이바지 하는 것이 식품위생관리의 목적이다.

35 보툴리누스균 식중독은 신경마비(시야 흐림, 안면마비, 동공확대)와 치사율 40%의 고위험균 식중독이다.

36 곰팡이의 번식력은 세균보다 느리지만 생명력은 강하다.

37 멸균은 비병원균과 미생물의 아포까지 사멸한다.

38 1차 위반 시 업무정지 1개월이다. 2차 위반 시 업무정지 2개월이며, 3차 위반 시 면허취소가 된다.

39 백일해는 제2급감염병에 해당되나 인수공통감염병에는 해당되지 않는다.

40 허가를 받아야 하는 영업은 식품조사처리업, 단란주점영업, 유흥주점영업이다.

41 식품은 가열했다 하더라도 저장 시 미생물의 오염이 있을 수 있다.

42 위장약 복용은 적절한 조치가 아니다.

43 식품이란 모든 음식물을 말하며, 의약으로 쓰이는 것은 예외로 한다.

44 중성세제는 자체 살균력은 없다.

45 쥐, 파리, 바퀴벌레에 의해 오염시키는 균은 살모넬라 식중독이다.

46 ※ HACCP 준비단계
HACCP팀 구성 → 제품 설명서 작성 → 해당 식품의 의도된 사용방법과 소비 대상을 파악 → 공정단계를 이해하고 공정흐름도 작성 → 공정흐름도 현장 확인 및 검증

47 HACCP의 7원칙
① 위해요소분석
② 중요관리점 결정
③ 한계관리기준 설정
④ CCP 모니터링
⑤ CA 개선
⑥ 안전 운영에 대한 검증 절차 및 방법
⑦ 기록 유지 및 문서화 절차

48 붉은 팥고물시루떡은 이사, 고사를 지낼 때 한다.

49 제주도는 쌀보다 잡곡이 많아 떡의 재료도 잡곡을 많이 사용하는데 대표적인 떡으로는 오메기떡, 돌레떡, 빙떡 등이 있다.

50 통과의례는 삼칠일, 백일, 돌, 책례, 관례, 혼례, 회갑, 상례, 제례 등이 있다.

51 수리취절편은 멥쌀가루를 시루에 넣고 푹 쪄서 삶은 수리취와 함께 절구에 넣고 친 다음 조금씩 떼어 수레바퀴 모양의 떡살로 눌러 만든 떡으로 차륜병이라고도 한다.

52 잣구리는 찹쌀가루를 익반죽하여 누에고치 모양으로 만들어 삶아 잣가루를 묻힌 떡이다.

53 남방감저병은 찹쌀가루에 고구마가루를 섞어 대추채, 석이채, 밤채 등을 올리고 찐 떡이다.

54 고려율고는 밤가루와 쌀가루를 섞어 꿀물에 내려 시루에 찐 일종의 밤설기이다.

55 오색송편과 무지개떡은 돌상에 올리는 떡이다.

56 중양절에는 국화전, 밤떡 등을 먹었다.

57 해장떡은 뱃사람들이 아침에 일 나가기 전 뜨끈한 해장국과 함께 먹었다하여 붙여진 이름으로 충청도 향토떡이다.

58 경상도 지역의 향토떡은 사치스럽지 않고 소담하며 개성 지역은 화려한 떡을 많이 만들었다.

59 구이는 찹쌀이나 기장쌀을 빻아 볶은 콩을 얹어 만든 떡이고, 분자는 찹쌀과 기장쌀을 찐 후 쳐서 떡을 만들어 콩가루를 묻힌 것이다.

60 혼돈병(渾沌餅)은 거피팥가루 볶은 것에 계핏가루를 섞어 맨 밑에 깔고 찹쌀가루에 승검초가루, 꿀, 계핏가루, 생강가루를 넣은 떡가루를 얹은 후, 밤소를 줄지어 놓고, 그 위에 떡가루를 덮고 대추채, 밤채, 통잣을 박은 다음 볶은거피팥고물을 두껍게 뿌리고, 다시 그 위에 같은 순서로 켜를 올려 봉우리지게 하여 시루에 찐 떡이다.

제4회 실전모의고사 정답 및 해설

01	02	03	04	05	06	07	08	09	10
①	③	③	②	④	①	②	④	②	③
11	12	13	14	15	16	17	18	19	20
①	④	②	④	④	③	①	③	③	④
21	22	23	24	25	26	27	28	29	30
①	②	④	④	③	①	②	④	③	①
31	32	33	34	35	36	37	38	39	40
④	②	①	③	③	①	④	②	③	④
41	42	43	44	45	46	47	48	49	50
①	②	①	②	④	①	②	③	①	③
51	52	53	54	55	56	57	58	59	60
④	③	②	①	②	②	③	①	②	③

1 외피층은 주로 섬유질로 구성되어 있고, 배유는 전분으로 구성되어 있다. 배아는 곡립 하단에 있으며 새싹이 돋아나는 부위이다.

2 쌀의 품종은 단립종, 중립종, 장립종이 있으며 이중 단립종이 가장 찰기가 높다.

3 곡류는 떡의 주재료로 사용하고, 두류는 떡의 부재료로 사용한다.

4 찹쌀은 아밀로펙틴 100%로 이루어져 있으며 아밀로펙틴 구조는 가지가 많기 때문에 멥쌀로 만든 떡보다 더 늦게 굳는다.

5 리신-콩단백질, 멜라닌-감자의 갈변 색소, 뮤신-마의 점질물질

6 • 리나마린-카사바
• 이눌린-돼지감자
• 이포메인-고구마

7 콩은 단백질 함량이 높아 밥에 섞어 먹으면 단백질을 보충할 수 있다.

8 두텁떡은 찹쌀가루를 간장으로 간을 하고 볶은거피팥고물, 계핏가루, 밤, 잣, 대추, 유자청 등으로 소를 만들어 봉우리 모양처럼 쪄 낸 궁중의 대표적인 떡이다.

9 천일염은 바닷물을 햇볕에 건조시킨 소금결정체로 염화나트륨 함량이 80%이며 염화마그네슘, 아연, 철, 칼륨 등의 다양한 미네랄이 포함되어 있다.

10 • 말타아제-맥아당 분해 효소로 맥아당을 포도당 두 분자로 분해
• 아밀라아제-전분 가수분해 효소
• 셀룰라아제-섬유소 분해 효소
• 리파아제-지방 분해 효소

11 채소류나 과일류 등은 칼슘, 철, 마그네슘, 칼륨, 나트륨 등을 함유하고 있어 알칼리성 식품이다. 곡류나 육류는 황, 인, 염소 등의 원소를 함유하고 있어 산성식품이다.

12 당화-전분이 산이나 당화효소에 의해 가수분해 되는 것 (예) 조청, 식혜, 물엿

13 전분의 노화에 영향을 주는 요인은 전분의 종류, 수분함량, 온도, pH 등이다.

14 전분은 0~4℃에서 노화가 잘 일어나며, 냉동 또는 60℃ 이상에서는 노화가 잘 일어나지 않는다.

15 쌀의 수침시간은 여름철에는 3~4시간 정도 담가 놓고 겨울철에는 7~8시간이 필요하다.

16 떡은 찌는 떡, 치는 떡, 삶는 떡, 지지는 떡으로 분류된다.

17 주악은 찹쌀가루를 익반죽하여 소를 넣고 작은 조약돌 모양으로 빚어 기름에 지진 떡이다.

18 증병(蒸餠)은 찌는 떡을 말한다.

19 떡이 잘 익으려면 적당한 수분을 주어야 하며 쌀과 떡의 종류에 따라 다르다. 이러한 과정을 물내리기 또는 물주기라고 한다.

20 증편은 멥쌀가루를 막걸리로 발효시킨 여름철 대표적인 떡이다.

21 밀가루나 쌀가루를 반죽하여 시루와 물솥이 맞닿은 가장자리에 빙 둘러 김이 새지 못하게 붙이는 것을 시루번이라고 한다.

22 갈퀴는 나뭇잎을 모으는 데 사용하는 도구이다.

23 어레미는 굵은체로 거피팥고물이나 떡고물을 내릴 때 사용한다.

24 저울로 계량할 때는 평평한 곳에 올려놓아야 하며 식품은 저울 접시의 중앙에 올려놓고 계량하여야 한다.

25 계량컵 1컵은 13큰술과 1작은술이다.

26 수수가루는 여러 번 씻어 탄닌을 제거한 후 물을 빼고 소금을 넣고 곱게 빻아 수수가루를 만들어 떡을 해야 한다.

27 송화가루는 소나무의 꽃가루로 노란색을 나타낸다.

28 가래떡은 '흰떡'이라고도 하며 멥쌀가루를 찐 다음 쳐서 성형한 떡으로 「동국세시기」의 기록을 보면 멥쌀로 길게 만든 떡이라 했다. 단자는 찹쌀가루를 찜통에 찌거나 삶아서 절구에 친 후 작게 모양을 만들어 고물을 묻힌 떡이다.

29 찜기에 그대로 실온에서 식히면 변질될 수 있고 수분이 그대로 있어 질적 해지므로 선풍기를 틀고 주걱으로 계속 뒤적이며 김을 날려 줘야 포근포근한 고물이 된다.

30 물의 온도를 따뜻하게 한 후 씻는다.

31 채소류나 가공된 식품을 사용한 조리기구는 깨끗이 세척한 후 소독하여 사용해야 한다.

32 미생물의 크기는 곰팡이 〉 효모 〉 스피로헤타 〉 세균 〉 리케차 〉 바이러스

33 이산화탄소는 실내공간에 많은 사람이 모여 호흡할 때 발생하며 실내 공기오염의 지표로 이용된다.

34 멸균은 미생물의 영양세포 및 포자까지 사멸시켜 완전무균 상태로 만드는 것이다.

35 대장균의 최적 온도는 36~37℃이다.

36 보툴리누스균 식중독은 독소형 식중독이다.

37 독버섯은 줄기가 세로로 쪼개지지 않으며 색깔이 화려하다. 독버섯은 쓴맛, 신맛, 매운맛이 있으나 직접 맛을 보는 것은 위험하다.

38 경구감염병은 미량의 균으로도 감염이 되나 세균성 식중독은 많은 양이 필요하다.

39 페니실륨곰팡이는 쌀에 기생하여 인체에 간장독, 신장독, 신경독을 일으킨다.

40 수은, 카드뮴 중독은 공장 폐수가 바다로 유입되어 어패류가 오염되기 때문이다.

41 식품위생이란 식품, 식품첨가물, 기구 또는 용기·포장을 대상으로 하는 음식에 관한 위생을 말한다.

42 단란주점영업, 식품조사처리업, 유흥주점영업은 영업신고 업종이 아니고 영업허가 업종이다.

43 ※ HACCP의 7원칙
① 모든 잠재적 위해요소분석
② 중요관리점 결정
③ 중요관리점의 한계기준설정
④ 중요관리점별 모니터링 체계 확립
⑤ 개선조치방법 수립
⑥ 검증절차 및 방법 수립
⑦ 문서화 및 기록유지방법 설정

44 무거운 원재료는 이동 대차를 사용하여야 한다. 등에 지면 허리 및 근골격계 질환이 될 수 있다.

45 조선시대는 조리가공법과 농업기술의 발달로 떡의 종류와 맛이 다양해졌고 궁중과 반가를 중심으로 사치스러워졌으며 관혼상제의 풍습이 일반화되어 각종의례와 크고 작은 잔치에 떡이 필수품이었다.

46 갈판, 갈돌은 곡식을 가루로 만드는 데 사용하는 도구이며 시루는 곡물을 찌는 도구이다.

47 상사일은 '첫 뱀날'이라고도 부르는데 이날은 남녀 모두 머리를 빗거나 깎지 않았다. 이수광의 「지봉유설」에 고려에서는 음력 3월 3일날 청애병(쑥떡)을 으뜸가는 음식으로 삼았다는 기록이 있다. 「증보산림경제」에 쑥구리단자를 '향애단자'라 기록되어 있고, 「동국세시기」에서는 '애단자', 「조선요리법」에서는 '쑥구리'로 기록되어 있다.

48 고려시대 쌍화점에서는 밀가루를 부풀려 안에 팥소를 넣은 상화병을 팔았다. 상화병은 막걸리로 발효시키고, 찐빵은 이스트로 발효시킨다.

49 이색 「목은집」, 장지연 「조선세시기」, 율고는 밤설기떡을 말한다.

50 약식은 까마귀 색깔과 비슷한 색으로 만들어 먹는 정월대보름 절식으로 「삼국유사」에 약식의 유래가 기록되어 있다.

51 산승은 찹쌀가루 반죽한 것을 동그랗게 빚어 세 발 또는 네 발 모양으로 만들어 지지는 떡으로 너무 지지면 그 모양이 일그러지므로 살짝 지진다. 여러 가지 색으로 만들기도 한다.

52 겸절병은 밀가루, 메밀가루, 녹두가루를 반죽해서 얇게 민 후 고기와 야채를 넣어 기름에 지지는 떡이다.

53 시설-곶감의 하얀 분가루, 나복병-무떡, 감저-고구마

54 「규곤시의방(閨壺是議方)」은 안동 장씨가 쓴 국내 최초의 한글조리서로 규곤은 여자들이 거처하는 방을 의미한다.

55 중화절은 음력 2월 초하룻날로 노비들이 1년 동안 고생하므로 술과 음식을 대접한다. 약식은 정월 대보름에 먹는 절식이다.

56 차륜병은 수리취를 넣고 만든 절편으로 둥근 수레바퀴 모양의 떡살로 문양을 찍어 만든다.

57 올벼(햅쌀)로 빚은 송편을 오려송편이라 부른다.

58 봉치떡, 달떡, 용떡은 혼례 때 하는 떡이다.

59 떡을 2켜로 올리는 것은 부부 한 쌍을 상징한다.

60 강원도는 잡곡농사가 발달하여 잡곡을 이용한 음식이 발달하였으며, 경기도는 쌀이 풍부하여 쌀을 이용한 떡을 많이 만들었다.

제5회 실전모의고사 정답 및 해설

01	02	03	04	05	06	07	08	09	10
②	③	②	④	③	①	②	③	③	④
11	12	13	14	15	16	17	18	19	20
①	③	④	②	③	①	③	③	②	④
21	22	23	24	25	26	27	28	29	30
①	③	②	②	①	③	④	③	②	①
31	32	33	34	35	36	37	38	39	40
④	③	②	③	①	③	②	④	①	③
41	42	43	44	45	46	47	48	49	50
③	②	③	③	②	③	③	④	②	④
51	52	53	54	55	56	57	58	59	60
①	②	②	④	④	①	②	③	①	③

1. 쌀을 햇볕이 드는 곳에 두면 쌀이 깨져서 싸래기가 된다.

2. 현미는 왕겨만 제거되어서 거의 모든 영양성분이 함유되어 있으나 소화율은 백미보다 낮으며 도정율이 증가할수록 영양성분은 낮아진다.

3. 곡물을 도정할 때는 마찰, 절삭, 충격 등의 물리적 원리가 작용한다.

4. 할맥은 보리를 반으로 쪼갠 것으로 보리 중앙에 있는 섬유질을 제거하여 소화율을 높이고 조리시간을 단축하기 위함이다.

5. 수수는 떫은맛을 제거하기 위해 수시로 물을 갈아주면서 불린다.

6. 옥수수를 주식으로 섭취할 때 나이아신 부족으로 펠라그라병에 걸리기 쉽다.

7. 서류는 식품의 뿌리 또는 뿌리줄기에 많은 양의 탄수화물을 저장한 것으로 감자, 고구마, 마, 토란 등이 있다.

8. 산성식품은 황, 인, 염소와 같은 산성 원소가 많이 포함된 식품을 말하고, 알칼리성 식품은 나트륨, 칼륨, 칼슘, 마그네슘과 같은 알칼리성 원소가 많이 포함된 식품을 말한다.

9. 지치는 기름에 넣고 끓이면 붉은색의 기름이 된다.

10. 잣은 지질 함량이 높아 장기간 저장하면 지질이 산화되어 냄새가 나므로 저온이나 냉동실에 밀봉하여 보관한다.

11. 과당의 단맛은 설탕의 1.5배로 꿀에 많이 함유되어 있다.

12. 떡 제조 시 소금(천일염) 첨가량은 불린 쌀 무게의 1.2~1.3% 정도 사용한다.

13. 찹쌀은 아밀로펙틴 함량이 100%이므로 2번 빻거나 체로 치면 수증기가 올라오는 것을 방해하여 떡이 익지 않을 수 있다.

14. 팥시루떡, 무지개떡, 콩설기는 찌는 떡이며, 주악은 지지는 떡이다.

15. 부꾸미는 지지는 떡으로 찹쌀가루에 찰수수가루를 넣고 만들면 수수전병, 수수지짐이라고도 부른다.

16. 곡식 따위를 빻아 체에 쳐서 가루를 내고 남은 것을 무거리라고 한다.

17. 멥쌀의 최대 수분 흡수율은 25%이다. 쌀 불리는 시간은 계절과 날씨의 변화에 따라 조절한다. 쌀 씻는 과정에서 약 10% 정도의 물이 흡수된다.

18 전분의 호화는 수화, 팽윤, 콜로이드 용액의 형성 과정으로 이루어지며 호화가 나타나는 온도는 56~75℃ 범위이다. 전분입자가 작으면 호화온도가 높아지고, 아밀로펙틴 함량이 많을수록 호화속도가 느리며, 곡류 전분이 서류 전분보다 전분입자가 작아 호화온도가 높다.

19 떡의 노화는 전분의 종류, 수분 함량, 온도에 따라 달라진다.

20 전분의 호정화란 전분에 물을 가하지 않고 160~180℃ 가열하면 전분이 분해되어 덱스트린을 형성하는 것을 말한다. 뻥튀기, 미숫가루, 누룽지, 팝콘 등이 호정화 식품이다.

21 떡의 노화 속도는 냉장 〉 실온 〉 냉동 순이다.

22 이남박은 안쪽에 골이 파여 있는 나무바가지로 쌀을 씻거나 일 때 사용한다.

23 고체지방은 실온에서 약간 부드럽게 한 후 반고체로 만들어 계량 기구에 담아 공간 없이 한 후 위를 평평하게 한 후 계량한다. 액체 재료는 투명한 재질로 만들어진 계량컵을 사용한다.
1큰술=15mL

24 녹두는 물에 충분히 불려 제물에서 박박 문질러 거피한 후 깨끗이 씻어 푹 무르게 쪄서 사용한다.

25 발색제는 떡에 예쁜 색을 나타내는 색소성분으로 인공보다 천연의 원료를 사용하는 것이 좋다.

26 곤떡은 지치기름으로 지진 떡이다.

27 백설기는 불린 멥쌀에 소금을 넣고 2번 빻아서 물 내리기를 한 후 설탕을 넣고 시루에 고르게 안쳐 김 오른 찜기에 20분 정도 푹 찌고 5분간 뜸 들인다.

28 팥의 사포닌 성분을 제거하기 위해 살짝 삶은 후 물을 버리고 새물을 부어 삶는다.

29 켜떡은 가래떡보다 유통기한이 짧고 포장 후에 내부에서 수증기가 응축하여 부분적으로 물에 젖은 상태의 반점이 생기지 않도록 해야 한다.

30 원·부재료를 취급하고 가공 제품을 만질 때는 손 세척이나 소독을 하지 않으면 오염 될 수 있다.

31 미생물 증식에 필요한 조건은 영양소, 수분, 온도, 산소, pH 등이다.

32 부패란 단백질 식품이 혐기성 세균에 의해서 분해되면서 트리메틸아민, 황화수소, 피페리딘, 인돌, 암모니아가 생성되어 악취가 발생한다.

33 식품위생상 오염의 지표가 되는 대장균은 동물과 사람의 장관에 감염되어 급성 장염을 일으킨다.

34 WHO의 규정에 의하면 식품첨가물이란 식품의 외관, 향미, 조직 또는 저장성을 향상시키기 위하여 식품에 미량 첨가되는 비영양성 물질이다.

35 비브리오균은 호염성 세균으로 여름철 어패류의 생식으로 인하여 식중독이 발생한다.

36 감염형 식중독은 살모넬라, 장염비브리오, 병원성 대장균, 웰치균 식중독이 있다.

37 뉴로톡신 독소를 생성하는 식중독은 보툴리누스균 식중독이다.

38 살모넬라 식중독의 증상은 38~40℃ 의 발열과 급성위염 증상이 나타난다.

39 • 아세트 알데하이드-휘발성이 강하고 자극적인 냄새가 나는 물질
• 엑티니딘-키위의 단백질 분해효소
• 브로멜라인-파인애플의 단백질 분해효소

40 황색포도상구균의 독소인 엔테로톡신은 내열성이어서 120℃로 20분간 가열해도 독성을 잃지 않는다.

41 쌀 색깔이 바뀌는 요인은 미생물의 번식으로 인한 황변과 쌀에 오염된 페니실늄속 곰팡이에 의해 변질된다.

42 보툴리누스균 식중독은 진공포장식품에서 식중독을 일으키며 치사율이 높다.

43 집단급식소란 영리를 목적으로 하지 않고 50명 이상에게 음식을 제공하는 곳이다.

44 식품의약품안전처장이 고시한 HACCP을 적용·준수하여 식품을 제조·가공·조리·소분·유통하는 업소를 말한다.

45 도구와 용기는 바닥에서 60cm 이상 떨어뜨려 사용하여야 한다.

46 고려시대는 몽고와 교류하면서 증편류인 상화가 도입되었으며 쌍화점이라는 상화를 파는 가게가 있는 것으로 보아 고려인들이 상화를 즐겨 먹은 것을 알 수 있다.

47 「삼국유사」는 고려후기 승려 일연이 신라·고구려·백제의 유사를 서술한 역사서이다.
「음식디미방」, 「규합총서」, 「증보산림경제」는 조선시대 문헌이다.

48 「역주방문」은 조선시대(1800년대 중엽) 문헌으로 술 만드는 방법이 기록되어 있다.

49 「삼국사기」 백결선생조에 집이 가난하였으므로 떡을 치지 못함을 부인에게 미안하게 생각하여 떡방아 소리를 만들어 부인을 위로했다는 기록이 있다.

50 수단은 이색의 「목은집」에 고려시대에 쌀가루나 밀가루를 반죽하여 경단과 같이 만들어 끓는 물에 삶아 냉수에 헹궈서 꿀물에 넣어 먹었다는 기록이 있다.

51 상자병은 도토리떡을 말한다. 재증병이란 흰떡을 만들어 친 다음 다시 소를 넣고 송편 모양으로 빚어 다시 찐 떡이다.

52 구선왕도고(九仙王道糕)는 아홉가지 재료를 섞어서 만든 떡으로 연육, 산약, 백복령, 의이인, 백변두, 감인, 곶감, 설탕 등을 섞어서 멥쌀가루에 넣어 찐 떡이다.

53 메밀가루를 넣은 떡은 빙떡, 겸절병, 총떡 등이 있다.

54 서속(黍粟)이란 조와 기장을 말한다.

55 중화절은 상전이 노비에게 베푸는 날로 음식과 노비송편을 나누어 준다.

56 음력 4월 8일 초파일에는 느티나무에서 새싹이 나올 때이므로 연한 느티잎을 따다 씻어 멥쌀가루와 섞은 느티떡을 해 먹는다.

57 유두일에는 상화병, 떡수단을 하며, 정월 대보름에는 약식을 해 먹는다.

58 아무것도 넣지 않은 순백색은 순수하게 자라라는 의미이다.

59 쑥개떡은 찌는 떡으로 멥쌀가루에 데친 쑥을 넣고 반죽하여 찐 떡이다.

60 상주설기-경상도, 방울증편-강원도

제6회 실전모의고사 정답 및 해설

01	02	03	04	05	06	07	08	09	10
④	④	④	③	①	②	④	④	③	①
11	12	13	14	15	16	17	18	19	20
③	④	②	①	②	②	④	③	③	②
21	22	23	24	25	26	27	28	29	30
①	②	④	②	④	④	①	③	③	④
31	32	33	34	35	36	37	38	39	40
③	④	②	①	③	④	③	③	②	③
41	42	43	44	45	46	47	48	49	50
④	①	③	①	④	②	①	④	④	④
51	52	53	54	55	56	57	58	59	60
②	④	③	④	①	③	④	③	②	④

1 멥쌀은 아밀로오스가 20~25%, 아밀로펙틴은 75~80%이다.

2 현미는 벼의 겉껍질인 왕겨를 벗겨낸 쌀이다.

3 아밀로펙틴은 α-1,4결합과 α-1,6결합의 가지구조를 이루고 있으며, 아밀로오스는 α-1,4결합으로 직선상 구조를 이루고 있다. 요오드정색반응-적자색

4 차조는 곡류에 속하며 떡의 주재료에 속한다.

5
- 베타글루칸-보리의 식이섬유
- 튜베린-감자 단백질
- 이포메인-고구마 단백질

6
- 사포닌- 팥 삶은 때 생기는 거품
- 글로불린-감자의 단백질 성분
- 트립신-단백질을 분해하는 효소

7 콩에 함유된 글리시닌은 콩단백질의 48~58%를 차지한다.

8 분질감자의 용도는 찐 감자, 오븐 구이, 매시드 포테이토로 이용되고 기름으로 볶는 요리는 점질감자를 이용한다.

9 송화는 소나무의 꽃가루로 봄철 소나무에 핀 노란 송화를 물에 수비하여 말려 가루를 만든다.

10 단당류는 포도당, 과당, 갈락토오스, 만노오스가 있으며, 이당류는 맥아당, 자당, 유당이 있다.

11 찹쌀이 멥쌀보다 아밀로펙틴 함량이 높으므로 수분 흡수율이 10% 정도 높다.

12 골무떡은 치는 떡에 해당된다.

13
- 흰무리병-백설기
- 빙자병-녹두를 갈아 기름에 지진 떡
- 상화병-밀가루를 발효시켜 소를 넣고 찐 떡

14 찰시루떡은 찹쌀가루 100%로 만든 것으로 찹쌀을 1차분쇄만 하여 떡을 만든다. 수침 시 찹쌀은 멥쌀보다 수분함량이 높아 떡을 할 때 물을 더 보충하지 않는다.

15 이스트의 종류에 따라 사용량을 조절하여 사용해야 한다.

16 여름철에 하룻밤을 불리면 쉴 수 있으므로 깨끗이 씻어야 하고 3~4시간 정도 불린다.

17 전분의 노화는 수분이 30~60% 일 때 가장 빨리 노화되며, 15% 이하로 건조시키면 노화가 억제된다.

18 전분입자가 클수록 호화가 빠르고, 아밀로펙틴 함량이 높을수록 노화가 지연된다. 전분은 수분이 충분해야 호화가 잘 된다.

19 쑥이나 수리취에는 식이섬유소가 많아 수분결합력이 커서 일반 떡보다 노화 속도가 지연된다.

20 체 단위는 메시로 표시하며 체망의 가로와 세로 각각 2.54cm의 면적에 들어 있는 체눈의 수를 의미한다.

21 자배기는 둥글넓적하고 입구가 넓은 옹기그릇으로 채소를 씻거나 절일 때, 떡쌀을 담글 때 사용한다.

22 떡살은 주로 단단한 나무인 참나무, 감나무, 박달나무 등으로 만들며 사기, 백자, 오지로도 만들어 사용하기도 한다.

23 붉은팥은 물에 불리면 팥이 물을 흡수하여 껍질이 갈라지는 현상이 일어나고 붉은 물이 빠지므로 물에 불리지 않고 삶아 사용한다.

24 설탕을 높은 온도에서 가열하면 갈색 물질이 생성되는데 이 물질을 캐러멜이라 한다. 약식을 만들 때 사용한다.

25 폴리에틸렌 재질은 전자레인지, 알코올, 산성성분 사용은 금해야 된다.

26 식품을 취급하는 사람은 껌을 씹으면 안 된다.

27 식품의 점성, 색, 탄성, 탁도 등을 측정하는 방법은 물리적검사방법이다. 화학적검사에는 수소이온농도, 휘발성 염기질소, 트리메틸아민, 히스타민 등이 있다.

28 아질산나트륨은 육가공품에 들어가는 식품첨가물(발색제)이다.

29 산패는 유지가 산화되어 불쾌한 냄새가 나고 빛깔이 변하는 현상을 말한다. 발효는 탄수화물이 미생물의 분해작용을 받아서 유기산이나 알코올 등의 유용한 물질이 생기는 현상을 말한다. 변패는 단백질, 지방 이외의 식품에 미생물이 작용하여 먹을 수 없는 상태를 말한다.

30 감염병 발생의 3대 요인은 감염원, 감염경로, 숙주이다.

31 미생물의 발아와 증식에 이용되는 물은 자유수이다.

32 소아마비는 바이러스에 의한 감염병이다.

33 살모넬라 식중독의 원인식은 난류, 육류 및 가공품, 어패류, 우유, 유제품, 채소샐러드 등이다.

34 인수공통감염병에는 결핵, 탄저, 브루셀라증(파상열), 큐열, 일본뇌염, 공수병, 중증급성호흡기증후군, 장출혈성대장균감염증, 동물인플루엔자인체감염증, 변종크로이츠펠트-야콥병 등이 있다.

35 카드뮴은 법랑제품이나 도기의 유약성분, 광산폐수에 오염된 어패류나 농작물에 의해 발생하며 체내의 칼슘 유실을 초래하여 골연화증을 유발하고 허리통증, 보행불능, 단백뇨 증상을 일으키는 이타이이타이병을 유발한다.

36 테뮬린은 독보리의 독성분이다.

37 통조림통에서 용출되는 주석으로 인한 중독증상이다.

38 시트리닌은 푸른곰팡이(페니실늄 속)에 의해 생성된 신장독소로 황색으로 변색된 황변미에서 주로 검출된다.

39 정부표창규정에 의거하여 제품과 관련하여 받은 상장을 이용하는 광고는 허위표시 및 과대광고의 대상에서 제외된다.

40 이물질을 제거 시에 반드시 동력을 정지시킨 후 제거한다.

41 HACCP 7가지 원칙 중 1단계는 모든 잠재적 위해요소 분석이다.

42 1809년에 저술된 「규합총서」에 처음으로 기록되었다.

43 떡살은 갖가지 모양과 무늬를 새긴 판 또는 도장처럼 새긴 것으로 떡에 문양을 찍을 때 사용하는 도구이다.

44 청애병(靑艾餠)은 쑥으로 만든 떡이다.

45 지지는 떡에는 주악, 화전, 부꾸미 등이 있다.

46 상화병은 밀가루를 술로 반죽하여 발효시켜 만두처럼 만든 떡으로 고려시대에 유행했던 떡이다.

47 「규합총서」에 석탄병을 소개하고 있다.

48 '굿 구경하려면 계면떡이 나올 때까지 하라'는 속담이 있듯이 무당이 굿을 끝내고 구경 온 사람들에게 나누어 주는 떡을 계면떡이라고 한다.

49 「동국세시기」에 떡국을 백탕 또는 병탕이라 불렀으며 세찬에 없어서는 안 되는 것이라고 하였다.

50 오방색을 나타내는 떡은 무지개떡이다.

51 • 오메기떡-차조가루를 둥글게 빚어 도넛처럼 가운데 구멍 을 내고 삶아서 콩가루나 팥고물을 입힌 떡
 • 돌레떡-메밀가루를 말랑하게 반죽하여 납작하게 빚은 후 물에 삶아 참기름을 바른 떡
 • 조침떡-좁쌀가루에 채 썬 고구마를 넣고 고물을 얹어 찐 켜떡

52 유전병은 지지는 떡을 말한다.

53 신과병은 멥쌀가루에 밤·대추·단감 등의 햇과실을 넣고 녹두고물을 올려 찐 떡으로 가을에 해먹는 떡이다.

54 9월 중양절은 국화주를 마시고 국화꽃을 올린 화전을 만들어 먹는다.

55 오색송편은 만물의 조화를 뜻하며, 송편은 속에 들어있는 소처럼 속이 꽉 차고 소를 감싸는 송편과 같이 뜻을 넓게 갖으라는 의미가 있다.

56 봉치떡(봉채떡)은 신부집에서 함을 받을 때 만드는 떡으로 2켜로 올리는 것은 부부 한 쌍을 상징하는 것이다. 붉은팥고물은 화를 피하라는 뜻이고, 대추 7개는 아들 칠형제를 상징하여 자손 번창을 의미한다.

57 붉은팥고물시루떡은 이사, 고사를 지낼 때 한다.

58 제례에 떡은 중요한 음식의 하나로 귀신이 두려워하는 붉은팥고물은 쓰지 않는다.

59 해장떡은 찹쌀가루를 쪄서 인절미처럼 안반에 놓고 친 다음 두툼한 모양으로 썰어 팥고물을 입혀 만든 떡으로 충청도 향토떡이다.

60 꽃송편과 복령떡은 전라도 향토떡이다.

떡제조기능사
최신 기출복원문제

제 1회 기출복원문제

제 2회 기출복원문제

제 3회 기출복원문제

제 1회 기출복원문제

01 떡을 만들 때 쌀 불리기에 대한 설명으로 틀린 것은?
① 쌀은 물의 온도가 높을수록 물을 빨리 흡수한다.
② 쌀의 수침 시간이 증가하면 호화개시 온도가 낮아진다.
③ 쌀의 수침 시간이 증가하면 조직이 연화되어 입자의 결합력이 증가한다.
④ 쌀의 수침 시간이 증가하면 수분함량이 많아져 호화가 잘 된다.

02 떡 제조 시 사용하는 두류의 종류와 영양학적 특성으로 옳은 것은?
① 대두에 있는 사포닌은 설사의 치료제이다.
② 팥은 비타민 B_1이 많아 각기병 예방에 좋다.
③ 검은콩은 금속이온과 반응하면 색이 옅어진다.
④ 땅콩은 지질의 함량이 많으나 필수지방산은 부족하다.

03 병과에 쓰이는 도구 중 어레미에 대한 설명으로 옳은 것은?
① 고운 가루를 내릴 때 사용한다.
② 도드미보다 고운체이다.
③ 팥고물을 내릴 때 사용한다.
④ 약과용 밀가루를 내릴 때 사용한다.

04 떡의 영양학적 특성에 대한 설명으로 틀린 것은?
① 팥시루떡의 팥은 멥쌀에 부족한 비타민 D와 비타민 E를 보충한다.
② 무시루떡의 무에는 소화효소인 디아스타제가 들어있어 소화에 도움을 준다.
③ 쑥떡의 쑥은 무기질, 비타민 A, 비타민 C가 풍부하여 건강에 도움을 준다.
④ 콩가루인절미의 콩은 찹쌀에 부족한 단백질과 지질을 함유하여 영양상의 조화를 이룬다.

05 두텁떡을 만드는데 사용되지 않는 조리도구는?
① 떡살   ② 체
③ 번철   ④ 시루

06 치는 떡의 표기로 옳은 것은?
① 증병(甑餠)   ② 도병(搗餠)
③ 유병(油餠)   ④ 전병(煎餠)

07 떡의 노화를 지연시키는 방법으로 틀린 것은?
① 식이섬유소 첨가
② 설탕 첨가
③ 유화제 첨가
④ 색소 첨가

08 떡을 만드는 도구에 대한 설명으로 틀린 것은?

① 조리는 쌀을 빻아 쌀가루를 내릴 때 사용한다.
② 맷돌은 곡식을 가루로 만들거나 곡류를 타개는 기구이다.
③ 맷방석은 멍석보다는 작고 둥글며 곡식을 널 때 사용한다.
④ 어레미는 굵은 체를 말하며 지방에 따라 얼맹이, 얼레미 등으로 불린다.

09 떡 조리과정의 특징으로 틀린 것은?

① 쌀의 수침시간이 증가할수록 쌀의 조직이 연화되어 습식제분을 할 때 전분입자가 미세화 된다.
② 쌀가루는 너무 고운 것보다 어느 정도 입자가 있어야 자체 수분 보유율이 있어 떡을 만들 때 호화도가 더 좋다.
③ 찌는 떡은 멥쌀가루보다 찹쌀가루를 사용할 때 물을 더 보충하여야 한다.
④ 펀칭공정을 거치는 치는 떡은 시루에 찌는 떡보다 노화가 더디게 진행된다.

10 불용성 섬유소의 종류로 옳은 것은?

① 검　　　　② 뮤실리지
③ 펙틴　　　④ 셀룰로오스

11 찌는 떡이 아닌 것은?

① 느티떡　　② 혼돈병
③ 골무떡　　④ 신과병

12 떡의 주재료로 옳은 것은?

① 밤, 현미　　② 흑미, 호두
③ 감, 차조　　④ 찹쌀, 멥쌀

13 쌀의 수침 시 수분 흡수율에 영향을 주는 요인으로 틀린 것은?

① 쌀의 품종
② 쌀의 저장 기간
③ 수침 시 물의 온도
④ 쌀의 비타민 함량

14 빚은 떡 제조 시 쌀가루 반죽에 대한 요인으로 틀린 것은?

① 송편 등의 떡 반죽은 많이 치댈수록 부드러우면서 입의 감촉이 좋다.
② 반죽을 치는 횟수가 많아지면 반죽 중에 작은 기포가 함유되어 부드러워진다.
③ 쌀가루를 익반죽하면 전분의 일부가 호화되어 점성이 생겨 반죽이 잘 뭉친다.
④ 반죽할 때 물의 온도가 낮을수록 치대는 반죽이 매끄럽고 부드러워진다.

15 인절미나 절편을 칠 때 사용하는 도구로 옳은 것은?

① 안반, 맷방석
② 떡메, 쳇다리
③ 안반, 떡메
④ 쳇다리, 이남박

16 설기떡에 대한 설명으로 틀린 것은?

① 고물 없이 한 덩어리가 되도록 찌는 떡이다.
② 콩, 쑥, 밤, 대추, 과일 등 부재료가 들어가기도 한다.
③ 콩떡, 팥시루떡, 쑥떡, 호박떡, 무지개떡이 있다.
④ 무리병이라고도 한다.

17 찰떡류 제조에 대한 설명으로 옳은 것은?

① 불린 찹쌀을 여러 번 빻아 찹쌀가루를 곱게 준비한다.
② 쇠머리떡 제조 시 멥쌀가루를 소량 첨가할 경우 굳혀서 썰기에 좋다.
③ 찰떡은 메떡에 비해 찔 때 소요되는 시간이 짧다.
④ 팥은 1시간 정도 불려 설탕과 소금을 섞어 사용한다.

18 치는 떡이 아닌 것은?

① 꽃절편　　② 인절미
③ 개피떡　　④ 쑥개떡

19 떡의 노화를 지연시키는 보관 방법으로 옳은 것은?

① 4℃ 냉장고에 보관한다.
② 2℃ 김치냉장고에 보관한다.
③ -18℃ 냉동고에 보관한다.
④ 실온에 보관한다.

20 떡류 포장 표시의 기준을 포함하여, 소비자의 알 권리를 보장하고 건전한 거래질서를 확립함으로써 소비자 보호에 이바지함을 목적으로 하는 것은?

① 식품안전기본법
② 식품안전관리인증기준
③ 식품 등의 표시·광고에 관한 법률
④ 식품위생 분야 종사자의 건강진단 규칙

21 식품 등의 기구 또는 용기·포장의 표시기준으로 틀린 것은?

① 재질
② 영업소 명칭 및 소재지
③ 소비자 안전을 위한 주의사항
④ 섭취량, 섭취방법 및 섭취 시 주의사항

22 떡 반죽의 특징으로 틀린 것은?

① 많이 치댈수록 공기가 포함되어 부드러우면서 입 안에서의 감촉이 좋다.
② 많이 치댈수록 글루텐이 많이 형성되어 쫄깃해진다.
③ 익반죽 할 때 물의 온도가 높으면 점성이 생겨 반죽이 용이하다.
④ 쑥이나 수리취 등을 섞어 반죽할 때 노화속도가 지연된다.

23 전통적인 약밥을 만드는 과정에 대한 설명으로 틀린 것은?

① 간장과 양념이 한쪽에 치우쳐서 얼룩지지 않도록 골고루 버무린다.
② 불린 찹쌀에 부재료와 간장, 설탕, 참기름 등을 한꺼번에 넣고 쪄낸다.
③ 찹쌀을 불려서 1차로 찔 때 충분히 쪄야 간과 색이 잘 배인다.
④ 양념한 밥을 오래 중탕하여 진한 갈색이 나도록 한다.

24 저온 저장이 미생물 생육 및 효소 활성에 미치는 영향에 관한 설명으로 틀린 것은?

① 일부의 효모는 -10℃에서도 생존 가능하다.
② 곰팡이 포자는 저온에 대한 저항성이 강하다.
③ 부분 냉동 상태보다는 완전 동결 상태하에서 효소 활성이 촉진되어 식품이 변질되기 쉽다.
④ 리스테리아균이나 슈도모나스균은 냉장 온도에서도 증식 가능하여 식품의 부패나 식중독을 유발한다.

25 백설기를 만드는 방법으로 틀린 것은?

① 멥쌀을 충분히 불려 물기를 빼고 소금을 넣어 곱게 빻는다.
② 쌀가루에 물을 주어 잘 비빈 후 중간체에 내려 설탕을 넣고 고루 섞는다.
③ 찜기에 시루밑을 깔고 체에 내린 쌀가루를 꾹꾹 눌러 안친다.
④ 물솥 위에 찜기를 올리고 15~20분간 찐 후 약한 불에서 5분간 뜸을 들인다.

26 떡류의 보관관리에 대한 설명으로 틀린 것은?

① 당일 제조 및 판매 물량만 확보하여 사용한다.
② 오래 보관된 제품은 판매하지 않도록 한다.
③ 진열 전의 떡은 서늘하고 빛이 들지 않는 곳에서 보관한다.
④ 여름철에는 상온에서 24시간까지는 보관해도 된다.

27 인절미를 뜻하는 단어로 틀린 것은?

① 인병   ② 은절병
③ 절병   ④ 인절병

28 설기 제조에 대한 일반적인 과정으로 옳은 것은?

① 멥쌀은 깨끗하게 씻어 8~12시간 정도 불려서 사용한다.
② 쌀가루는 물기가 있는 상태에서 굵은 체에 내린다.
③ 찜기에 준비된 재료를 올려 약한 불에서 바로 찐다.
④ 불을 끄고 20분 정도 뜸을 들인 후 그릇에 담는다.

29 인절미를 칠 때 사용되는 도구가 아닌 것은?

① 절구   ② 안반
③ 떡메   ④ 떡살

30 멥쌀가루에 요오드 용액을 떨어뜨렸을 때 변화되는 색은?

① 변화가 없음   ② 녹색
③ 청자색   ④ 적갈색

31 가래떡 제조과정의 순서로 옳은 것은?

① 쌀가루 만들기 – 안쳐 찌기 – 용도에 맞게 자르기 – 성형하기
② 쌀가루 만들기 – 소 만들어 넣기 – 안쳐 찌기 – 성형하기
③ 쌀가루 만들기 – 익반죽하기 – 성형하기 – 안쳐 찌기
④ 쌀가루 만들기 – 안쳐 찌기 – 성형하기 – 용도에 맞게 자르기

32 전통음식에서 '약(藥)'자가 들어가는 음식의 의미로 틀린 것은?

① 꿀과 참기름 등을 많이 넣은 음식에 약(藥)자를 붙었다.
② 몸에 이로운 음식이라는 개념을 함께 지니고 있다.
③ 꿀을 넣은 과자와 밥을 각각 약과(藥果)와 약식(藥食)이라 하였다.
④ 한약재를 넣어 몸에 이롭게 만든 음식만을 의미한다.

33 약식의 양념(캐러멜 소스) 제조 과정에 대한 설명으로 틀린 것은?

① 설탕과 물을 넣어 끓인다.
② 끓일 때 젓지 않는다.
③ 설탕이 갈색으로 변하면 불을 끄고 물엿을 혼합한다.
④ 캐러맬 소스는 130℃에서 갈색이 된다.

34 얼음 결정의 크기가 크고 식품의 텍스처 품질손상 정도가 큰 저장 방법은?

① 완만 냉동
② 급속 냉동
③ 빙온 냉장
④ 초급속 냉동

35 재료의 계량에 대한 설명으로 틀린 것은?

① 액체 재료 부피계량은 투명한 재질로 만들어진 계량컵을 사용하는 것이 좋다.
② 계량단위 1큰술의 부피는 15mL 정도이다.
③ 저울을 사용할 때 편평한 곳에서 0점(zero point)을 맞춘 후 사용한다.
④ 고체지방 재료 부피계량은 계량컵에 잘게 잘라 담아 계량한다.

36 화학물질의 취급 시 유의사항으로 틀린 것은?

① 작업장 내에 물질안전보건자료를 비치한다.
② 고무장갑 등 보호복장을 착용하도록 한다.
③ 물 이외의 물질과 섞어서 사용한다.
④ 액체 상태인 물질을 덜어 쓸 경우 펌프기능이 있는 호스를 사용한다.

37 식품영업장이 위치해야 할 장소의 구비조건이 아닌 것은?

① 식수로 적합한 물이 풍부하게 공급되는 곳
② 환경적 오염이 발생되지 않는 곳
③ 전력 공급 사정이 좋은 곳
④ 가축 사육 시설이 가까이 있는 곳

38 100℃에서 10분간 가열하여도 균에 의한 독소가 파괴되지 않아 식품을 섭취한 후 3시간 정도만에 구토, 설사, 심한 복통 증상을 유발하는 미생물은?

① 노로바이러스
② 황색포도상구균
③ 캠필로박터균
④ 살모넬라균

39 다음과 같은 특성을 지닌 살균소독제는?

- 가용성이며 냄새가 없다.
- 자극성 및 부식성이 없다.
- 유기물이 존재하면 살균효과가 감소된다.
- 작업자의 손이나 용기 및 기구 소독에 주로 사용한다.

① 승홍　　　　② 크레졸
③ 석탄산　　　④ 역성비누

40 식품의 변질에 의한 생성물로 틀린 것은?

① 과산화물
② 암모니아
③ 토코페롤
④ 황화수소

41 썩거나 상하거나 설익어서 인체의 건강을 해칠 우려가 있는 위해식품을 판매한 영업자에게 부과되는 벌칙은? (단, 해당 죄로 금고 이상의 형을 선고받거나 그 형이 확정된 적이 없는 자에 한한다.)

① 1년 이하 징역 또는 1천만원 이하 벌금
② 3년 이하 징역 또는 3천만원 이하 벌금
③ 5년 이하 징역 또는 5천만원 이하 벌금
④ 10년 이하 징역 또는 1억원 이하 벌금

42 떡 제조 시 작업자의 복장에 대한 설명으로 틀린 것은?
① 지나친 화장을 피하고 인조 속눈썹을 부착하지 않는다.
② 반지나 귀걸이 등 장신구를 착용하지 않는다.
③ 작업 변경 시마다 위생장갑을 교체할 필요는 없다.
④ 마스크를 착용하도록 한다.

43 물리적 살균·소독방법이 아닌 것은?
① 일광 소독
② 화염 멸균
③ 역성비누 소독
④ 자외선 살균

44 위생적이고 안전한 식품 제조를 위해 적합한 기기, 기구 및 용기가 아닌 것은?
① 스테인리스스틸 냄비
② 산성 식품에 사용하는 구리를 함유한 그릇
③ 소독과 살균이 가능한 내수성 재질의 작업대
④ 흡수성이 없는 단단한 단풍나무 재목의 도마

45 오염된 곡물의 섭취를 통해 장애를 일으키는 곰팡이 독의 종류가 아닌 것은?
① 황변미독
② 맥각독
③ 아플라톡신
④ 베네루핀

46 각 지역과 향토 떡의 연결로 틀린 것은?
① 경기도 – 여주산병, 색떡
② 경상도 – 모싯잎송편, 만경떡
③ 제주도 – 오메기떡, 빙떡
④ 평안도 – 장떡, 수리취떡

47 약식의 유래를 기록하고 있으며 이를 통해 신라시대부터 약식을 먹어왔음을 알 수 있는 문헌은?
① 목은집
② 도문대작
③ 삼국사기
④ 삼국유사

48 중양절에 대한 설명으로 틀린 것은?
① 추석에 햇곡식으로 제사를 올리지 못한 집안에서 뒤늦게 천신을 하였다.
② 밤떡과 국화전을 만들어 먹었다.
③ 시인과 묵객들을 야외로 나가 시를 읊거나 풍국놀이를 하였다.
④ 잡과병과 밀단고를 만들어 먹었다.

49 음력 3월 3일에 먹는 시절 떡은?
① 수리취절편
② 약식
③ 느티떡
④ 진달래화전

50 봉치떡에 대한 설명으로 틀린 것은?
① 납폐 의례 절차 중에 차려지는 대표적인 혼례음식으로 함떡이라고도 한다.
② 떡을 두 켜로 올리는 것은 부부 한 쌍을 상징하는 것이다.
③ 밤과 대추는 재물이 풍성하기를 기원하는 뜻이 담겨 있다.
④ 찹쌀가루를 쓰는 것은 부부의 금실이 찰떡처럼 화목하게 되라는 뜻이다.

51 약식의 유래와 관계가 없는 것은?
① 백결선생
② 금갑
③ 까마귀
④ 소지왕

52 돌상에 차리는 떡의 종류와 의미로 틀린 것은?

① 인절미 – 학문적 성장을 촉구하는 뜻을 담고 있다.
② 수수팥경단 – 아이의 생애에 있어 액을 미리 막아준다는 의미를 담고 있다.
③ 오색송편 – 우주만물과 조화를 이루며 살아가라는 의미를 담고 있다.
④ 백설기 – 신성함과 정결함을 뜻하며, 순진무구하게 자라라는 기원이 담겨 있다.

53 다음은 떡의 어원에 관한 설명이다. 옳은 내용을 모두 선택한 것은?

> 가. 곤떡은 '색과 모양이 곱다'하여 처음에는 고운 떡으로 불리었다.
> 나. 구름떡은 썬 모양이 구름 모양과 같다하여 붙여진 이름이다.
> 다. 오쟁이떡은 떡의 모양을 가운데 구멍을 내고 만들어 붙여진 이름이다.
> 라. 빙떡은 떡을 차갑게 식혀 만들어 붙여진 이름이다.
> 마. 해장떡은 '해장국과 함께 먹었다'하여 붙여진 이름이다.

① 가, 나, 마
② 가, 나, 다
③ 나, 다, 라
④ 다, 라, 마

54 떡과 관련된 내용을 담고 있는 조선시대에 출간된 서적이 아닌 것은?

① 도문대작
② 음식디미방
③ 임원십육지
④ 이조궁정요리통고

55 아이의 장수복록을 축원하는 의미로 돌상에 올리는 떡으로 틀린 것은?

① 두텁떡
② 오색송편
③ 수수팥경단
④ 백설기

56 삼짇날의 절기 떡이 아닌 것은?

① 진달래화전
② 향애단
③ 쑥떡
④ 유엽병

57 통과의례에 대한 설명으로 틀린 것은?

① 사람이 태어나 죽을 때까지 필연적으로 거치게 되는 중요한 의례를 말한다.
② 책례는 어려운 책을 한 권씩 뗄 때마다 이를 축하하고 더욱 학문에 정진하라는 격려의 의미로 행하는 의례이다.
③ 납일은 사람이 살아가는데 도움을 준 천지만물의 신령에게 음덕을 갚는 의미로 제사를 지내는 날이다.
④ 성년례는 어른으로부터 독립하여 자기의 삶은 자기가 갈무리하라는 책임과 의무를 일깨워주는 의례이다.

58 떡의 어원에 대한 설명으로 틀린 것은?

① 차륜병은 수리취 절편에 수레바퀴 모양의 문양을 내어 붙여진 이름이다.
② 석탄병에 '맛이 삼키기 안타깝다'는 뜻에서 붙여진 이름이다.
③ 약편은 멥쌀가루에 계피, 천궁, 생강 등 약재를 넣어 붙여진 이름이다.
④ 첨세병은 떡국을 먹음으로써 나이를 하나 더하게 된다는 뜻으로 붙여진 이름이다.

59 삼복 중에 먹는 절기 떡으로 틀린 것은?

① 증편
② 주악
③ 팥경단
④ 깨찰편

60 절기와 절식 떡의 연결이 틀린 것은?

① 정월대보름 – 약식
② 삼짇날 – 진달래화전
③ 단오 – 차륜병
④ 추석 – 삭일송편

제 2회 기출복원문제

01 혈관 강화작용이 있는 루틴을 함유하고 있는 곡류는?
① 수수 ② 옥수수
③ 메밀 ④ 귀리

02 수수에 대한 설명 중 틀린 것은?
① 탄닌을 함유하고 있어 떫은맛이 강하다.
② 메수수는 오곡밥, 수수경단, 수수부꾸미 등에 이용한다.
③ 수수를 불릴 때 자주 물을 갈아준다.
④ 다른 곡류에 비하여 소화율이 떨어진다.

03 떡의 주재료가 아닌 것은?
① 멥쌀 ② 옥수수
③ 차조 ④ 서리태

04 감자의 싹에 들어있는 독성 이름은?
① 솔라닌 ② 셉신
③ 얄라핀 ④ 탄닌

05 떡에 추가하는 채소류의 전처리 과정 중 틀린 것은?
① 상추는 끓는 물에 살짝 데쳐 사용한다.
② 대추는 물에 재빨리 씻어 물기를 제거하여 사용한다.
③ 호박고지는 물에 불려서 사용한다.
④ 쑥은 봄에 나오는 어린쑥을 이용하며 소금이나 소다를 넣고 푸르게 데쳐 사용한다.

06 쌀 단백질인 것은?
① 호르데인(hordein)
② 글리시닌(glycinin)
③ 오리제닌(oryzenin)
④ 글리아딘(gliadin)

07 재료의 계량에 대한 설명으로 틀린 것은?
① 고체지방은 잘게 잘라 계량컵에 담아 계량한다.
② 액체재료는 투명한 재질의 계량컵의 눈금과 액체의 밑선을 눈과 수평으로 맞춰서 계량한다.
③ 계량단위 1작은술의 부피는 5㎖이다.
④ 흑설탕은 계량 기구에 눌러 담아 수평으로 깎아서 측정한다.

08 켜떡이 아닌 것은?
① 시루떡 ② 찰편
③ 각색편 ④ 색떡

09 두텁떡을 만들 때 간은 무엇으로 하는가?
① 정제염 ② 천일염
③ 간장 ④ 된장

10 복숭아와 살구즙을 넣고 만든 떡은 무엇인가?
① 도병 ② 도행병
③ 산승 ④ 행병

11 제례(祭禮)에 올릴 수 없는 고물은?
① 녹두고물 ② 깨고물
③ 붉은팥고물 ④ 동부고물

12 다음 체 중에서 가장 고운체는?
① 어레미 ② 도드미
③ 중간체 ④ 깁체

13 미량무기질인 것은?
① 철 ② 칼슘
③ 마그네슘 ④ 인

14 설기떡 만드는 방법으로 틀린 것은?
① 시루에 쌀가루를 안친 뒤 칼금을 넣고 찌면 조각으로 잘 떨어진다.
② 쌀가루를 손으로 살짝 쥐어 펴서 흔들어 보았을 때 덩어리가 깨지지 않으면 수분이 적당한 것이다.
③ 시루에 쌀가루를 안칠 때 눌러 안치면 떡이 설익을 수 있다.
④ 쌀가루에 설탕과 물을 한꺼번에 넣고 체에 내린다.

15 켜떡이 아닌 것은?
① 팥시루떡 ② 녹두찰편
③ 잡과병 ④ 석탄병

16 다음은 어떤 떡에 대한 설명인가?

> 햇밤 익은 것, 풋대추 썰고, 좋은 침감 껍질 벗겨 저미고 풋청대콩과 가루에 섞어 꿀 버무려 햇녹두 거피하고 뿌려 찌라. 『규합총서』

① 잡과병 ② 신과병
③ 석탄병 ④ 혼돈병

17 가래떡에 대한 설명으로 틀린 것은?
① 멥쌀, 물, 소금을 넣어 만든다.
② 길게 밀어 만들어서 백국이라고도 부른다.
③ 가래떡을 하루 말려 썰어서 떡국떡을 만든다.
④ 순수하고 명이 길고 부를 누리기를 바라는 의미가 있다.

18 인절미 만드는 순서로 옳은 것은?
① 쌀 찌가 – 양념하기 – 성형하기 – 고물 묻히기
② 쌀 찌기 – 성형하기 – 고물 묻히기 – 자르기
③ 쌀가루 만들기 – 찌기 – 펀칭하기 – 자르기 – 고물 묻히기
④ 쌀가루 만들기 – 익반죽하기 – 찌기 – 성형하기 – 고물 묻히기

19 떡제조 공정에 사용되는 기계가 맞게 연결된 것은?
① 성형 – 펀칭기
② 쌀씻기 – 쌀가루분리기
③ 쌀분쇄 – 롤러밀
④ 치기 – 제병기

20 가래떡에 대한 설명 중 틀린 것은?
① 권모(拳摸)라고도 했다.
② 하루 정도 말려 엽전 모양으로 썰어 떡국에 사용한다.
③ 찹쌀가루를 쪄서 친 도병이다.
④ 흰떡, 백병이라고도 한다.

21 가래떡 성형할 때 사용되는 기구는?
① 제병기 ② 펀칭기
③ 떡살 ④ 롤러밀

22 곡물을 찧거나 빻을 때 쓰는 도구가 아닌 것은?
① 맷돌 ② 조리
③ 방아 ④ 절구

23 쇠머리찰떡의 설명으로 맞는 것은?
① 전라도에서 즐겨 먹는 떡이다.
② 쇠머리고기를 넣고 만든 떡이다.
③ 모두배기 또는 모듬백이떡이라고 불린다.
④ 멥쌀가루에 검정콩 등을 넣고 찐 떡이다.

24 떡의 제조과정에 대한 설명 중 틀린 것은?
① 단자는 찹쌀가루를 삶거나 쪄서 익혀 꽈리가 일도록 친 다음 고물을 입힌다.
② 찹쌀가루는 물을 조금만 넣어도 질어지므로 주의한다.
③ 송편은 찹쌀가루를 익반죽해서 콩, 깨, 밤, 팥 등의 소를 넣고 빚어서 찐 떡이다.
④ 떡을 익반죽 할 때는 뜨거운 물을 조금씩 넣어가며 반죽한다.

25 떡의 명칭과 재료의 연결이 틀린 것은?
① 서여향병 – 더덕
② 상실병 – 도토리
③ 청애병 – 쑥
④ 남방감저병 – 고구마

26 인절미를 칠 때 사용되는 도구가 아닌 것은?
① 절구
② 떡메
③ 안반
④ 떡살

27 팥을 삶을 때 첫 물을 버리는 이유는?
① 색의 농도를 조절하기 위해
② 비린맛을 제거하기 위해
③ 설사를 유발시키는 성분을 제거하기 위해
④ 잘 무르게 하기 위해

28 인절미의 재료가 아닌 것은?
① 찹쌀
② 흑임자가루
③ 멥쌀
④ 콩가루

29 치는 떡인 것은?
① 쑥개떡
② 개피떡
③ 잣구리
④ 주악

30 발색제 중 같은 색끼리 잘못 묶은 것은?
① 백년초, 비트
② 석이버섯, 흑임자
③ 송화가루, 울금
④ 승검초, 도토리

31 노화에 대한 설명으로 틀린 것은?
① 0~4℃에서 떡의 노화가 촉진된다.
② 아밀로펙틴 함량이 증가할수록 노화가 촉진된다.
③ 쑥, 호박, 무 등의 부재료는 떡의 노화를 지연시킨다.
④ 멥쌀로 만든 떡보다 찹쌀로 만든 떡이 노화가 느리다.

32 떡의 노화가 가장 빨리 일어나는 보관방법은?
① 냉장실 보관
② 냉동실 보관
③ 전기보온밥솥 보관
④ 실온 보관

33 떡 포장재로 주로 사용하는 것은?
① 폴리에틸렌
② 폴리프로필렌
③ 폴리스티렌
④ 알루미늄

34 떡 포장할 때 기능으로 틀린 것은?
① 안전성　② 향미증진
③ 정보성　④ 보호성

35 떡류 포장 시 제품표시 사항이 아닌 것은?
① 유통기한
② 제품명, 내용량 및 원재료명
③ 용기 및 포장 재질
④ 영업소의 대표자명

36 식품 변질의 요인이 아닌 것은?
① 온도　② 압력
③ 산소　④ 효소

37 조리장 작업환경으로 틀린 것은?
① 조리장 조명은 150룩스를 유지한다.
② 조리장 안에는 조리시설·세척시설·폐기물 용기 및 손 씻는 시설을 각각 설치하여야 한다.
③ 조리장 바닥에 배수구가 있는 경우에는 덮개를 설치하여야 한다.
④ 폐기물 용기는 내수성 재질로 된 것이어야 한다.

38 바이러스 감염병이 아닌 것은?
① 소아마비　② 천열
③ 홍역　④ 결핵

39 식중독 중 잠복기가 가장 짧고 엔토로톡신 독소를 생성하는 균은?
① 보툴리누스균　② 황색포도상구균
③ 비브리오균　④ 살모넬라균

40 바닷물에서 잘 증식하는 호염균에 의한 식중독은?
① 캠필로박터 식중독
② 장염비브리오 식중독
③ 황색포도상구균
④ 살모넬라식중독

41 세균에 의한 감염병이 아닌 것은?
① 결핵　② 콜레라
③ 장티푸스　④ 홍역

42 손소독에 대한 설명으로 틀린 것은?
① 승홍수용액 0.1%를 사용한다.
② 역성비누 수용액 10%를 사용한다.
③ 에틸알코올 95%를 사용한다.
④ 손을 씻을 때는 흐르는 따뜻한 물에 씻는다.

43 물이 함유하고 있는 유기물질과 정수과정에서 살균제로 사용되는 염소가 서로 반응하여 생성되는 발암성 물질인 것은?
① 트리할로메탄
② 아플라톡신
③ 트리메틸아민
④ 니트로소아민

44 베로독소를 형성하여 설사, 혈변을 일으키고 용혈요독증후군을 유발하는 대장균은?
① 장관독소원성 대장균
② 장관침습성 대장균
③ 장관출혈성 대장균
④ 장관병원성 대장균

45 경구감염병과 세균성 식중독의 설명으로 틀린 것은?
① 경구감염병의 균이 더 독하다.
② 경구감염병은 다량의 균으로 감염된다.
③ 식중독은 면역성이 없다.
④ 식중독은 잠복기가 짧은 편이다.

46 다음 중 법랑제품이나 도자기의 유약성분으로 이타이이타이병을 유발하는 유해물질은?
① 수은   ② 주석
③ 비소   ④ 카드뮴

47 다음 중 HACCP을 수행하는 단계에 있어서 가장 먼저 실시하는 것은?
① 중점관리점 규명
② 관리기준의 설정
③ 기록유지방법의 설정
④ 식품의 위해요소를 분석

48 신경독소인 뉴로톡신을 생성하며 잠복기가 가장 긴 식중독은?
① 보툴리누스균 식중독
② 황색포도상구균 식중독
③ 살모넬라 식중독
④ 장염비브리오 식중독

49 HACCP 원칙에 포함이 안 되는 것은?
① 모든 잠재적 위해요소분석
② 중요관리점의 한계기준 설정
③ 제품 설명서 작성
④ 기록 유지 및 문서화 절차 확립

50 혼례의식 중 납폐일에 신랑집에서 신부집으로 함을 보낼 때 신부집에서 만드는 떡은?
① 석탄병
② 약식
③ 봉치떡
④ 두텁떡

51 떡을 고여서 높이 쌓는 상은?
① 고임상
② 입맷상
③ 교자상
④ 다과상

52 고임떡에 웃기로 사용되지 않는 떡은?
① 각색단자
② 화전
③ 각색주악
④ 각색편

53 고려시대 떡 종류가 아닌 것은?
① 청애병
② 율고
③ 상화병
④ 토란병

54 고려시대 떡이 언급된 저서가 아닌 것은?
① 도문대작
② 해동역사
③ 목은집
④ 지봉유설

55 혼례와 관련 없는 떡은?
① 봉치떡
② 인절미
③ 달떡
④ 오색송편

56 지역별 떡의 종류가 바르게 연결되지 않은 것은?
① 경상도 – 쑥굴레, 상주설기, 모시잎송편
② 경기도 – 여주산병, 개성우메기, 조랭이떡
③ 강원도 – 감자시루떡, 우무송편, 방울증편
④ 충청도 – 쇠머리떡, 곤떡, 수수도가니

57 다음 중 발효시킨 떡이 아닌 것은?
① 상화병
② 재증병
③ 증편
④ 기주떡

58 절기와 절식 떡의 연결이 틀린 것은?
① 단오 – 차륜병
② 정월대보름 – 약식
③ 초파일 – 떡수단
④ 중양절 – 국화전

59 서속떡의 이름과 관련된 곡물은?
① 보리와 콩
② 메밀과 귀리
③ 기장과 조
④ 팥과 수수

60 봉치떡(봉채떡)에 대한 설명으로 틀린 것은?
① 찹쌀가루로 만든다.
② 1단으로 켜를 만든다.
③ 시루에 찌는 떡이다.
④ 신부집에서 만든다.

제 3회 기출복원문제

01 『음식디미방』에 기록된 석이편법에 사용한 고물인 것은?
① 붉은팥고물
② 깨고물
③ 잣고물
④ 녹두고물

02 시절과 시절떡의 연결이 틀린 것은?
① 정조다례 : 상화병
② 5월 단오: 수리취절편
③ 10월 상달: 붉은팥시루떡
④ 3월 삼짇날 : 진달래화전

03 찹쌀로 만든 떡은?
① 색떡
② 봉치떡
③ 석탄병
④ 복령떡

04 상화에 대한 설명으로 틀린 것은?
① 밀가루를 막걸리로 발효시켜 소를 넣어 만든다.
②『고려가요』에 나오는 쌍화점은 상화를 파는 가게를 뜻한다.
③ 유두절의 절기음식이다.
④ 고려시대 일본의 영향을 받아 만들었다.

05 약식에 주로 사용하는 재료로 틀린 것은?
① 참기름
② 대추
③ 간장
④ 늙은 호박

06 송편의 소로 적당하지 않은 것은?
① 밤
② 녹두
③ 콩
④ 땅콩

07 떡에 사용하는 고물 연결이 잘못된 것은?
① 봉치떡 – 붉은팥고물
② 석탄병 – 녹두고물
③ 물호박시루떡 – 거피팥고물
④ 두텁떡 – 깨고물

08 지역별 특징에 대한 설명이 틀린 것은?
① 강원도는 잡곡으로 만드는 떡이 많고 소박하다.
② 제주도는 다른 지역에 비해 떡의 종류가 적으며 주로 잡곡을 이용한다.
③ 전라도는 곡물이 풍부하여 떡이 매우 호화롭고 종류가 많다.
④ 북쪽지방은 쌀이 많아 떡국을 먹는다.

09 노티에 대한 설명으로 틀린 것은?
① 찰기장, 찰수수, 찹쌀가루, 엿기름을 사용한다.
② 저장성이 좋아 몇 달이 지나도 상하지 않는다.
③ 치는 떡이다.
④ 평안도 향토떡이다.

10 중화절에 먹는 떡으로 맞는 것은?
① 노비송편, 삭일송편
② 국화전, 밤떡
③ 차륜병, 수리취절편
④ 약식, 진달래화전

11 봉치떡에 관한 설명으로 틀린 것은?
① 시루에 찌는 떡이다.
② 신부집에서 만드는 떡이다.
③ 2단으로 켜를 만든다.
④ 멥쌀가루로 만든다.

12 떡의 제조과정에 대한 설명 중 틀린 것은?
① 떡을 익반죽 할 때는 미지근한 물을 조금씩 부어가며 반죽한다.
② 찹쌀가루는 물을 조금만 넣어도 질어지므로 주의해야 한다.
③ 단자는 찹쌀가루를 삶거나 쪄서 익혀 꽈리가 일도록 쳐 고물을 묻힌다.
④ 송편은 멥쌀가루를 익반죽해서 콩, 깨, 밤, 팥 등의 소를 넣고 빚어서 찐 떡이다.

13 단당류에 해당되는 것은?
① 맥아당
② 자당
③ 갈락토오스
④ 유당

14 멥쌀을 구성하고 있는 전분은?
① 아밀로오스 20%, 아밀로펙틴 80%
② 아밀로오스 100%
③ 아밀로펙틴 100%
④ 아밀로오스 80%, 아밀로펙틴 20%

15 가래떡을 뽑는 기구는?
① 시루
② 펀칭기
③ 제병기
④ 떡살

16 개인위생에 관한 설명으로 틀린 것은?
① 반지나 귀걸이는 착용하지 않으나 팔찌는 착용할 수 있다.
② 두발은 단정하고 청결해야 하며 슬리퍼류는 착용할 수 없다.
③ 매니큐어, 인조손톱은 부착하지 않는다.
④ 작업 변경 시마다 위생장갑을 교체한다.

17 각 지역의 향토 떡의 연결로 틀린 것은?
① 평안도 - 장떡, 수리취떡
② 경상도 - 모싯잎 송편, 만경떡
③ 경기도 - 여주산병, 색떡
④ 제주도 - 오메기떡, 빙떡

18 떡에 문양을 찍을 때 사용하는 도구는?
① 조리
② 떡메
③ 절구
④ 떡살

19 여름철 떡고물로 적당하지 않은 것은?
① 깨고물
② 팥고물
③ 잣고물
④ 콩고물

20 찹쌀가루를 익반죽 한 후 작은 조약돌 모양으로 빚어 기름에 지진 떡은?
① 송편 ② 부꾸미
③ 노티 ④ 주악

21 떡의 포장용기 표시사항이 아닌 것은?
① 재질
② 영양성분
③ 영업소의 명칭 및 소재지
④ 주의사항

22 단백질이 부패되면 나오는 물질은?
① 글리코겐
② 암모니아
③ 아크롤레인
④ 과산화물

23 결핵은 어떤 병원체에 의해 전파되는가?
① 바이러스
② 곰팡이
③ 세균
④ 리케차

24 찹쌀떡이 멥쌀떡보다 더 늦게 굳는 이유는?
① 수분함량이 적기 때문에
② 아밀로오스의 함량이 많기 때문에
③ pH가 낮기 때문에
④ 아밀로펙틴의 함량이 많기 때문에

25 떡의 노화를 방지할 수 있는 방법이 아닌 것은?
① 설탕의 첨가량을 늘린다.
② 급속냉동시켜 보관한다.
③ 수분함량을 30~60%로 유지한다.
④ 찹쌀가루의 함량을 높인다.

26 장비 취급 시 작업 후 조치사항이 아닌 것은?
① 전기장비 청소 시에는 전원 스위치, 플러그를 분리 후 실시한다.
② 가스 용기는 반드시 밸브를 잠그고 화기가 없는 곳에 보관한다.
③ 문어발식 전기 콘센트는 사용하지 않는다.
④ 전기를 직접 끌어와 사용한다.

27 실백(實柏)이라고 불리며 떡의 고명으로 사용하는 재료는?
① 호두 ② 밤
③ 잣   ④ 땅콩

28 떡의 노화를 지연시키는 방법이 아닌 것은?
① 색소 첨가
② 냉동 저장법
③ 당의 첨가
④ 유화제 첨가

29 켜떡류에 해당되지 않는 것은?
① 신과병
② 색떡
③ 물호박떡
④ 무시루떡

30 약밥을 만드는 과정을 틀리게 설명한 것은?
① 찹쌀은 5시간 이상 불려 건져 물기를 빼고 1시간 정도 푹 무르게 찐다.
② 찐 찰밥은 황설탕을 섞고 밥알이 잘 떨어지도록 주걱으로 자르듯이 섞는다.
③ 약밥 양념은 밥이 차가운 상태에서 양념이 더 잘 흡수된다.
④ 양념한 찰밥은 상온에 2시간 정도 두었다 찐다.

31 증편을 의미하는 단어가 아닌 것은?

① 기주떡
② 기정떡
③ 농병
④ 주악

32 떡에 간을 할 때 곡식가루에 소금을 넣는 시점은?

① 수세
② 수침
③ 분쇄
④ 증자

33 두텁떡을 만드는 데 사용되지 않는 조리도구는?

① 체
② 번철
③ 떡살
④ 시루

34 떡 포장의 목적으로 맞지 않는 것은?

① 떡의 취급 및 운반의 편의
② 떡의 미생물 오염 방지
③ 수분의 증발 촉진
④ 상품 가치의 보존 및 향상

35 치는 떡이 아닌 것은?

① 인절미
② 개피떡
③ 꽃절편
④ 쑥개떡

36 떡 조리과정의 특징으로 틀린 것은?

① 찌는 떡은 찹쌀가루보다 멥쌀가루를 사용할 때 물을 더 보충하여야 한다.
② 펀칭공정을 거치는 치는 떡은 시루에 찌는 떡보다 노화가 빠르게 진행된다.
③ 쌀의 수침시간이 증가할수록 쌀의 조직이 연화되어 습식제분을 할 때 전분 입자가 미세화된다.
④ 쌀가루는 너무 고운 것보다 어느 정도 입자가 있어야 자체 수분 보유율이 있어 떡을 만들 때 호화도가 더 좋다.

37 혜경궁 홍씨의 회갑연에 올린 떡류가 아닌 것은?

① 석이병
② 약식
③ 인절미
④ 꿀설기

38 물리적 소독 방법이 아닌 것은?

① 자외선살균법
② 방사선살균법
③ 화염살균법
④ 역성비누

39 자연독 식중독의 원인 물질이 틀린 것은?

① 독미나리 – 아미그달린
② 모시조개 – 베네루핀
③ 감자 – 솔라닌
④ 복어 – 테트로도톡신

40 쌀 5컵을 5~6시간 불린 후 빻으면 몇 컵의 쌀가루가 되는가?

① 5컵
② 7컵
③ 10컵
④ 12컵

41 가래떡 제조과정의 순서로 옳은 것은?

① 쌀가루 만들기 – 소 만들어 넣기 – 안쳐 찌기 – 성형하기
② 쌀가루 만들기 – 안쳐 찌기 – 용도에 맞게 자르기 – 성형하기
③ 쌀가루 만들기 – 안쳐 찌기 – 성형하기 – 용도에 맞게 자르기
④ 쌀가루 만들기 – 익반죽하기 – 성형하기 – 안쳐 찌기

42 통과의례에 대한 설명으로 틀린 것은?

① 성년례는 어른으로부터 독립하여 자기의 삶은 자기가 갈무리하라는 책임과 의무를 일깨워주는 의례이다.
② 납일은 사람이 살아가는데 도움을 준 천지만물의 신령에게 음덕을 갚는 의미로 제사를 지내는 날이다.
③ 책례는 어려운 책을 한 권씩 뗄 때마다 이를 축하하고 더욱 학문에 정진하라는 격려의 의미로 행하는 의례이다.
④ 사람이 태어나 죽을 때까지 필연적으로 거치게 되는 중요한 의례를 말한다.

43 곡물을 고온으로 가열시 생성되는 물질은?

① 니트로조아민
② 아크릴아마이드
③ 포름알데히드
④ 벤조피렌

44 절기에 먹는 떡이 바르지 않은 것은?

① 유두일 – 느티떡
② 삼짇날 – 화전
③ 중화절 – 삭일송편
④ 단오 – 수리취절편

45 발색제 색이 동일하지 않은 것은?

① 승검초, 모싯잎
② 치자, 송화가루
③ 백년초, 도토리
④ 오미자, 지치

46 떡에 대한 설명으로 맞는 것은?

① 첨세병은 떡 위에 예쁘게 장식하는 떡이다.
② 골무떡은 찹쌀가루로 만든다.
③ 회혼례에 올리는 떡은 봉치떡이다.
④ 백설기는 신성함, 정결함, 순진무구하게 자라라는 기원이 담겨있다.

47 단당류가 아닌 것은?

① 포도당
② 과당
③ 갈락토오스
④ 올리고당

48 식물성자연독인 것은?

① 테트로도톡신
② 삭시톡신
③ 베네루핀
④ 시큐톡신

49 떡의 고물이 틀린 것은?

① 호박떡 – 녹두고물
② 팥시루떡 – 붉은팥고물
③ 느티떡 – 붉은팥고물
④ 상추떡 – 거피팥고물

50 발색제 색의 짝이 다른 것은?
① 치자, 울금
② 새싹보리, 뽕잎
③ 도토리, 송기
④ 백년초, 송화

51 이북 떡이 아닌 것은?
① 오메기떡
② 노티
③ 오그랑떡
④ 오쟁이떡

52 치는 떡이 아닌 것은?
① 인절미
② 빙떡
③ 절편
④ 가래떡

53 통과의례에서 혼례와 관련된 떡의 종류가 아닌 것은?
① 봉치떡
② 용떡
③ 달떡
④ 쑥갠떡

54 황색포도상구균 식중독의 독소는?
① 히스타민
② 뉴로톡신
③ 엔토로톡신
④ 에르고톡신

55 진달래 화전은 언제 만들어 먹는 절식인가?
① 삼짇날   ② 중화절
③ 초파일   ④ 단오날

56 인절미를 뜻하는 단어로 틀린 것은?
① 인병
② 절병
③ 은절병
④ 인절병

57 멥쌀가루에 요오드용액을 떨어뜨리면 무슨 색으로 변하는가?
① 변화없음
② 적갈색
③ 파랑색
④ 청자색

58 켜떡류에 해당되지 않는 것은?
① 무시루떡
② 물호박떡
③ 쑥설기
④ 신과병

59 송편 제조과정 중 틀린 것은?
① 쪄낸 송편에 참기름을 바르면 서로 붙지 않고 고소한 맛의 송편이 된다.
② 쪄 낸 송편은 재빠르게 냉수에 헹구어준다.
③ 송편 소를 넣고 주먹으로 꽉 쥐어 안의 공기를 빼준다.
④ 멥쌀가루에 소금과 찬물을 넣어 반죽한다.

60 백일상차림에 올리는 떡의 종류가 아닌 것은?
① 백설기
② 찰수수경단
③ 오색송편
④ 붉은팥고물시루떡

제 1회 떡제조기능사 기출복원문제 정답 및 해설

01	02	03	04	05	06	07	08	09	10
③	②	③	①	①	②	④	①	③	④
11	12	13	14	15	16	17	18	19	20
③	④	④	④	③	③	②	④	③	③
21	22	23	24	25	26	27	28	29	30
④	②	②	③	③	④	③	①	④	③
31	32	33	34	35	36	37	38	39	40
④	④	④	①	④	③	④	②	④	③
41	42	43	44	45	46	47	48	49	50
④	③	③	②	④	④	④	④	④	④
51	52	53	54	55	56	57	58	59	60
①	①	①	④	①	④	③	③	③	④

1 쌀의 수침 시간이 증가하면 조직이 연화되어 입자의 결합력이 감소한다.

2 – 대두 : 사포닌은 장을 자극하여 설사를 유발한다.
– 검은콩 : 검은콩의 안토시아닌 색소는 금속이온과 반응하면 색이 더 진해진다.
– 땅콩 : 단백질은 불완전단백질이며, 지방은 85.5%가 불포화지방산이므로 필수지방산이 풍부하다.

3 어레미는 굵은체를 말하며 떡고물을 내릴 때 사용한다.

4 팥에는 칼륨과 인이 많이 함유되어 있으며, 탄수화물 대사에 꼭 필요한 비타민 B_1이 많이 함유되어 있다.

5 떡살은 떡손이라고도 하며 주로 절편 만들 때 떡살로 여러 문양을 낸다.

6 증병(甑餠) : 찌는 떡, 도병(搗餠) : 치는 떡, 유전병(油煎餠) : 기름에 지지는 떡

7 색소 첨가는 떡에 여러 가지 발색제를 첨가하여 식욕을 돋우는 역할을 한다.

8 조리는 물에 불린 쌀을 일어 돌을 골라 낼 때 사용한다.

9 찹쌀은 아밀로펙틴으로 되어 있어서 멥쌀보다 수분을 적게 주어야 한다.

10 검, 뮤실리지, 펙틴은 물과 친화력이 있는 수용성 식이섬유이고, 셀룰로오스는 불용성 식이섬유로 체내에서 분해되거나 에너지원으로 이용되지 않는다.

11 골무떡은 멥쌀가루를 찐 후 절구에 쳐서 골무처럼 작게 만드는 절편으로 치는 떡이다.

12 떡의 주재료는 곡류이며 주로 찹쌀과 멥쌀을 사용한다.

13 쌀의 수침 시 수분 흡수율은 쌀의 품종, 쌀의 저장기간, 수침 시 물의 온도와 관련이 있으며, 쌀의 비타민 함량과는 관련이 없다.

14 쌀가루를 반죽할 때 온도가 낮은 물로 반죽하면 잘 뭉쳐지지 않고 거칠어서 모양을 빚기 힘들다. 뜨거운 물로 익반죽해야 반죽이 매끄럽고 부드러워 모양을 만들기 쉽다.

15 인절미나 절편은 치는 떡이므로 안반 위에 떡을 올리고 떡메로 친다.

16 팥시루떡은 고물을 켜켜이 올리고 찌는 켜떡이다.

17 불린 찹쌀은 한 번만 빻고, 찰떡은 메떡에 비해 찌는 시간이 길다. 팥은 불리지 않고 삶아서 사용한다.

18 쑥개떡은 불린 멥쌀에 데친 쑥을 넣고 빻아서 익반죽하여 둥글게 빚어 찐 떡이다.

19 떡의 노화가 잘 일어나는 온도는 0~4℃인 냉장고 온도이며 실온에 보관할 경우 변질될 수 있으므로 냉동실에 보관한다.

20 '식품 등의 표시·광고에 관한 법률'은 식품 등을 광고할 때 지켜야 하는 사항을 정하고, 실증자료의 범위, 요건 및 제출방법 등을 마련하여 소비자의 알 권리를 보장하고 건전한 거래질서를 확립하기 위함이다.

21 섭취량, 섭취방법 및 섭취 시 주의사항은 건강식품이나 의약품에 기재한다.

22 쌀가루에는 글루텐이 없고 많이 치댈수록 반죽이 부드러워진다.

23 약밥은 불린 찹쌀을 1시간 정도 쪄서 밥이 뜨거울 때 부재료와 양념을 고루 섞고 2시간 정도 상온에 두어 맛이 배인 뒤에 다시 찐다.

24 완전 동결상태보다 부분 냉동상태에서 효소 활성이 촉진되어 식품이 변질되기 쉽다.

25 쌀가루를 누르면 수증기가 통과할 수 없어 떡이 잘 익지 않으므로 살살 올려 수증기가 잘 통과 하도록 안친다.

26 여름철에는 떡이 금방 변질되므로 냉동실에 보관해야 한다.

27 인절미(引切米)는 인병(引餠), 은절병(銀切餠), 인절병(引切餠)이라고도 불리우는데 찰진 떡을 잡아 당겨 끊는 떡이라는 의미이다.

28 설기떡은 멥쌀가루에 물을 주어 수분을 맞춘 다음 중간체에 내려 김 오른 찜기에 올려 센 불에서 20분 정도 찌고 불을 끄고 5분간 뜸 들인다.

29 떡살은 절편을 만들 때 문양 내는데 사용한다.

30 멥쌀가루는 청자색이 되고, 찹쌀가루는 적갈색이 된다.

31 가래떡 제조공정은 1차 빻기 – 2차 빻기 – 찌기 – 성형 – 냉각 – 절단 – 냉장건조 – 포장

32 '약(藥)'자가 들어가는 음식에는 꿀과 참기름이 들어간다.

33 당의 갈변은 160~170℃ 정도에서 일어난다.

34 동결 속도가 빠를수록 얼음(빙)결정의 크기가 작게 형성되어 식품의 텍스처 품질 손상 정도가 작다.

35 고체지방(버터, 쇼트닝, 마가린)은 실온에 두어 반고체 상태가 되면 계량컵에 꾹꾹 눌러 담은 후 스파튤라로 수평이 되도록 깎아서 계량한다.

36 화학물질은 다른 물질과 섞이면 화학반응이 일어나 위험해질 수 있으므로 용도에 맞게 사용해야 한다.

37 가축 사육 시설로부터 500m 이상 떨어진 곳이어야 한다.

38 황색포도상구균은 화농성 질환의 대표적인 원인균으로 원인독소인 엔테로톡신은 120℃에서 30분 가열해도 죽지 않을 정도로 열에 강하며 잠복기는 3시간이다.

39 역성비누는 손 소독에 주로 사용하며 양성비누라고도 한다.

40 토코페롤은 항산화제이다.

41 ※ 10년 이하 징역 또는 1억원 이하 벌금에 해당되는 사항
 – 썩었거나 상하였거나 설익은 것
 – 유독·유해물질이 들어있거나 묻어있는 것
 – 병원미생물에 오염되어 있는 것
 – 불결하거나 다른 물질이 혼입 또는 첨가된 것
 – 영업의 허가를 받지 않은 자가 제조·가공·소분한 것
 – 품목제조허가 또는 신고를 필하지 않고 제조·가공·소분한 것

42 작업 변경 시마다 교차오염의 예방을 위해 위생장갑을 교체해야 한다.

43 역성비누는 화학적 소독방법이다.

44 구리그릇에 산성 식품(식초, 신김치)을 넣으면 푸른 녹이 생긴다.

45 베네루핀은 모시조개나 굴의 내장선에 함유한 독이다.

46 장떡은 개성지방의 향토음식이며, 수리취떡은 단오날 절식이다.

47 「삼국유사」에 왕의 생명을 구한 까마귀에게 찹쌀밥으로 제사를 지냈다는 데서 유래되었다.

48 잡과병은 가을에 멥쌀가루에 여러 가지 과일을 섞어 만든 떡이다. 밀단고는 찹쌀가루를 익반죽하여 익힌 후 팥고물을 묻힌 경단 형태의 떡으로 가을에 먹는다.

49 단오날–수리취절편, 정월대보름–약식, 초파일–느티떡, 삼짇날–진달래화전

50 밤과 대추는 자손번창을 기원하는 뜻으로 대추 7개는 아들 7형제를, 밤은 고명딸을 의미한다.

51 백결선생은 집이 가난하여 섣달 그믐날 떡을 할 수 없어 거문고로 떡방아 찧는 소리를 내어 부인을 위로했다.

52 인절미는 끈기 있고 내실 있는 사람이 되라는 뜻이다.

53 오쟁이떡은 인절미처럼 찹쌀을 쪄서 친 후 안에 팥소를 넣고 콩가루를 묻힌 떡으로 오쟁이처럼 생긴 떡이다.
빙떡은 메밀가루에 물을 넣고 반죽하여 지진 후 안에 소를 넣어 만든 떡으로 제주도 향토떡이다.

54 이조궁정요리통고는 1957년에 조선시대 마지막 상궁인 한희순 상궁과 그 전수자인 황혜성 교수가 공동 저술한 책이다.

55 두텁떡은 궁중의 대표적인 떡으로 왕의 탄신일에 올렸던 떡이다.

56 유엽병은 느티떡을 말하며 4월 초파일의 절식이다.

57 납일은 통과의례가 아닌 절기 중 하나이다. 동지로부터 세 번째의 미일로 사람이 살아가는데 도움을 준 천지신명께 제사를 지내는 날이다.

58 약편은 멥쌀가루에 대추고와 막걸리를 섞어 시루에 안치고 위에 밤채, 대추채, 석이채로 고명을 얹어서 찐 떡이다.

59 여름철에는 팥이 잘 쉬므로 잘 사용하지 않는다.

60 추석의 절식 떡으로 올벼(햅쌀)로 빚은 송편을 오려송편이라 한다. 삭일송편은 중화절에 노비들에게 나눠주기 위해 만든 송편으로 노비송편이라고도 한다.

제 2회 떡제조기능사 기출복원문제 정답 및 해설

01	02	03	04	05	06	07	08	09	10
③	②	④	①	①	③	①	④	③	②
11	12	13	14	15	16	17	18	19	20
③	④	①	④	③	②	②	③	③	③
21	22	23	24	25	26	27	28	29	30
①	②	③	③	①	④	③	③	②	④
31	32	33	34	35	36	37	38	39	40
②	①	①	②	④	②	①	④	②	②
41	42	43	44	45	46	47	48	49	50
④	③	①	③	②	④	④	①	③	③
51	52	53	54	55	56	57	58	59	60
①	④	④	①	④	④	②	③	③	②

1 메밀에는 루틴이 함유되어 있어 혈액순환에 좋으며 혈관을 튼튼하게 해준다.

2 메수수는 사료, 공업용 원료, 고량주 제조에 이용되며, 차수수는 오곡밥, 수수경단, 수수부꾸미 등에 이용한다.

3 떡의 주재료는 주로 곡류이며, 서리태는 두류로 부재료에 해당된다.

4 감자의 녹색부분이나 발아 중인 싹에 존재하는 독성성분은 솔라닌이며, 썩기 시작하면 셉신이라는 독성 물질이 생긴다.

5 상추떡에 넣는 상추는 데치지 않고 손으로 뜯어 쌀가루와 고루 섞어 고물을 얹어 찐다.

6 쌀-오리제닌(oryzenin), 보리-호르데인(hordein), 콩-글리시닌(glycinin), 밀-글리아딘(gliadin)

7 고체지방은 실온에서 부드럽게 한 후 계량 기구에 공간 없이 눌러 담고 윗면을 평평하게 깎아 측정한다.

8 색떡은 멥쌀가루를 여러 가지 색으로 물들여 찐 설기떡이다.

9 두텁떡은 찹쌀가루에 소금을 넣지 않고 간장으로 간을 맞춘다.

10 도행병(桃杏餅)은 복숭아와 살구를 넣고 만든 떡을 말하며, 도(桃)는 복숭아를 뜻하고, 행(杏)은 살구를 뜻한다.

11 제사상에는 귀신을 쫓는 의미가 있는 붉은팥고물은 사용하지 않는다.

12 어레미 > 도드미 > 깁체 > 고운체

13 • 미량무기질 : 철, 아연, 구리, 요오드, 셀레늄, 망간
• 다량무기질 : 칼슘, 인, 황, 칼륨, 나트륨, 염소, 마그네슘

14 쌀가루에 설탕과 물을 한꺼번에 넣고 체에 내리면 설탕이 녹아 수분함량이 많아지므로 쌀가루가 덩어리져서 잘 내려지지 않고 끈적해진다.

15 잡과병은 멥쌀가루에 밤, 대추, 곶감, 유자 등 과일과 잣, 호두 등 견과류를 넣고 찐 설기떡이다.

16. • 잡과병 : 멥쌀가루에 밤, 대추, 곶감, 호두, 잣 등의 여러 가지 과일과 견과류를 섞어 시루에 찐 무리떡이다.
    • 석탄병 : 멥쌀가루에 감가루, 계피가루, 편강가루 등을 섞어 녹두고물을 얹어 찐 떡으로 맛이 좋아 삼키기 아까운 떡이라 붙여진 이름이다.
    • 혼돈병 : 찹쌀가루에 승검초가루, 계피가루, 후추가루, 생강가루, 황률, 대추 등의 여러 가지 재료를 이용하여 두텁떡처럼 찐 떡이다.

17. 가래떡은 흰떡 또는 백병이라고도 부르며, 가래떡을 썰어 끓인 떡국은 백탕(白湯) 또는 병탕(餠湯)이라고 부른다.

18. 인절미는 찹쌀이나 찹쌀가루를 시루에 쪄서 절구에 찧어 적당한 크기로 잘라 고물을 묻힌 떡이다.

19. 쌀씻기-쌀세척기, 쌀분쇄-롤러밀(돌로라), 찌기-떡시루, 치기-펀칭기, 성형-제병기

20. 가래떡은 멥쌀가루를 쪄서 절구나 안반에 놓고 쳐 둥글고 길게 늘려 만든다.

21. 제병기는 가래떡, 절편, 떡볶이떡 등을 뽑아내는 성형기이다.

22. 조리는 곡식을 일어 돌을 걸러내는데 사용한다.

23. 쇠머리찰떡은 찹쌀가루에 밤, 대추, 콩, 호박고지 등을 넣어 찐 떡으로 쇠머리편육 모양과 비슷하다 하여 붙여진 이름이다. 충청도 지방의 향토떡이며, 경상도에서는 모듬백이떡으로 불리는 향토떡이다.

24. 송편은 멥쌀가루를 익반죽하여 빚는다.

25. 서여향병은 마를 쪄서 꿀에 담갔다가 찹쌀가루를 입혀 지진 다음 잣가루를 입혀 만든 떡이다.

26. 떡살은 나무판 또는 사기에 무늬를 새긴 것으로 떡에 문양을 낼 때 사용하는 도구이다.

27. 팥에는 사포닌이 있어 장을 자극하여 설사의 원인이 되기도 하므로 팥을 삶을 때 사포닌을 제거하기 위해 한 번 끓이면 그 물은 버리고 다시 새 물을 부어 삶는다.

28. 인절미는 찹쌀 또는 찹쌀가루를 쪄서 안반이나 절구에 차지게 친 다음 콩가루, 흑임자가루 등의 고물을 묻힌 떡이다.

29. 쑥개떡-찌는 떡, 잣구리-삶는 떡, 주악-지지는 떡

30. 승검초는 당귀잎으로 녹색을 띄며, 도토리는 갈색을 띈다.

31. 떡의 노화는 아밀로펙틴 함량이 증가할수록 지연되며, 아밀로오스 함량이 증가할수록 노화가 빠르다.

32. 떡의 노화는 0~4℃인 냉장실에서 가장 빨리 일어난다.

33. 폴리에틸렌(PE)은 투명도가 뛰어나고 방습성도 좋아 포장재로 많이 사용한다.

34. 떡 포장의 기능은 보호성, 안전성, 정보성, 상품성, 경제성 등이 있다. 향미증진은 포장의 기능에 해당되지 않는다.

35. 영업소의 대표자명은 포장용기 표시사항이 아니며, 영업소의 명칭 및 소재지는 표시사항이다.

36. 식품 변질의 원인으로는 미생물, 효소반응, 화학반응, 물리적 반응 등이 있다. 미생물 증식에 영향을 주는 요인으로는 영양소, 수분, 온도, 산소, pH 등이다.

37. 조리장 조명은 220룩스 이상을 유지하여야 한다.

38. 결핵은 세균에 의한 감염병이다.

39. 황색포도상구균은 잠복기가 1~6시간으로 잠복기가 가장 짧은 독소형 식중독이다.

40. 비브리오균은 바닷물에서 잘 발육하는 호염성 세균으로 비브리오균에 오염된 어패류를 생식할 경우 식중독에 걸리기 쉽다.

41. 홍역은 바이러스에 의한 감염병이다.

42. 손소독제로 에틸알코올 70%를 사용한다.

43 아플라톡신(곰팡이독), 트리메틸아민(생선비린내성분), 니트로소아민(아질산염 발색제로 인한 발암물질)

44 장관출혈성대장균은 어린이나 노년층에서 주로 감염되고, 설사나 변에 피가 섞여 나오는 등의 증세를 일으키는 세균으로 요독증, 빈혈, 신장병 등으로 악화될 수 있다. 감염된 소로부터 만들어진 생우유, 치즈, 소시지, 소고기를 날 것으로 먹었을 때 감염된다.

45 세균성 식중독은 대량의 균에 의해서 발병하며, 경구감염병은 소량의 균이라도 발병한다.

46 • 수은-공장폐수로 인해 미나마타병 발생
• 주석-통조림 내부 도금
• 비소-방부제, 살충제의 원료

47 HACCP의 원칙1은 식품의 모든 잠재적 위해요소를 분석하는 것이다.

48 보툴리누스균 식중독은 신경독소인 뉴로톡신을 생성하며 병·통조림식품, 소시지 등 진공포장 식품에서 주로 발생한다.

49 제품 설명서 작성은 HACCP 적용 준비단계 5절차에 해당된다.

50 봉치떡은 봉채떡이라고도 하며 찹쌀 3되, 팥 1되로 찹쌀시루떡을 두 켜만 안치고 맨 위에 대추 일곱 개를 돌려 담고 가운데에 밤 1개를 올려 찐다.

51 고임상은 큰 잔치 때 보기 좋게 과일이나 떡, 한과 등의 음식을 높이 괴어 올려 차린 상으로 큰상, 고배상, 망상이라고도 한다.

52 회갑연 상에 올리는 떡으로는 각색편을 만들어 높이 고여 그 위에 화전, 부꾸미, 주악, 단자, 산승 등의 웃기떡을 얹는다.

53 『해동역사』 - 고려율고, 『지봉유설』 - 청애병, 『고려가요』 - 상화

54 『도문대작』은 1611년에 허균이 우리나라 팔도의 명물 토산품과 별미음식을 소개한 책이다. 우리나라 식품전문서로 가장 오래된 책으로 9종류의 떡이 기록되어 있다.

55 오색송편은 백일, 첫돌, 책례 때 주로 만든다.

56 수수도가니는 수수벙거지, 수수옴팡떡이라고도 부르며 경기도 향토떡이다.

57 재증병(再蒸餠)은 멥쌀가루를 쪄서 절구에 친 다음 소를 넣고 송편 모양으로 빚어 다시 한 번 찐 떡으로 두 번 찌는 떡이라는 의미이다.

58 떡수단은 가래떡을 작게 경단크기로 썰어 녹말을 입혀 끓는 물에 데쳐 꿀물에 띄운 것으로 유두일의 절식이다. 초파일에는 느티떡(유엽병)을 해먹었다.

59 서속(黍粟)은 기장과 조를 의미한다.

60 봉치떡은 찹쌀가루에 붉은팥고물을 얹어 2단으로 켜를 만든다.

제 3회 떡제조기능사 기출복원문제 정답 및 해설

01	02	03	04	05	06	07	08	09	10
③	①	②	④	④	④	④	④	③	①
11	12	13	14	15	16	17	18	19	20
④	①	③	①	③	①	①	④	②	④
21	22	23	24	25	26	27	28	29	30
②	②	③	④	③	④	③	①	②	③
31	32	33	34	35	36	37	38	39	40
④	③	③	③	④	②	③	④	①	④
41	42	43	44	45	46	47	48	49	50
③	②	②	①	③	④	④	④	③	④
51	52	53	54	55	56	57	58	59	60
①	②	④	③	①	②	④	③	④	④

1 석이편법은 석이버섯을 곱게 다져 쌀가루에 섞어 잣고물을 얹어 찐 떡이다.

2 정조다례는 새해 첫날 가래떡으로 떡국을 끓여 설 차례를 지내는 것을 말한다. 상화병은 유두절의 절식이다.

3 봉치떡은 찹쌀가루를 사용한 떡이다. 복령떡은 멥쌀가루에 백복령 가루를 섞어 거피팥고물을 얹어 찐 떡이다.

4 상화병(霜花餅)은 고려 때 원에서 전래된 떡으로 상애병, 상외병이라고도 불린다.

5 약식은 찹쌀, 대추, 밤, 잣, 간장, 설탕, 참기름, 꿀, 계피가루 등의 재료가 사용된다.

6 송편의 소는 깨, 콩, 밤, 녹두, 팥 등을 사용한다.

7 두텁떡에는 거피팥고물을 양념하여 볶은 거피팥고물을 사용한다.

8 북쪽지방은 쌀보다 잡곡농사가 발달하였으며 설날에 만둣국을 만들어 먹는다.

9 노티는 찹쌀가루, 찰기장, 찰수수에 엿기름을 넣어 삭혀서 기름에 지지는 떡이다.

10 중화절은 음력 2월 1일로 일꾼들에게 커다란 송편을 빚어 나누어 주었는데 이를 노비송편 또는 삭일송편이라고 한다.

11 봉치떡은 찹쌀가루에 팥고물을 켜켜이 올려 2켜로 찐 떡이다.

12 떡을 익반죽 할 때는 뜨거운 물로 반죽해야 쌀가루 일부가 호화되어 점성이 생겨 모양을 빚을 때 갈라지지 않는다.

13 단당류는 더 이상 가수분해 되지 않는 당으로 포도당, 과당, 갈락토오스, 말토오스가 있다.

14 멥쌀은 아밀로오스 20%, 아밀로펙틴 80%로 구성되어 있고, 찹쌀은 아밀로펙틴 100%로 구성되어 있다.

15 가래떡은 멥쌀가루에 소금, 물을 넣고 찐 다음 제병기에 넣고 2~3번 내려 찬물에 담가 적당한 길이로 자른다.

16 시계, 반지, 귀걸이, 목걸이, 팔찌 등 이물, 교차오염 등의 식품위생 위해 장신구는 착용하지 않는다.

17 평안도 지방의 떡은 매우 큼직하고 소담하며 종류로는 장떡, 노티, 꼬장떡, 조개송편, 골미떡 등이 있다. 수리취떡은 전라도 지방의 향토떡이다.

18 떡살은 나무나 도자기에 문양을 새긴 것으로 절편, 꽃산병 등에 문양을 낼 때 사용한다.

19 여름철에는 팥고물이 쉽게 상하기 때문에 봄, 가을, 겨울에 많이 사용한다.

20 주악은 찹쌀가루에 물을 들여 각색주악을 만들기도 하며 떡의 웃기떡으로도 사용한다.

21 포장용기 표시사항 중 '내용량 및 내용량에 해당하는 열량'과 '영양성분' 표시는 과자, 캔디류, 빵류에만 해당된다.

22 단백질 부패 시 암모니아, 트리메틸아민 등의 아민류, 황화수소 등이 생성되어 악취를 낸다.

23 결핵은 결핵균을 보유하고 있는 소의 우유나 유제품을 통해 감염되며 BCG 예방 접종 및 우유 살균, 식품을 충분히 가열하여 섭취한다.

24 찹쌀의 전분은 아밀로펙틴으로만 이루어져 있어 멥쌀보다 노화가 천천히 일어난다.

25 떡의 수분함량은 30~60%에서 노화가 잘 일어난다.

26 전기를 직접 끌어오거나 문어발식 전기 콘센트 사용 시 과부하로 인해 화재가 발생할 수 있다.

27 잣은 송자(松子), 백자(柏子), 실백(實柏)이라고도 한다.

28 떡의 노화를 억제하는 방법으로는 수분함량 조절, 온도조절, 식이섬유소 첨가, 설탕 첨가, 유화제 첨가, 냉동 저장법 등이 있다.

29 켜떡은 쌀가루 사이사이에 고물을 넣어 켜를 만든 떡이다. 색떡은 고물을 넣지 않고 만든 설기떡이다.

30 밥이 뜨거울 때 양념을 혼합해야 양념이 더 잘 흡수되고 밥알이 얼룩지지 않는다.

31 증편은 멥쌀가루에 막걸리를 넣고 반죽하여 발효시킨 떡으로 술떡, 기정떡, 기지떡, 기주떡, 농병이라고도 한다.

32 수침 후 물빼기를 한 후 분쇄할 때 일정량의 소금을 넣고 분쇄한다.

33 떡살은 떡에 문양을 찍을 때 쓰는 도구로 절편을 만들 때 사용한다.

34 포장은 떡의 수분 증발을 방지하여 떡의 노화를 지연시킨다.

35 치는 떡은 쌀가루를 찐 다음 쳐서 만든 떡으로 인절미, 절편, 개피떡, 단자, 가래떡 등이 있다. 쑥개떡은 멥쌀가루에 데친 쑥을 넣고 반죽하여 둥글납작하게 빚어 찐 떡이다.

36 치는 떡은 펀칭공정에서 전분이 서루 엉기면서 점성이 높아져 수분이동을 막아 찌는 떡보다 노화가 느리게 진행된다.

37 『원행을묘정리의궤』에 기록된 떡은 백미병, 점미병, 삭병, 꿀설기, 석이병, 각색절편, 각색주악, 각색산승, 각색단자병, 약반 등이 기록되어 있다.

38 물리적 소독 방법에는 자외선살균법, 방사선살균법, 세균여과법, 화염멸균법, 자비소독(열탕소독) 등이 있으며, 화학적 소독 방법에는 석탄산, 크레졸, 승홍수, 과산화수소, 에틸알코올, 생석회, 역성비누 등이 있다.

39 독미나리-시큐톡신, 청매실-아미그달린

40 5~6시간 충분히 불린 멥쌀은 무게가 1.2배, 찹쌀은 1.4배 정도가 된다. 쌀 5컵을 충분히 불려서 가루로 빻으면 12컵(부피) 정도가 된다.

41 가래떡 제조공정은 멥쌀가루를 씻어 5~6시간 수침 후 물기를 빼고 1차 빻기 - 2차 빻기 - 찌기 - 성형 - 냉각 - 절단 - 냉장건조 - 포장 순으로 이루어진다.

42 납일은 통과의례가 아닌 절기 중 하나이다.

43 전분이 많은 감자와 곡류 등을 높은 온도에서 가열할 경우 유해물질인 아크릴아마이드가 생성된다.

44 느티떡은 초파일에 먹는 떡이다. 유두일은 상화병, 밀전병, 떡수단 등을 먹는다.

45 백년초- 보라색, 도토리 - 갈색

46 첨세병은 설날에 먹는 떡국을 말하며, 골무떡은 멥쌀가루로 만든다. 봉치떡은 신랑집에서 신부집에 함을 보내는 날에 신부집에서 준비하는 떡으로 '함떡'이라고도 한다.

47 올리고당은 단당류 2~10개로 구성된 당이다.

48 복어 - 테트로도톡신, 섭조개·대합조개 - 삭시톡신, 모시조개·바지락·굴 - 베네루핀, 독미나리 - 시큐톡신

49 느티떡은 연한 느티잎을 따다 씻어 멥쌀가루에 섞어 거피팥고물을 켜켜이 올리고 찐 떡이다.

50 백년초 - 보라색, 송화 - 노랑색

51 오메기떡은 제주도 향토떡이다.

52 빙떡은 메밀가루를 묽게 반죽해서 팬에 부치고 채 썰어 데쳐낸 무를 양념해 소로 넣고 길죽하게 말아서 만든 제주도 향토떡이다.

53 쑥갠떡은 멥쌀가루에 데친 쑥을 넣고 반죽하여 둥글납작하게 만들어 찐 떡이다.

54 보툴리누스균 식중독의 독소는 뉴로톡신이며, 맥각독의 독소는 에르고톡신이다.

55 삼짇날은 음력 3월 3일로 강남 갔던 제비가 돌아온다는 날로 들판에 나가 꽃놀이를 하며 화전을 즐겼다.

56 인절미는 잡아 당겨 끊는 떡이라고 하여 인병, 은절병, 인절병이라고도 부른다.

57 멥쌀가루에 요오드용액을 떨어뜨리면 청자색으로 변한다.

58 켜떡은 쌀가루 사이사이에 고물을 넣어 켜를 만들어 찐 떡이다. 쑥설기는 설기떡에 해당된다.

59 송편은 익반죽하여야 쌀가루 일부가 호화되어 점성이 증가하여 쉽게 모양을 빚을 수 있다.

60 붉은팥고물시루떡은 이사, 고사를 지낼 때 하는 떡이다.

떡제조기능사
실기 공개과제

콩설기떡·부꾸미

송편·쇠머리떡

무지개떡(삼색)·경단

백편·인절미

흑임자시루떡·개피떡(바람떡)

흰팥시루떡·대추단자

콩설기떡

시험시간 1시간

멥쌀가루에 콩을 고루 섞어서 찐 떡으로 서리태, 청태콩, 강낭콩, 밤콩 등을 이용한다.

| 재료 및 분량 |

재료명	비율(%)	무게(g)
멥쌀가루	100	700
설탕	10	70
소금	1	7
물	-	적정량
불린 서리태	-	160

| 요구사항 |

지급된 재료 및 시설을 사용하여 콩설기떡을 만들어 제출하시오.

① 떡 제조 시 물의 양을 적정량으로 혼합하여 제조하시오(단, 쌀가루는 물에 불려 소금간 하지 않고 2회 빻은 멥쌀가루이다).
② 불린 서리태를 삶거나 쪄서 사용하시오.
③ 서리태의 1/2정도는 바닥에 골고루 펴 넣으시오.
④ 서리태의 나머지 1/2정도는 멥쌀가루와 골고루 혼합하여 찜기에 안치시오.
⑤ 찜기에 안친 쌀가루반죽을 물솥에 얹어 찌시오.
⑥ 서리태를 바닥에 골고루 펴 넣은 면이 위로 오도록 그릇에 담고, 썰지 않은 상태로 전량 제출하시오.

만드는 법

1. 불린 서리태는 물을 붓고 20분 정도 삶아 건져 물기를 빼준다.

2. 멥쌀가루에 소금을 넣고 체에 내린 후 물(7큰술)을 넣고 골고루 비벼 다시 체에 내린다. 쌀가루의 수분 상태에 따라 물양은 가감한다.

3. 찜기에 시루밑을 깔고 삶은 서리태 ½을 골고루 펴 놓는다.

4. 멥쌀가루에 설탕과 남은 서리태 ½을 넣고 섞은 후 찜기에 안쳐 스크래퍼로 수평이 되도록 고루 펴준다. 김 오른 솥에 올려 20분 정도 찐 후 불을 줄여 5분 정도 뜸을 들인다.

TIP
- 서리태 삶는 시간은 서리태의 묵은 정도에 따라 차이가 있으며, 충분히 익히지 않으면 콩비린내가 나고 설컹거릴 수 있다.
- 서리태를 지나치게 삶으면 서리태의 검은색이 빠지고 메주냄새가 난다.
- 설기떡인 경우 수분을 맞추는 물의 양은 멥쌀가루 무게의 15% 정도 첨가하는데 멥쌀가루의 수분 함량에 따라 가감된다.
- 멥쌀가루의 수분을 맞추는 방법은 쌀가루를 살짝 쥐어 흔들어 보아 깨지지 않으면 적당하다.
- 쌀가루에 수분이 부족하면 떡을 찌는 도중에 균열이 생기고 잘 익지 않는다.
- 물주기를 할때 소금을 물에 녹여 사용하기도 한다.

부꾸미

시험시간 1시간

찹쌀가루나 찰수수가루를 익반죽하여 동글납작하게 빚은 다음 기름에 지져 팥소를 넣고 반으로 접어 만든 떡이다.

재료 및 분량

재료명	비율(%)	무게(g)
찹쌀가루	100	200
설탕	15	30
소금	1	2
물	-	적정량
팥앙금	-	100
대추	-	3(개)
쑥갓	-	20
식용유	-	20㎖

요구사항

지급된 재료 및 시설을 사용하여 부꾸미를 만들어 제출하시오.

① 떡 제조 시 물의 양은 적정량으로 혼합하여 반죽을 하시오 (단, 쌀가루는 물에 불려 소금간 하지 않고 1회 빻은 찹쌀가루이다).
② 찹쌀가루는 익반죽하시오.
③ 반죽은 직경 6㎝로 빚은 후 지져 팥앙금을 소로 넣어 반으로 접으시오(◠).
④ 대추와 쑥갓을 고명으로 사용하고 설탕을 뿌린 접시에 부꾸미를 담으시오.
⑤ 부꾸미는 12개 이상으로 제조하여 전량 제출하시오.

만드는 법

1. 찹쌀가루에 소금과 끓는 물(4큰술)을 넣고 익반죽한다. 쌀가루의 수분상태에 따라 물양은 가감한다. 대추는 씨를 발라내어 돌돌 말아 대추꽃 모양으로 썰고, 쑥갓은 한 잎씩 떼어 놓는다. 팥앙금은 7g씩 분할하여 타원형으로 소를 만든다.

2. 반죽을 18g씩 분할하여 직경 6㎝ 정도로 둥글 납작하게 빚는다. 팬에 식용유를 두르고 반죽을 올려 약불에서 한 면이 익으면 뒤집어서 투명하게 익힌다.

3. 팥소를 가운데에 넣고 반달 모양으로 접는다. 수저를 세워 접힌 부분을 눌러주어 들뜨지 않게 한다.

4. 대추꽃와 쑥갓잎을 올리고 설탕 뿌린 접시에 담는다.

TIP
- 찹쌀가루를 익반죽할 때 많이 치대어야 성형할 때 반죽이 갈라지지 않는다.
- 반죽을 18g, 팥앙금을 7g씩 분할하면 부꾸미 14개를 완성한다.

송편

멥쌀가루를 익반죽한 다음 소를 넣고 오므려 반달 모양으로 빚어서 찐 떡이다.

재료 및 분량

재료명	비율(%)	무게(g)
멥쌀가루	100	200
소금	1	2
물	-	적정량
불린 서리태	-	70
참기름	-	적정량

요구사항

지급된 재료 및 시설을 사용하여 송편을 만들어 제출하시오.

① 떡 제조 시 물의 양은 적정량으로 혼합하여 제조하시오(단, 쌀가루는 물에 불려 소금간 하지 않고 2회 빻은 멥쌀가루이다).
② 불린 서리태는 삶아서 송편소로 사용하시오.
③ 반죽과 송편소는 4:1~3:1 정도의 비율로 제조하시오(송편소가 1/4~1/3 정도 포함되어야 함).
④ 쌀가루는 익반죽하시오.
⑤ 송편은 완성된 상태가 길이 5cm, 높이 3cm 정도의 반달송편 모양()이 되도록 오므려 집어 송편 모양을 만들고, 12개 이상으로 제조하여 전량 제출하시오.
⑥ 송편을 찜기에 쪄서 참기름을 발라 제출하시오.

만드는 법

1. 불린 서리태는 물을 붓고 20분 정도 삶아 건져 물기를 빼준다. 멥쌀가루는 소금과 끓는 물(7큰술)을 넣어 익반죽한다. 쌀가루의 수분상태에 따라 물양은 가감한다.

2. 익반죽한 반죽을 가래떡 모양으로 길게 만들어 12~13등분(개당 21~22g) 한다.

3. 반죽을 하나씩 동그랗게 빚은 후 속을 파서 서리태를 넣고 잘 오므려 길이 5cm, 높이 3cm 정도의 반달 모양으로 빚는다.

4. 찜기에 시루밑을 깔고 송편을 넣은 후 김 오른 솥에 올려 20분 정도 찐 다음 찬물에 재빨리 씻어 건져 참기름을 바른다.

TIP
- 송편반죽에 소를 넣고 꼭꼭 쥐어서 공기를 빼주어야 찔 때 송편이 터지지 않는다.
- 송편을 만들 때는 반죽이 마르지 않도록 젖은 면포나 비닐 봉지에 넣어 두고 만든다.
- 송편 소에 들어가는 서리태는 작은 것은 5개, 큰 것은 4개 정도 넣는 것이 적당하다.

쇠머리떡

시험시간 1시간

찹쌀가루에 검은콩, 호박고지, 밤, 대추 등을 넣고 쪄 내어 모양을 만들어 굳힌 후 잘라 만든 떡이다. 굳은 다음 썰어 놓은 떡의 모양이 쇠머리편육 같다고 하여 쇠머리떡이라고 한다.

재료 및 분량

재료명	비율(%)	무게(g)
찹쌀가루	100	500
설탕	10	50
소금	1	5
물	-	적정량
불린 서리태	-	100
대추	-	5(개)
깐밤	-	5(개)
마른 호박고지	-	20
식용유	-	적정량

요구사항

지급된 재료 및 시설을 사용하여 쇠머리떡을 만들어 제출하시오.

① 떡 제조 시 물의 양은 적정량을 혼합하여 제조하시오(단, 쌀가루는 물에 불려 소금간 하지 않고 1회 빻은 찹쌀가루이다).
② 불린 서리태는 삶거나 쪄서 사용하고, 호박고지는 물에 불려서 사용하시오.
③ 밤, 대추, 호박고지는 적당한 크기로 잘라서 사용하시오.
④ 부재료를 쌀가루와 잘 섞어 혼합한 후 찜기에 안치시오.
⑤ 찜기를 물솥에 얹어 찌시오.
⑥ 완성된 쇠머리떡은 15×15cm 정도의 사각형 모양으로 만들어 자르지 말고 전량 제출하시오.
⑦ 찌는 찰떡류로 제조하며, 지나치게 물을 많이 넣어 치지 않도록 주의하여 제조하시오.

만드는 법

1. 불린 서리태는 물을 붓고 20분 정도 삶아 건져 물기를 빼준다. 마른 호박고지는 미지근한 물에 10분 정도 불려 물기를 제거하고 2~3cm 정도로 자른다. 대추는 씨를 발라내고 4~5등분하고, 깐밤도 4~5등분한다.

2. 찹쌀가루에 소금과 물(2큰술) 넣고 덩어리지지 않게 비빈 후 설탕과 준비한 부재료 ⅔를 넣고 골고루 섞는다.

3. 찜기에 젖은 면포를 깔고 부재료 ⅓을 펼쳐 놓은 후 부재료를 섞은 찹쌀가루를 손으로 가볍게 쥐어 안쳐 김오른 물솥에 올려 30분 정도 찐다.

4. 식용유를 바른 비닐 위에 쪄 진 떡을 쏟아 15×15cm 크기의 네모 모양으로 만들어 식힌다.

> **TIP**
> - 젖은 면포 위에 설탕을 살짝 뿌리고 떡을 찌면 찰떡이 잘 떨어진다.
> - 찹쌀가루에 부재료를 전부 섞어서 찌기도 한다.
> - 찹쌀가루는 멥쌀가루보다 수분이 많고 익으면 늘어지는 성질이 있으므로 물을 많이 넣으면 떡이 질어지므로 유의한다.

무지개떡(삼색)

시험시간 1시간

멥쌀가루를 여러 가지 색으로 물들여 찐 떡으로 색떡이라고도 한다.

재료 및 분량

재료명	비율(%)	무게(g)
멥쌀가루	100	750
설탕	10	75
소금	1	8
물	–	적정량
치자	–	1(개)
쑥가루	–	3
대추	–	3(개)
잣	–	2

요구사항

지급된 재료 및 시설을 사용하여 무지개떡(삼색)을 만들어 제출하시오.

① 떡 제조 시 물의 양은 적정량으로 혼합하여 제조하시오(단, 쌀가루는 물에 불려 소금간 하지 않고 2회 빻은 멥쌀가루이다).
② 삼색의 구분이 뚜렷하고 두께가 같도록 쌀가루를 안치고 8등분으로 칼금을 넣으시오.
③ 대추와 잣을 흰쌀가루에 고명으로 올려 찌시오.
(잣은 반으로 쪼개어 비늘잣으로 만들어 사용하시오.)
④ 고명이 위로 올라오게 담아 전량 제출하시오.

〈삼색 구분, 두께 균등〉

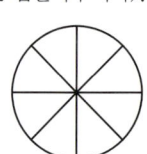
〈8등분 칼금〉

만드는 법

1. 치자는 쪼개어 따뜻한 물 ¼컵을 넣어 노랗게 우러나면 고운체에 거른다. 대추는 돌려깎기 하여 씨를 발라낸 후 돌돌 말아 대추꽃 모양으로 썬다. 잣은 비늘잣으로 만든다.

2. 멥쌀가루에 소금을 넣고 체에 내린 다음 250g씩 3등분 한다. 흰쌀가루는 쌀가루에 물(3큰술)을 주어 체에 내려 만들고, 치자쌀가루는 치자물(3큰술)을 넣고 체에 내려 만든다. 쑥쌀가루는 쌀가루에 쑥가루와 물(4큰술)을 넣고 고루 비벼 체에 내려 만든다.

3. 설탕을 25g씩 나누어 각각의 쌀가루에 고루 섞는다. 찜기에 시루밑을 깔고 쑥쌀가루, 치자쌀가루, 흰쌀가루 순서로 담으면서 스크래퍼로 수평이 되도록 고루 펴 준 다음 8등분으로 칼금을 넣는다.

4. 대추꽃과 비늘잣으로 고명을 얹는다. 김 오른 솥에 올려 20분 정도 찐 후 불을 줄여 5분 정도 뜸을 들인다.

> **TIP**
> - 쑥가루를 섞은 쌀가루는 수분함량이 낮으므로 물주기를 할 때 다른 쌀가루보다 수분을 더 준다.
> - 쌀가루의 수분상태에 따라 물양은 가감한다. 각각의 쌀가루에 물주기를 한 후 체에 내려 손으로 살짝 쥐어 흔들어 보아 깨지지 않으면 적당하다.

경단

찹쌀가루를 익반죽하여 동그랗게 빚어서 끓는 물에 삶아 건져 콩고물, 깨고물, 팥고물, 녹두고물 등을 묻힌 떡이다.

| 재료 및 분량 |

재료명	비율(%)	무게(g)
찹쌀가루	100	200
소금	1	2
물	-	적정량
볶은 콩가루	-	50

| 요구사항 |

지급된 재료 및 시설을 사용하여 경단을 만들어 제출하시오.

① 떡 제조 시 물의 양을 적정량으로 혼합하여 반죽을 하시오(단, 쌀가루는 물에 불려 소금간 하지 않고 1회 빻은 찹쌀가루이다).
② 찹쌀가루는 익반죽하시오.
③ 직경 2.5cm~3cm 정도의 일정한 크기로 20개 이상 만드시오.
④ 경단은 삶은 후 고물로 콩가루를 묻히시오.
⑤ 완성된 경단은 전량 제출하시오.

만드는 법

1. 찹쌀가루에 소금과 끓는 물(4큰술)을 넣고 익반죽한다. 쌀가루의 수분상태에 따라 물양은 가감한다.

2. 반죽을 20~21개(개당 11~12g)로 분할하여 직경 2.5~3cm 정도로 동그랗게 빚는다.

3. 끓는 물에 경단을 넣고 삶아 떠오르면 찬물을 ½컵 넣고 잠시 더 삶는다.

4. 삶은 경단은 체로 건져 찬물에 담가 열기를 식힌 후 물기를 뺀다. 콩가루에 경단을 굴려 가며 고물을 골고루 묻힌다.

TIP
- 경단 반죽이 질거나 삶는 시간이 길 경우 완성된 경단 모양이 둥글지 않고 늘어져 모양이 예쁘지 않다.
- 되직하게 반죽하면 경단 속까지 잘 익지 않으므로 경단이 떠오르면 찬물을 넣고 더 삶아야 속까지 익는다.

백편

시험시간 1시간

멥쌀가루에 물을 내리고 설탕을 넣은 후 밤채, 대추채, 잣 등을 고명으로 얹어 찐 떡이다.

| 재료 및 분량 |

재료명	비율(%)	무게(g)
멥쌀가루	100	500
설탕	10	50
소금	1	5
물	-	적정량
깐밤	-	3(개)
대추	-	5(개)
잣	-	2

| 요구사항 |

지급된 재료 및 시설을 사용하여 백편을 만들어 제출하시오.

① 떡 제조 시 물의 양은 적정량으로 혼합하여 제조하시오(단, 쌀가루는 물에 불려 소금간 하지 않고 2회 빻은 멥쌀 가루이다).
② 밤, 대추는 곱게 채썰어 사용하고 잣은 반으로 쪼개어 비늘잣으로 만들어 사용하시오.
③ 쌀가루를 찜기에 안치고 윗면에만 밤, 대추, 잣을 고물로 올려 찌시오.
④ 고물을 올린 면이 위로 오도록 그릇에 담고 썰지 않은 상태로 전량 제출하시오.

만드는 법

1 대추는 씨를 발라내어 곱게 채 썰고, 깐밤도 곱게 채 썬다. 잣은 비늘잣을 만든다.

2 멥쌀가루에 소금을 넣고 체에 내린 후 물(5큰술)을 넣은 다음 골고루 비벼 다시 체에 내린다. 쌀가루의 수분상태에 따라 물양은 가감한다.

3 멥쌀가루에 설탕을 넣고 고루 섞은 후 찜기에 시루밑을 깔고 쌀가루를 안쳐 수평이 되도록 펴 준다.

4 밤채, 대추채, 비늘잣을 고루 얹는다. 김 오른 솥에 올려 20분 정도 찐 후 불을 줄여 5분 정도 뜸을 들인다.

TIP
• 대추는 돌려 깎아 씨를 제거 한 후 밀대로 밀어 채를 썰면 곱게 채 썰 수 있다.

인절미

시험시간 1시간

찹쌀 또는 찹쌀가루를 찐 다음 절구나 안반에 놓고 차지게 쳐서 적당한 크기로 썰어 고물을 묻힌 떡이다.

| 재료 및 분량 |

재료명	비율(%)	무게(g)
찹쌀가루	100	500
설탕	10	50
소금	1	5
물	-	적정량
볶은 콩가루	12	60
식용유	-	5
소금물용 소금	-	5

| 요구사항 |

지급된 재료 및 시설을 사용하여 인절미를 만들어 제출하시오.

① 떡 제조 시 물의 양을 적정량으로 혼합하여 제조하시오(단, 쌀가루는 물에 불려 소금간 하지 않고 1회 빻은 찹쌀 가루이다).
② 익힌 떡은 스테인리스볼과 절구공이(밀대)를 이용하여 소금물을 묻혀 치시오.
③ 친 떡은 기름 바른 비닐에 넣어 두께 2㎝ 이상으로 성형하여 식히시오.
④ 4×2×2㎝ 크기로 인절미를 24개 이상 제조하여 콩가루를 고물로 묻혀 전량 제출하시오.

만드는 법

1 찹쌀가루에 소금과 물(2큰술)을 넣어 골고루 비벼 준 다음 설탕을 섞는다. 찜기에 젖은 면포를 깔고 찹쌀가루를 한주먹씩 살짝 쥐어 넣는다. 김 오른 솥에 올려 30분 정도 찐다.

2 소금물(소금 5g, 물 1/2컵)을 만들어 스텐볼에 골고루 발라 준 후 찐 떡을 담아 절구공이에 소금물을 묻혀가며 찰기가 생기도록 친다.

3 식용유 바른 비닐에 친 떡을 올려놓고 가로 16㎝, 세로 12㎝, 두께 2㎝ 크기의 네모 모양으로 만들어 식힌 다음 4×2×2㎝ 크기로 24개가 나오도록 자른다.

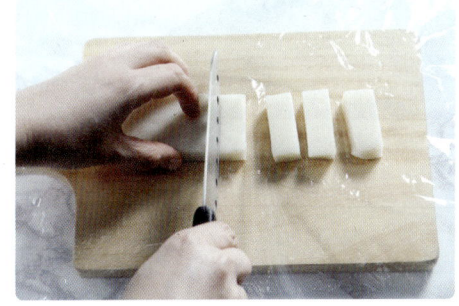

4 콩가루를 고루 묻힌다.

> **TIP**
> - 찹쌀가루를 찔 때 젖은 면포 바닥에 설탕을 뿌리고 찌면 설탕이 녹아 떡이 면포에서 잘 떨어진다.
> - 찜기에 찹쌀가루를 안칠 때 쌀가루를 살짝 쥐어서 안쳐야 김이 잘 통과하여 떡이 잘 익는다.
> - 콩가루를 체에 쳐서 고물로 사용하면 고물이 고르게 입혀진다.
> - 인절미를 쳐 줄 때 수분이 적으면 탄력이 생겨 늘어나지 않고, 수분이 너무 많으면 떡이 질어져 모양 잡기가 힘드므로 소금물로 수분을 조절하면서 쳐준다.
> - 인절미를 썰 때 콩고물을 묻힌 후 썰기도 한다.

흑임자시루떡

시험시간 1시간

찹쌀가루에 흑임자 고물을 얹어 찐 떡이다.

| 재료 및 분량 |

재료명	비율(%)	무게(g)
찹쌀가루	100	400
설탕	10	40
소금(쌀가루반죽)	1	4
소금(고물)	–	적정량
물	–	적정량
흑임자	27.5	110

| 요구사항 |

지급된 재료 및 시설을 사용하여 흑임자시루떡을 만들어 제출하시오.

① 떡 제조 시 물의 양은 적정량으로 혼합하여 제조하시오(단, 쌀가루는 물에 불려 소금간 하지 않고 1회 빻은 찹쌀 가루이다).
② 흑임자는 씻어 일어 이물이 없게 하고 타지 않게 볶아 소금간 하여 빻아서 고물로 사용하시오.(50% 이상 빻아진 상태가 되도록 하시오)
③ 찹쌀가루 위·아래에 흑임자 고물을 이용하여 찜기에 한켜로 안치시오.
④ 찜기를 물솥에 얹어 찌시오.
⑤ 썰지 않은 상태로 전량 제출하시오.

만드는 법

1 흑임자는 이물이 없게 물에 씻어 물기를 제거한다. 팬에 흑임자를 타지 않게 볶은 후 고물용 소금 (1g)을 넣고 절구에 빻아 체에 내린다.

2 찹쌀가루에 소금, 물(2큰술)을 넣고 체에 내린 후 설탕을 넣고 고루 섞는다.

3 찜기에 시루밑을 깔고 흑임자고물 1/2을 골고루 펴준다. 그 위에 찹쌀가루를 넣고 수평이 되도록 한 후 나머지 흑임자고물을 위에 고루 펴준다.

4 김 오른 솥에 올려 25분 정도 찐다.

TIP
- 흑임자를 볶을 때 센불에서 볶으면 탈 수 있으므로 중불에서 볶는다.
- 흑임자가 잘 볶아지면 통통해지고 손으로 으깨면 쉽게 부서진다.

개피떡(바람떡)

개피떡은 익힌 떡반죽을 밀어 팥소를 넣고 안에 바람이 들어가게 접어 만든 떡으로 일명 바람떡이라고도 한다.

시험시간 1시간

| 재료 및 분량 |

재료명	비율(%)	무게(g)
멥쌀가루	100	300
소금	1	3
물	-	적정량
팥앙금	60	200
참기름	-	적정량
고체유	-	5
설탕	-	10 (찔 때 필요시 사용)

| 요구사항 |

지급된 재료 및 시설을 사용하여 개피떡(바람떡)을 만들어 제출하시오.

① 떡 제조 시 물의 양은 적정량으로 혼합하여 제조하시오(단, 쌀가루는 물에 불려 소금간 하지 않고 2회 빻은 멥쌀가루이다).

② 익힌 떡을 치대어 떡이 붙지 않게 고체유를 바르면서 제조하시오.

③ 떡반죽은 두께 4~5mm 정도로 밀어 팥앙금을 소로 넣어 원형틀(직경 5.5cm 정도)을 이용하여 반달모양으로 찍어 모양을 만드시오.()

④ 개피떡은 12개 이상으로 제조하여 참기름을 발라 제출하시오.

만드는 법

1. 멥쌀가루는 소금을 넣고 체에 내린 후 물(8큰술)을 넣어 고루 섞는다. 찜기에 젖은 면보를 깔고 설탕을 뿌린 후 쌀가루를 넣고 김오른 솥에 올려 20분 정도 찐다.

2. 팥앙금은 15g씩(12개) 분할하여 타원형으로 소를 만든다.

3. 익힌 반죽은 차지게 될 때까지 고루 치댄다. 떡이 붙지 않게 고체유를 바르면서 밀대로 두께 4~5mm 정도로 밀어 팥앙금 소를 넣어 원형틀(직경 5.5cm정도)을 이용하여 반달모양으로 찍는다.

4. 개피떡 12개 이상 만든 후 참기름을 바른다.

TIP
- 익힌 반죽의 수분이 부족하면 단단하여 반죽이 잘 늘어나지 않으므로 물을 더 첨가하여 충분히 치댄 후 사용한다.
- 익힌 반죽을 밀 때 두께가 일정하도록 밀어준다.

흰팥시루떡

흰팥을 쪄서 고물을 만들어 멥쌀가루에 얹어 찐 떡이다.

재료 및 분량

재료명	비율(%)	무게(g)
멥쌀가루	100	500
설탕	10	50
소금(쌀가루 반죽)	1	5
소금(고물)	0.6	3(적정량)
물	–	적정량
불린흰팥(동부)		320

요구사항

지급된 재료 및 시설을 사용하여 흰팥시루떡을 만들어 제출하시오.

① 떡 제조 시 물의 양은 적정량으로 혼합하여 제조하시오(단, 쌀가루는 물에 불려 소금간 하지 않고 2회 빻은 멥쌀가루이다).
② 불린 흰팥(동부)은 일어 거피하여 찌시오.
③ 찐 팥은 소금간하고 빻아 체에 내려 고물로 사용하시오(중간체 또는 어레미 사용 가능).
④ 멥쌀가루 위·아래에 흰팥고물을 이용하여 찜기에 한켜로 안치시오.
⑤ 찜기를 물솥에 얹어 찌시오.
⑥ 썰지 않은 상태로 전량 제출하시오.

만드는 법

1 불린 흰팥은 거피하여 씻은 후 물기를 제거한다. 찜기에 젖은 면보를 깔고 흰팥을 넣고 40분 정도 무르게 찐다.

2 찐 흰팥은 볼에 쏟아 고물용 소금(3g)을 넣고 절구공이(밀대)로 찧은 다음 체에 내린다.

3 멥쌀가루는 소금(5g)을 넣고 체에 내린 후 물(5~6큰술)을 넣고 골고루 비벼 다시 체에 내린다. 쌀가루의 수분 상태에 따라 물양은 가감한다. 설탕을 넣고 고루 섞는다.

4 찜기에 시루밑을 깔고 팥고물 1/2을 고르게 펼친다. 그 위에 멥쌀가루를 넣고 고루 펼친 다음 남은 팥고물을 고루 펼친다. 김오른 솥에 올려 20분 정도 찐 후 불을 줄여 5분 정도 뜸을 들인다.

TIP
- 흰팥을 찔 때 손으로 비벼 뭉그러질 때까지 찐다.
- 찐 흰팥은 스텐볼에 옮겨 수증기를 날린 다음 뜨거울 때 빻아 체에 내려야 고물이 질지 않고 잘 내려온다.

대추단자

시험시간 1시간

찹쌀가루에 다진 대추를 넣어 찐 다음 꽈리가 일도록 쳐서 밤채, 대추채의 고물을 묻혀 만든 떡이다.

| 재료 및 분량 |

재료명	비율(%)	무게(g)
찹쌀가루	100	200
소금	1	2
물	–	적정량
밤	–	6(개)
대추	–	80
꿀	–	20
식용유	–	10
설탕(찔 때 필요시 사용)	–	10
소금물용 소금	–	5

| 요구사항 |

지급된 재료 및 시설을 사용하여 대추단자를 만들어 제출하시오.

① 떡 제조 시 물의 양을 적정량으로 혼합하여 제조하시오(단, 쌀가루는 물에 불려 소금간 하지 않고 1회 빻은 찹쌀가루이다.).
② 대추의 40% 정도는 떡반죽용으로, 60% 정도는 고물용으로 사용하시오.
③ 떡 반죽용 대추는 다져서 쌀가루와 함께 익혀 쓰시오.
④ 고물용 대추, 밤은 곱게 채썰어 사용하시오.(단, 밤은 채 썰 때 전량 사용하지 않아도 됨)
⑤ 대추를 넣고 익힌 떡은 스테인리스볼과 절구공이(밀대)를 이용하여 소금물을 묻혀 치시오.
⑥ 친 떡은 기름(식용유) 바른 비닐에 넣어 두께 1.5cm 이상으로 성형하여 식히시오.
⑦ 친 떡에 꿀을 바른 후 3×2.5×1.5cm 크기로 잘라 밤채, 대추채 고물을 묻히시오.
⑧ 16개 이상 제조하여 전량 제출하시오.

만드는 법

1. 대추 8개는 곱게 다진다.
   찹쌀가루에 소금, 물(1큰술), 다진 대추를 넣고 고루 섞는다. 물양은 쌀가루의 수분에 따라 가감한다. 찜기에 젖은 면보를 깔고 설탕을 뿌린 후 쌀가루를 넣고 15분정도 찐다.

2. 대추(12개), 밤은 곱게 채썰어 섞는다.

3. 소금물을 스테인리스볼에 골고루 발라 준 후 찐 찹쌀 반죽을 넣고 절구공이로 소금물을 묻혀가며 찰기가 생기도록 친다.
   식용유 바른 비닐에 친 떡을 넣어 두께 1.5cm, 가로 12cm, 세로 10cm로 성형하여 식힌다.

4. 꿀을 바른 후 3×2.5×1.5cm 크기로 16개 이상 나오 도록 자른다. 밤채, 대추채 고물을 묻힌다.

> **TIP**
> - 대추의 크기에 따라 지급되는 갯수가 다르므로 대추 40%는 떡반죽용, 60%는 고물용으로 사용한다.
> - 떡반죽에 들어가는 대추는 곱게 다져서 사용한다.
> - 대추채는 씨를 제거한 대추살을 밀대로 민 후 가늘게 채썰어 사용한다.
> - 대추단자를 자를 때 스크래퍼로 자르면 달라붙지 않는다.

부록

고물류 • 붉은팥고물, 거피팥고물, 녹두고물

설기떡류 • 무지개떡(오색)

켜떡류 • 붉은팥시루떡, 단호박편

빚어 찌는 떡류 • 쑥갠떡

치는 떡류 • 가래떡

찌는 찰떡류 • 약밥, 구름떡, 두텁떡

지지는 떡류 • 화전, 개성주악

붉은팥고물

| 재료 및 분량 |

재료명	비율(%)	무게(g)
붉은팥	-	300
소금	-	3

| 만드는 법 |

1 붉은팥을 깨끗이 씻어 일어 물을 넉넉히 붓고 끓어오르면 물을 버린다.
2 팥에 4~5배 정도의 물을 부어 삶는다.
3 푹 삶아지면 여분의 물을 따라 내고 약불에서 뜸 들인다.
4 삶아진 팥을 큰 볼에 쏟아 한 김 식힌 후 소금을 넣고 절구공이로 찧어 고물을 만든다.

TIP
- 붉은팥에는 사포닌 성분이 들어 있어 장을 자극할 수 있으므로 팥을 삶을 때 팥을 넣고 물이 끓어오르면 물을 버리고 새 물을 붓고 푹 삶는다.
- 붉은팥은 물에 불려도 수분 흡수가 잘 안되므로 불리지 않고 삶아 사용한다.
- 팥을 삶을 때 팥의 양이 적을 때는 물의 배수를 늘이고, 팥의 양이 많으면 물의 배수를 줄인다.

거피팥고물

| 재료 및 분량 |

재료명	비율(%)	무게(g)
거피팥	-	250
소금	-	3

| 만드는 법 |

1 거피팥은 5~6시간 정도 물에 불려 손으로 비벼 껍질을 벗겨 깨끗이 씻어 일어 체에 받쳐 물기를 뺀다.
2 찜통에 젖은 면포를 깔고 거피팥을 안쳐 푹 무르게 찐다.
3 찐 팥을 큰 볼에 쏟아 한 김 식힌 후 소금을 넣고 절구공이로 빻는다.
4 어레미나 중간체에 내려 고물을 만든다.

> **TIP**
> - 고물이 질 경우 팬에 볶아 사용한다.
> - 찐 팥은 큰 볼에 쏟아 수증기를 날려야 보슬보슬한 고물이 된다.
> - 거피팥은 30분 이상 푹 쪄야 절구공이로 빻을 때 잘 빻아진다.

녹두고물

| 재료 및 분량 |

재료명	비율(%)	무게(g)
깐 녹두	-	250
소금	-	3

| 만드는 법 |

1 깐 녹두는 5~6시간 정도 물에 불려 손으로 비벼 껍질을 벗겨 깨끗이 씻어 일어 체에 받쳐 물기를 뺀다.
2 찜통에 젖은 면포를 깔고 녹두를 안쳐 푹 무르게 찐다.
3 찐 녹두를 큰 볼에 쏟아 한 김 식힌 후 소금을 넣고 절구공이로 빻는다.
4 어레미나 중간체에 내려 고물을 만든다.

> **TIP**
> - 녹두고물이 질 경우 팬에 볶아 사용한다.
> - 찐 녹두를 큰 볼에 쏟아 수증기를 날려야 보슬보슬한 고물이 된다.

무지개떡(오색)

멥쌀가루를 물들이고자 하는 색의 수대로 나누어 물을 들여 찌는 설기떡으로 백설기보다 화려하여 잔칫상에 널리 쓰이며 색편 또는 오색편이라고도 한다.

재료명	비율(%)	무게(g)
멥쌀가루	100	750
소금	1	8
설탕	10	75
물	-	적정량
치자	-	1(개)
자색고구마가루	-	2
쑥가루	-	2
코코아가루	-	2

만드는 법

1. 치자는 쪼개어 따뜻한 물 ¼컵을 넣어 색이 우러나면 고운체에 거른다. 멥쌀가루는 소금을 넣고 체에 내려 150g씩 5등분 한다.

2. 흰색쌀가루는 쌀가루에 물을 넣고 고루 비벼 체에 내려 만들고, 노란쌀가루는 치자물을 넣어 색과 수분을 맞춘 뒤 체에 내린다. 나머지 쌀가루에 자색고구마가루, 쑥가루, 코코아가루를 넣어 고루 섞은 후 물을 주어 수분을 맞추고 체에 내린다.

3. 체에 내린 각각의 쌀가루에 설탕을 나누어 넣고 고루 섞어준다.

4. 찜기에 시루밑을 깔고 갈색, 녹색, 분홍색, 노란색, 흰색 순서로 담으면서 스크래퍼로 수평이 되도록 고루 펴 준다. 김 오른 솥에 올려 20분 정도 찐 후 불을 줄여 5분 정도 뜸을 들인다.

TIP
- 자색고구마가루, 쑥가루, 코코아가루 등 마른 가루를 쌀가루에 넣고 물주기를 할 때 물의 양을 더 늘린다.
- 마른 가루에 물을 넣어 촉촉하게 불린 후 쌀가루에 섞어주기도 한다.

붉은팥시루떡

멥쌀가루 또는 찹쌀가루에 붉은 팥고물을 얹어 찐 켜떡으로 고사떡, 봉치떡 등으로 쓰인다.

| 재료 및 분량 |

재료명		비율(%)	무게(g)
찹쌀가루		100	500
멥쌀가루			300
소금		1	8
설탕		10	80
물		–	적정량
고물	붉은팥	–	300
	소금	–	3

만드는 법

1. 팥은 깨끗이 씻어 물을 붓고 끓어오르면 물을 버리고 다시 팥 양의 4~5배의 물을 붓고 처음에는 센불에서 끓이다가 중불로 낮추어 팥이 푹 무를 때까지 삶는다.

2. 팥이 거의 무르면 약불에서 뜸을 들이면서 수분을 없애고 넓은 볼에 쏟아 뜨거운 김을 날린 후 소금을 넣고 절구공이로 대강 찧는다.

3. 찹쌀가루와 멥쌀가루에 소금을 나누어 넣고 체에 내린 후 물을 넣고 골고루 비벼 수분을 맞춘 뒤 체에 내린다. 각각의 쌀가루에 설탕을 나누어 넣는다.

4. 찜기에 시루밑을 깔고 팥고물 1/3양을 고르게 펴준 다음 멥쌀가루를 넣고 고루 펴고 다시 팥고물 1/3을 고루 펴서 올리고 그 위에 찹쌀가루를 넣고 고루 편 다음 남은 팥고물을 고르게 펴 안친다. 김 오른 솥에 올려 30분 정도 찐 후 불을 줄여 5분간 뜸 들인다.

TIP
- 멥쌀가루와 찹쌀가루를 함께 찔 경우 멥쌀가루를 먼저 안쳐야 김이 잘 올라와 찹쌀가루가 잘 익는다.
- 시루에 떡을 안쳐 찔 때 멥쌀가루보다 찹쌀가루 양을 늘려야 완성 후 떡의 두께가 일정하다.

단호박편

찐 단호박을 멥쌀가루에 섞어 체에 내려 거피팥고물 또는 녹두고물을 올리고 찐 떡이다.

| 재료 및 분량 |

재료명		비율(%)	무게(g)
멥쌀가루		100	500
소금		1	5
설탕		10	50
단호박		-	250
고물	불린 녹두	-	300
	소금	-	3

만드는 법

1. 불린 녹두는 물을 붓고 손으로 문질러 껍질을 깨끗이 벗겨 씻은 후 체에 건져 물기를 제거한다. 찜기에 젖은 면포를 깔고 30~40분 정도 쪄 무르게 익으면 넓은 볼에 쏟아 한 김 나가면 소금을 넣고 절구공이로 찧어 체에 내린다.

2. 단호박은 씨를 긁어내어 찜통에 찐 다음 한 김 식힌 후 과육을 체에 내린다.

3. 멥쌀가루는 소금을 넣고 체에 내려 단호박 과육을 넣고 골고루 비벼 수분을 맞춰 다시 체에 내린다. 설탕을 넣고 고루 섞는다.

4. 찜기에 시루밑을 깔고 녹두고물 1/2양을 고루 펼친다. 그 위에 멥쌀가루를 넣고 고루 펴 준 다음 남은 녹두고물을 고루 펼친다. 김 오른 솥에 올려 20분 정도 찐 후 불을 줄여 5분 정도 뜸을 들인다.

TIP
- 찐 단호박은 식혀서 수분을 날린 후 사용해야 많은 양을 쌀가루에 넣을 수 있다. 찐 단호박에 수분이 많을 경우 면포에 짜서 사용한다.
- 단호박가루를 넣을 경우 물주기를 할 때 수분을 더 넣어 쌀가루의 수분을 맞춘다.
- 불린 녹두를 씻을 때 마지막에 체로 일어 돌이 없는지 꼭 확인한다.

쑥갠떡

멥쌀가루에 데친 쑥을 넣고 익반죽하여 둥글납작하게 빚어 찐 다음 참기름을 바른 떡이다.

재료명	비율(%)	무게(g)
멥쌀가루	100	200
소금	1	2
설탕	10	20
물	–	적정량
쑥가루	–	3
참기름	–	적정량

만드는 법

1. 멥쌀가루에 소금, 설탕, 쑥가루를 넣고 고루 섞은 후 끓는 물을 넣어 익반죽한다.

2. 반죽을 8등분하여 둥글게 빚은 다음 떡살로 눌러 문양을 낸다.

3. 찜기에 시루밑을 깔고 쑥갠떡을 넣은 후 김 오른 솥에 올려 20분 정도 찐다.

4. 쪄 낸 쑥갠떡은 한 김 식힌 후 참기름을 바른다.

TIP • 불린 쌀에 데친 쑥을 넣고 가루로 빻아 만들면 쑥향 가득한 맛있는 쑥갠떡을 만들 수 있다.

가래떡

멥쌀가루를 쪄서 절구나 안반에 놓고 친 다음 둥글고 길게 늘려 만든 떡이다.

| 재료 및 분량 |

재료명	비율(%)	무게(g)
멥쌀가루	100	500
소금	1	5
물	–	130

만드는 법

1. 멥쌀가루는 소금과 물을 넣고 골고루 섞는다.

2. 찜기에 젖은 면포를 깔고 쌀가루를 넣고 안쳐 김 오른 솥에 올려 20분 정도 찐 다음 불을 줄여 5분 정도 뜸을 들인다.

3. 찐 떡을 볼에 담아 절구공이로 한 덩어리가 되게 친다.

4. 잘 쳐진 떡을 직경이 3㎝ 정도가 되게 둥글고 긴 가래떡 모양으로 만든다.

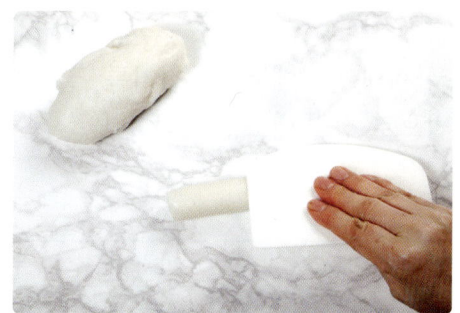

TIP
- 가래떡 모양을 만들 때 스크래퍼를 이용하면 매끈하게 만들 수 있다.
- 가래떡을 하루 정도 굳힌 다음 떡국용 떡으로 썰어 사용한다.
- 가래떡은 오래 쳐줘야 쫄깃하고 맛있다.

약밥

푹 쪄낸 찰밥에 간장, 참기름, 꿀, 계핏가루 등으로 양념하여 밤, 대추, 잣을 넣고 다시 쪄 낸 밥으로 정월 대보름 절식이다.

| 재료 및 분량 |

재료명	비율(%)	무게(g)
불린 찹쌀	–	400
깐밤	–	5(개)
대추	–	7(개)
잣	–	5
간장	–	20

재료명	비율(%)	무게(g)
황설탕	–	80
캐러멜소스	–	35
꿀	–	10
계핏가루	–	1
참기름	–	20

만드는 법

1. 불린 찹쌀은 깨끗이 씻어 체에 밭쳐 물기를 뺀다. 찜기에 젖은 면포를 깔고 찹쌀을 넣어 50분 정도 푹 무르게 찐다.

2. 대추는 씨를 발라내고 깐밤과 함께 4~6등분한다. 잣은 고깔을 떼어놓는다.

3. 찐 찹밥이 뜨거울 때 큰 볼에 쏟아 황설탕을 넣어 고루 섞은 다음 간장, 캐러멜소스, 계핏가루, 참기름을 넣고 고루 양념한다. 밤, 대추, 잣을 넣고 섞는다.

4. 찜기에 젖은 면포를 깔고 양념한 찹밥을 넣고 30분 정도 찐 후 꿀을 넣고 고루 섞는다.

TIP
- 대추를 삶아 체에 내려온 과육을 농축시킨 대추고를 넣으면 깊은 맛과 색을 낼 수 있다.
- 찹밥에 양념을 할 때에는 밥이 뜨거운 상태에서 밥알이 상하지 않고 얼룩지지 않게 골고루 섞어주는 것이 중요하다.
- 양념한 찹밥을 1~2시간정도 간이 배이도록 두었다가 찌기도 한다.
- 캐러멜소스는 냄비에 설탕 100g과 물 60g을 넣고 끓여 갈색이 나기 시작하면 고루 저어 진한 갈색이 나면 물엿(꿀) 30g을 섞는다.

구름떡

찹쌀가루에 밤, 대추, 호두, 잣 등의 부재료를 넣어 쪄 내어 붉은팥가루나 흑임자가루 등의 고물을 묻혀 틀에 굳혀 만든 떡이다.

| 재료 및 분량 |

재료명	비율(%)	무게(g)	재료명	비율(%)	무게(g)
찹쌀가루	100	500	대추	-	8(개)
소금	1	5	호두	-	6(개)
설탕	10	50	잣	-	10
물	-	적정량	흑임자가루	-	40
깐밤	-	6(개)	시럽	-	30

만드는 법

1. 대추는 씨를 발라내고 깐밤과 함께 5~6등분한다. 호두는 속껍질을 벗겨 4쪽으로 자르고 잣은 고깔을 떼어낸다.

2. 찹쌀가루에 소금과 물을 넣고 고루 비벼 준 다음 설탕과 부재료를 넣고 섞는다. 찜기에 젖은 면포를 깔고 쌀가루를 안쳐 김 오른 솥에 올려 30분 정도 찐다.

3. 구름떡틀에 비닐을 깔고 찐 찰떡을 한 덩어리씩 떼어 흑임자가루를 묻힌 다음 시럽을 뿌려가며 틀에 눌러 담는다.

4. 떡이 식어 굳으면 적당한 크기로 썬다.

TIP
- 밤, 대추, 호두, 잣을 설탕과 물을 넣고 조려 사용하기도 한다.
- 굳힌 떡을 잘랐을 때의 모양이 구름 모양과 닮았다고 하여 붙여진 이름이다.
- 떡이 뜨거울 때 조금씩 떼어서 고물을 골고루 묻혀야 구름떡 선이 잘 보인다.

두텁떡

볶은거피팥고물을 뿌린 다음 간장으로 간을 한 찹쌀가루를 한 수저씩 놓고 소를 넣은 후 그 위에 다시 찹쌀가루와 볶은거피팥고물을 얹어 찐 떡이다. 궁중의 대표적인 떡으로 봉우리떡, 합병(盒餠), 후병(厚餠)이라고도 한다.

| 재료 및 분량 |

재료명	비율(%)	무게(g)
찹쌀가루	100	500
간장	-	25
불린 거피팥	-	800
간장	-	25
설탕	-	80
계핏가루	-	1

재료명	비율(%)	무게(g)
후춧가루	-	1
유자청	-	15
꿀	-	20
잣	-	10
깐밤	-	3(개)
대추	-	6(개)

만드는 법

1. 불린 거피팥은 물을 붓고 손으로 문질러 껍질을 깨끗이 벗겨 씻은 후 체에 건져 물기를 제거한다. 찜기에 젖은 면포를 깔고 30~40분 정도 쪄 무르게 익으면 넓은 볼에 쏟아 한 김 나가면 절구공이로 찧어 체에 내려 간장, 설탕, 계핏가루, 후춧가루를 넣어 골고루 섞은 후 팬에 보슬보슬하게 볶는다.

2. 밤과 대추는 잘게 썰고 유자청은 곱게 다진다. 잣은 고깔을 뗀다. 볶은거피팥고물 1컵에 밤, 대추, 유자청, 잣, 꿀을 골고루 섞어 직경 2㎝ 크기로 둥글납작하게 빚는다.

3. 찹쌀가루에 간장을 넣어 골고루 비벼 체에 내려 설탕을 섞는다.

4. 찜기에 젖은 면포를 깔고 고물을 골고루 펼치고 그 위에 쌀가루를 한 숟가락씩 드문드문 떠 놓고 소를 하나씩 얹은 후 다시 쌀가루를 덮고 고물로 위를 덮는다. 김 오른 솥에 올려 30분 정도 찐 다음 숟가락으로 하나씩 떠낸다.

TIP
- 완성된 떡은 19~22개 정도 된다.
- 소는 둥글납작하게 만들어야 찹쌀가루로 덮기 좋다.

화전

찹쌀가루를 익반죽하여 둥글납작하게 빚어 기름에 지져낸 떡으로 계절에 따라 다양한 꽃을 고명으로 얹는다.

| 재료 및 분량 |

재료명	비율(%)	무게(g)
찹쌀가루	100	200
소금	1	2
물	–	적정량
대추	–	3(개)
쑥갓	–	20
설탕	–	100
식용유	–	적정량

만드는 법

1 냄비에 설탕과 동량의 물을 붓고 약불에서 끓여 시럽을 만든다.

2 대추는 씨를 발라낸 후 돌돌 말아 대추꽃 모양으로 썰고 쑥갓은 한 잎씩 떼어 놓는다.

3 찹쌀가루에 소금과 끓는 물을 넣어 익반죽하여 12개로 분할 한 후 둥글납작하게 빚는다.

4 팬에 식용유를 두르고 반죽을 올려 약불에서 한 면을 익힌 다음 뒤집어 대추와 쑥갓 잎을 붙이고 화전이 투명하게 익으면 접시에 담아 시럽을 끼얹는다.

TIP
- 시럽 대신 설탕을 뿌리기도 한다.

개성주악

찹쌀가루에 밀가루, 막걸리를 넣고 익반죽하여 둥글게 빚어 기름에 지져낸 떡으로 우메기라고도 불린다.

| 재료 및 분량 |

재료명	비율(%)	무게(g)
찹쌀가루	100	200
밀가루	10	20
소금	1	2
설탕	–	30
물	–	적정량
막걸리	–	20

재료명		비율(%)	무게(g)
식용유		–	적정량
대추		–	2(개)
호박씨		–	2
집청액	조청	–	200
	물	–	60
	생강	–	10

만드는 법

1 조청에 물과 저민 생강을 넣고 거품이 날 때까지 끓여 식힌다. 찹쌀가루에 밀가루, 소금을 넣고 체에 내려 설탕, 막걸리, 끓는 물을 넣어 끈기가 나도록 치댄다.

2 반죽을 떼어 직경 3cm, 두께 1cm로 빚어 가운데 구멍을 뚫는다.

3 팬에 식용유를 넉넉히 붓고 100℃ 정도가 되면 반죽을 넣어 속까지 익힌 다음 온도를 서서히 올려 연한 갈색빛이 나도록 튀겨낸다.

4 튀겨 낸 주악은 집청액에 담갔다가 건져 대추와 호박씨로 장식한다.

TIP
- 개성주악을 기름에 지질 때 160℃에서 모양을 잡았다가 140℃로 옮겨 속까지 익히는 방법도 있다.
- 반죽을 실온에 오래 두면 발효되어 튀길 때 갈라지고 늘어진다.

참고 문헌

강인희, 한국의 떡과 과줄, 대한교과서, 1997

김나영, 남상명, 양희종, 식품재료학, 지식인, 2014

김미라, 김미정, 식품위생안전성학, 교문사, 2010

권훈정, 김정원, 유화춘, 식품위생학, 교문사, 2011

노봉수, 이승주, 백형희, 생각이 필요한 식품재료학, 수학사, 2017

남상명, 김덕희, 김성옥, 쉽게 풀어 쓴 조리원리, 지식인, 2015

류기형, 고병윤, 김미환, 박지양, 송동섭, 임미선, 실무와 기술사를 위한 한국떡, 효일, 2008

배현주, 백재은, 주나미, HACCP 이론 및 실무, 교문사, 2017

신민자, 한국의 떡 한과 및 음청류, 신광출판사, 2007

신민자, 정재홍, 김정숙, 식품 조리원리, 광문각, 2014

송태희, 우인애, 손정우, 오세인, 신승미, 이해하기 쉬운 조리과학, 교문사, 2017

이정훈, 윤미숙, 차욱진, 유진현, 이희태, 김민경, 식품위생학, 백산출판사, 2016

이진미, 식품위생관리, 효일, 2016

윤서석, 한국 식생활 문화, 신광출판사, 2008

이효지, 한국의 음식문화, 신광출판사, 2002

영양사국가시험 교육연구회, 교문사, 2019

윤숙자, 한국의 떡·한과·음청류, 지구문화사, 2016

윤숙자, 떡이 있는 풍경, 질시루, 2009

이주희, 김미리, 민혜선, 이영은, 송은승, 과학으로 풀어쓴 식품과 조리원리, 교문사, 2014

안선정, 김은미, 이은정, 새로운 감각으로 새로 쓴 조리원리, 백산출판사, 2018

이정실, 김은미, 박문옥, 김희숙, 이영옥, 강어진, 유혜경, 조리전공자를 위한 영양학, 백산, 2016

정길자, 박영미, 장소영, 한국의 전통병과, 교문사, 2010

조경련, 김미리, 김옥선, 손정우, 송미란, 이해하기 쉬운 식품과 음식재료, 파워북, 2013

최해연, 김학연, 윤혜려, 성정민, 김옥선, 식품위생학 및 법규, 파워북, 2017

한복진, 우리가 정말 알아야 할 우리 음식 백가지, 현암사, 2005

한복려, 쉽게 맛있게 아름답게 만드는 떡, (사)궁중음식연구원, 2002

한국산업인력공단, NCS국가직무능력 학습모듈, 2019

떡 제조기능사
필기·실기문제

발 행 일	2026년 1월 10일 개정6판 1쇄 발행	저자협의
	2026년 1월 20일 개정6판 1쇄 발행	인지생략

저 자 임점희·박진희 공저

발 행 처 크라운출판사
http://www.crownbook.com

발 행 인 李尙原

신고번호 제 300-2007-143호

주 소 서울시 종로구 율곡로13길 21

공 급 처 (02) 765-4787, 1566-5937

전 화 (02) 745-0311~3

팩 스 (02) 743-2688, 02) 741-3231

홈페이지 www.crownbook.co.kr

ISBN 978-89-406-5046-2 / 13590

특별판매정가   20,000원

이 도서의 판권은 크라운출판사에 있으며, 수록된 내용은 무단으로 복제, 변형하여 사용할 수 없습니다.
Copyright CROWN, ⓒ 2026 Printed in Korea

이 도서의 문의를 편집부(02-6430-7007)로 연락주시면 친절하게 응답해 드립니다.